走出晚清

大师们的涅槃时代

汪兆骞 著

中国出版集团　现代出版社

图书在版编目（CIP）数据

走出晚清：大师们的涅槃时代 / 汪兆骞著 . —北京：现代出版社，2017.6
ISBN 978-7-5143-5982-4

Ⅰ. ①走…　Ⅱ. ①汪…　Ⅲ. ①文人－列传－中国－清后期
Ⅳ. ① K825.4

中国版本图书馆 CIP 数据核字（2017）第 058009 号

走出晚清：大师们的涅槃时代

作　　者	汪兆骞
责任编辑	张　霆　姚冬霞
出版发行	现代出版社
通信地址	北京市安定门外安华里 504 号
邮政编码	100011
电　　话	010-64267325　64245264（传真）
网　　址	www.1980xd.com
电子邮箱	xiandai@vip.sina.com
印　　刷	三河市宏盛印务有限公司
开　　本	710mm×1000mm　1/16
印　　张	17.25
版　　次	2017 年 6 月第 1 版　2017 年 6 月第 1 次印刷
书　　号	ISBN 978-7-5143-5982-4
定　　价	45.00 元

小引

甲午战败，帝国主义列强掀起瓜分中国的狂潮，中国面临民族危机、社会危机。为挽救中国，尚未成熟的资产阶级仓促而毅然地登上历史舞台，承担起领导改良、领导革命，推动中国向近代化方向发展以救国之历史重任。

孙中山、梁启超等一批知识分子，"或则忧愤而上封章，或则感愤而抒议论，又或则蓄其孤愤而形之于咏歌……群思补救，挽既倒之狂澜，撑天下之全局"（孔广德《普天忠愤集·序》）。这些先进的知识分子重新思考救国之道，反思洋务运动失败的教训，学习西方资本主义制度，旨在建立资产阶级政体。

经历了1905年前后革命与改良的大论战，以孙中山为代表的革命派迅速壮大，建立了同盟会，迎来了资产阶级革命高潮，于1912年推翻清王朝，结束两千年封建君主专制，建立了亚洲第一个共和国——中华民国。革命成果一度被袁世凯窃夺，但并未阻止新的革命运动兴起和社会近代化发展的步伐。

世纪之交，中国社会的巨大变动，催生了思想文化领域的资产阶级启蒙运动。中国社会涌现了一大批由戊戌变法时期的士大夫转化而来的维新志士，如康有为、梁启超、章太炎、严复、谭嗣同、黄遵宪、柳亚子、秋瑾、章士钊、陈独秀、胡适等，他们以"开民智，新民德，鼓民力"为己任，同时自觉地自我启蒙，宣传民权，传播"新学"，鼓吹文化革命，以救亡图存。民国元年至民国六年（1912—1917年），中国出现了新思潮汹涌澎湃的壮丽景观。

梁启超、章太炎、陈独秀、胡适等人所表现的"民族之正气"（孙中山语）和文化生命的巨大魅力，写就了当时和后来的"人与文化"的深刻内容。当我们回溯民国初年中国文化的进程时，没有谁可以绕过这些文化巨人。

新文化运动大潮，已澎湃而来，那涛声惊天动地，雷霆万钧，于是才生生造出一段值得表述却难以表述的清晰又模糊、斑斓又灿烂的历史……

目　录

第一章

民国元年

（1912 年）

中华民国临时政府建立，周树人随蔡元培入京；梁启超结束流亡生涯；苏曼殊以小说奉献文坛

1912 年元旦，孙中山在南京就任临时大总统，宣布中华民国成立。其在任职典礼上宣读誓词曰：

颠覆满洲专制政府，巩固中华民国，图谋民生幸福，此国民之公意，文实遵之，以忠于国，为众服务。至专制政府既倒，国内无变乱，民国卓立于世界，为列邦公认，斯时文当解临时大总统之职。谨以此誓于国民。

中华民国初建，可谓流年不利，经济凋敝，民生艰难，社会矛盾重重，与列强关系复杂，改良革命党派较量纷争，新旧思想文化冲突，各种乱象迭出。怎一个乱字了得！

南京建立中华民国，北京清廷犹在，南京革命党人在北京暗杀清廷大员。1 月 16 日，袁世凯乘车途经祥宜坊酒店时，从店内飞出炸弹，炸死其侍卫八人，而袁毫发未伤逃离现场，当日即派军警捕杀张光培等革命党人。26 日，皇室亲贵宗社党党首良弼，被刺杀身亡，王公贵族闻讯纷纷逃离北京。

是年 2 月 12 日，清宣统皇帝溥仪宣布退位，统治中国二百六十八年之大清王朝寿终正寝。次日，孙中山谨守承诺，推举袁世凯担任临时大总统。新总统必须亲到南京受任，遵守《临时约法》三个条件。29 日，袁世凯指使曹锟发动政变，以此为借口，拒绝随蔡元培、宋教仁等迎袁专使南下南京履职。袁世凯于 3 月 10 日在北京就任临时大总统。

5月，上海公共租界华洋巡捕来到民权报社，拘捕《民权报》主笔戴季陶。因他曾在该报发表短文《杀》，写下此语："熊希龄卖国，杀！唐绍仪愚民，杀！袁世凯专横，杀！章炳麟阿权，杀！"舆论界强烈谴责租界当局干涉言论自由，戴被罚洋三十元，获释。

6月，沙俄在新疆策动和阗（今和田）策勒县血案，借此派兵入侵喀什噶尔，要求赔款，袁世凯政府以付给"赔偿款"和惩处中国有关官民的条件，屈辱了结此案。

7月，西藏发生叛乱，边陲危殆，举国哗然。遂有川军入藏，滇军征西。正值川滇两军顺利收复川边藏族区，乘胜深入西藏腹地之际，英国驻华公使向北京政府提出抗议，声称中国不得干涉"西藏内政"，并以不承认中华民国，助西藏独立为要挟。迫于压力，袁世凯下令入藏军队停止前进，川滇军入藏平叛功亏一篑。

9月11日，清皇室在北京金鱼胡同那家花园设宴欢迎孙中山和黄兴。宴会上，贝子溥伦致辞，赞扬"孙、黄二君皆今日中国非常之人，故能建非常之业"云云。黄兴致答词，言及"非隆裕皇太后之明哲及诸公之辅佐，成功绝不能如此之神速"。有趣的是，双方皆退出政坛，其互捧皆言不及义。

10月，梁启超正式结束十四年流亡生涯，在各方力邀之下，回到天津。在梁氏广泛周旋下，共和建设讨论会、共和促进会、国民新政社、国民协会、共和统一党、共和俱进会六个政体合并，组成民主党，推汤化龙为干事长，后又推梁启超为领袖。该党政纲为普及政治教育，建设巩固政府，拥宪法护自由等。其实际目的在于实现组阁。

是年，伴着国民政府成立，文化也出现新气象。"南社奇才"苏曼殊，以小说奉献文坛；章士钊、蔡元培联名登报《求刘申叔通信》，寻找"国学深湛"之士刘师培。清流纷纷登场亮相。

1. 中华民国临时政府建立，政界、文化界空前活跃，
周树人随蔡元培入京

1912 年 1 月 1 日，上午 10 时，上海火车站聚万人之众，彩旗招展。上海各界欢送孙中山乘沪宁线专列赴古城南京，参加大总统受任典礼。

去岁 12 月 28 日晚，十七省代表四十五人相聚南京，举行选举预备会。选出孙文、黎元洪、黄兴三位为大总统候选人。在次日举行的正式选举大会上，以一省一票计，实行无记名投票。代表投票后，公开开箱验票。十七省代表依次投票，十六票投给孙文，一票给黄兴，孙文以绝对多数当选为中华民国第一任总统。那天，会场掌声雷动，口号响亮，众人呼曰："中华共和万岁！"泪飞如雨。

孙文乘坐的专列，在冬季的南方大地上驰骋了七个小时，徐徐抵达南京下关车站时，军乐高奏，礼炮齐鸣，口号声此起彼伏。不远的长江上停泊的军舰，也响起隆隆的礼炮声，在如血的夕阳中，漂向远方。

大总统的受任典礼是深夜 11 时举行的，孙文在受任典礼上宣读了誓词。各界代表、驻华使节、中外各大报纸的记者，见证了这一历史时刻。1 月 2 日，孙文通令各省，自此刻始，改国号为中华民国，以公元纪年。

1 月 3 日，各省代表会议，选出黎元洪为副总统，中华民国临时政府成立。这一天，在绍兴府中学任教的周树人，于绍兴《越铎日报》的创刊号上，发表了《〈越铎〉出世辞》一文，署名黄棘。文章从"于越"（古会稽）"无敌于天下"，"卓苦勤劳之风，同勾践坚确慷慨之志，力作治生，绰然

足以自理"，而后"黄神啸吟，民不再振"，写到现"越人于是得三大自由，以更生于越"，"民气彭张，天日腾笑"，"共和之治，人仔于肩，同为主人，有殊台隶"。此为最早颂扬建立中华民国之民间话语。

周树人于 1909 年自日本返国，先后在杭州、绍兴任教。课余集唐代以前的小说《古小说钩沉》，编成古代有关会稽史地人物的逸文《会稽郡古书杂集》，思想消沉。1911 年，辛亥革命爆发，受到鼓舞，在家乡积极宣传革命。1912 年，周树人用文言文作短篇小说《怀旧》，署名周逴，于 1913 年 4 月发表在上海的《小说月报》上。

小说描绘了一个小镇在革命风声吹到时封建势力的种种表现。《小说月报》在主编"附志"中，认为该小说对那些"才解握管，便讲词章，卒致满纸饾饤（比喻堆砌辞藻——引者），无有是处"的初学作者说来"亟宜以此等文字药之"。

捷克汉学家普实克在《鲁迅的〈怀旧〉——中国现代文学先锋》一文中说，由于小说"用现代的眼光观察世界，对现实的某些方面有与众不同的新兴趣"，特别是小说以"现代方式"结构情节，"可以清楚地感觉到它完全是一部新的现代文学的作品，而不属于过去一个时代的文学"。

《小说月报》主编在"附志"中说的话，可信。而普实克的评价有溢美之嫌，他回避了小说对革命的冷漠，且其"现代的眼光""现代方式"云云，概念颇为含混。但周树人继承中国小说传统又汲取世界文学营养的极富个性的小说中入木三分的讽刺笔墨，让人们看到小说的一种新气象。他的高水平小说已呼之欲出。

随着中华民国临时政府成立，周树人应教育总长蔡元培之邀，先在南京教育部任职，旋又到北京任教育部佥事。辛亥革命的不彻底性，让他由些许的兴奋再次陷入苦闷和消沉。1912 年至 1917 年，周树人没有一篇像样的文学作品诞生，拿着丰厚的俸禄每天以抄写古书、辑录金石碑帖、校订古书、潜心于佛道经典，消磨时光。

1 月 4 日，章太炎在上海创办《大共和日报》。这是民国元年重要的报纸之一。章太炎是一位革命家，也是著名的学问家，人称古代杂文学体系的总结者。其弟子众多，弟子周树人兄弟、钱玄同等皆成大学问家。他从追随康（有为）梁（启超），到与维新派分手，与保皇派斗争而成为革命者，对当时一代人转投革命，产生过较大影响。

3 月 2 日，孙中山的南京临时政府宣布废除《大清报律》。两天后，内务部公布《民国暂行报律》三条，不料引起舆论界之轩然大波，遭到各大报纸的声讨。这是给孙中山和南京临时政府的当头棒喝。

3 月 7 日，章太炎在自创的《大共和日报》及老牌《申报》刊出《却还内务部所定报律议》，反对《民国暂行报律》，各报纷纷转载。3 月 6 日，《申报》《大共和日报》《时报》《神州日报》《天铎报》等全国各大报纸联合致电孙中山，说："今杀人行劫之律尚未定，而先定报律，是欲袭满清专制之故智，钳制舆论，报界全体万难承认。"

3 月 9 日，孙中山以"既未经参议院议决，自无法律之效力"为由，令内务部取消《民国暂行报律》。

1912 年 2 月 12 日，清宣统皇帝溥仪宣布退位，统治中国二百六十八年的大清王朝结束。

1 月 10 日，张謇密电袁世凯，以南北军人名义，提议召开国民会议，决定政体，迫清帝退位。袁接电后，一面积极逼迫其主子宣统退位，一面向南方探询自己被举为总统的可能性。15 日即得到孙中山让位临时大总统之承诺，袁大喜过望，开始施展权谋"逼宫"。

1 月 16 日，天飘大雪，北方革命党人组织行刺袁世凯。上午，袁氏马车途经祥宜坊酒店时，飞来一颗炸弹，炸翻袁世凯马车。袁却从车下爬出，抓住马匹，翻身上马，绝尘而去，死里逃生。当晚，宗社党领袖良弼从外面乘马车归家，埋伏该处的革命党彭家珍化装成军官，扔出炸弹，一块弹片从下马石回弹进他的后脑，彭家珍立即被炸死。良弼被炸成重伤，送往医院急救，两日后身亡。坚持不愿清帝退位的王公贵族闻讯后，纷纷逃至天津、上海，躲在租界地，当起寓公。后来，袁世凯令军警搜查刺客，捕获十人，其中张光培、黄之萌、杨禹昌喋血当时。

1月26日，袁授意段祺瑞等四十六名将领，通电要求清廷明颁退位谕旨，确定共和，否则将率兵入京。

1月30日，清廷召开"御前会议"，决定退位，接受共和政体。

2月3日，隆裕太后悲悲凄凄授权袁世凯与南京临时政府磋商退位条件。11日，隆裕太后认可议定的优待条件，决定让清帝溥仪退位。此日，在紫禁城养心殿，举行清廷最后一次朝仪，以溥仪名义发布了退位诏书。遗老遗少长跪大殿，以头抢地，哭声震天……

2月13日，清帝逊位后，孙中山谨守承诺，推荐袁世凯担任民国临时大总统。这天，孙中山向临时参议会提交辞职咨文并推荐袁世凯继任。咨文提出三个附带条件：临时政府设于南京，不得更改；新总统亲到南京受任之时，原总统及国务员始行解职；临时参议院所定临时约法，新总统必须遵守。

2月14日，临时参议会接受孙中山辞职。

2月15日，举袁世凯为第二任临时大总统，决定临时政府仍设在南京，并电请袁世凯前来就职。是日，临时参议院派蔡元培、宋教仁、汪精卫等为特使，赴北京促请袁世凯到南京。27日，迎袁专使抵达北京，袁世凯为他们举办了盛大的欢迎仪式，各国驻华使节、各界名流、新闻界都应邀参加。次日，袁世凯又特邀蔡、宋等人开茶话会。袁表示："极愿南行，一俟拟定留人选，即可就道。"然而，29日傍晚，袁世凯却派兵袭扰特使住所，指使曹锟所属陆军第三镇两个营发动兵变，为拒绝南下就职制造借口。此后两天，通州（今北京通州区）、保定、天津也发生"兵变"，政局混乱。袁不能南下的理由充分。

3 月 10 日，袁世凯如愿地在北京宣布就任临时大总统。混迹政坛军界多年的袁世凯略施小技，便使政治对手处于被动。

3 月 11 日，未解临时大总统之职的孙中山，正式公布《中华民国临时约法》。

《中华民国临时约法》规定："中华民国由中华人民组织之"，"中华民国之主权属于国民全体"。该约法按照西方民主制度和"三权分立""代议政法"的原则，规定以参议院、临时大总统、国务员、法院行使国家统治权。并规定参议院行使全国立法权，选择临时大总统、副总统，对临时大总统行使的重要权力，具有最后决定权。参议院自国会成立之日起解散。其职权由国会行使。

临时大总统揽政务、公布法律，统率全国陆海军、制定官制官规，任免文武官员等。其行使职权时，须有国务员副署。

约法同时规定人民享有人身、居住、财产、言论、出版、集会、结社、通信和信教等自由。第十五条又规定"本章所载人民之权利，有认为有增进公益，维持治安，或非常紧急必要时，得依法律限制之"云云。

正在主持《民立报》笔政的章士钊，立刻著文予以批驳，指出"增进公益，维持治安"，"非常紧急必要"等皆缺乏一定的界定，伸缩性太强，难以公正执行，有悖言论自由的原则，且与第六条构成冲突。

章士钊，字行言，湖南长沙人，1901 年至武昌求学，次年入南京陆学堂，因参加学潮被开除，后到上海入爱国学社。1903 年任《苏报》主笔，宣传革命。"《苏报》案"发生后，闻讯潜逃。后又创办《国民日日报》继续鼓吹革命。报纸再次被迫停刊。于 1904 年与黄兴筹建华兴会，密谋发动长沙起义，未成，逃至上海。不久，因参与刺杀前广西巡抚王之春事件被捕，获释后东渡日本留学。1908 年，转至英国求学，入爱丁堡大学专修政治经济学。1911 年，武昌起义后回国，任《民立报》编辑，继而自创《独立周报》，批判当时的政治弊病。

3 月 29 日，袁世凯任命的国务总理唐绍仪出席参议院会议，发表政见，并提出十个总长的人选。经参议会投票通过，外交总长为陆徵祥、内务总长为赵秉钧、财政总长为熊希龄、陆军总长为段祺瑞、教育总长为蔡元培、司法总长为王宠惠、农林总长为宋教仁、工商总长为陈其美。

但刚到 6 月 15 日，国务总理唐绍仪辞职，离京去津。

唐绍仪，又作绍怡，字少川，广东香山人，近代资产阶级官僚。1874 年，由容闳带领赴美国留学。回国后，在天津结识袁世凯，并随之到朝鲜，任驻仁川领事。中日甲午海战爆发后，继袁任代理驻朝鲜商务专员，后又以道员随袁至山东、直隶任职，后历任外务部侍郎、邮传部尚书、铁路总公司督办、奉天巡抚和赴美专使等职。辛亥革命时，任北方议和全权代表，参加南北议和。唐乃袁之亲信，一直受其重用。

当了国务总理后，在责任内阁制问题上，与袁发生分歧。唐绍仪采取与同盟会合作的态度，提议在内阁中"多用南方人"。而袁则坚持在各要害部门安插北洋旧人。唐感到自己完全被架空。

4 月，唐与比利时华比银行签订借款合同，遭到四国银行团强烈反对，并蓄意报复，扬言"非唐辞职，不能借款"。唐内阁陷入财政困境。

6 月，经袁批准的直隶都督王芝祥到京，袁又改派他为南方军队宣慰使，并发出唐绍仪拒绝副署的委任令，公然破坏《中华民国临时约法》条例，唐绍仪被迫辞职。

唐绍仪辞职后，先到天津，再赴上海，于民国六年（1917 年）再度出山，参加护法军政府。民国八年（1919 年）任南方议和代表，与北洋军阀代表朱启钤在上海议和。此后，历任国民党政府国府委员、西南政务委员会委员兼中山县县长。民国二十七年（1938年），日本占领上海后，唐甘当汉奸，与日本人勾结，被刺杀身亡。

8月25日，在北京湖广会馆，同盟会、统一共和党、国民党、国民共进会和共和实进会召开大会，正式宣布，五党合并，成立国民党，发表宣言并选举孙中山为理事长，宋教仁、黄兴等八人为理事。同盟会改组为公开政党后，人数大增。唐绍仪内阁倒台，同盟会总干事宋教仁，积极筹划改组同盟会，以争取在参议院中占据多数议席。

孙中山一行是8月24日经天津到达北京的，袁世凯以迎接国家元首的礼节，隆重欢迎。袁世凯为了麻痹革命党人，邀请孙中山、黄兴、黎元洪等人来京共商国是。孙中山在京逗留二十五天，同袁晤谈十三次，讨论迁都、币制改革、铁路计划诸问题。9月，黄兴也到达北京，同孙中山极力劝说袁加入国民党，组成国民党内阁，袁虚以逢迎，骗取孙中山和黄兴的信任。

9月，孙中山等人离京后，袁世凯公布与孙中山、黄兴、黎元洪商谈拟定的中华民国"八大政纲"。袁在5月便与黎元洪秘密勾结，电邀武昌起义重要将领张振武到京"商议国是"，张奉召北上，被授以总统府军事顾问虚职。6月，再召张入京。张和随员方维到京后，袁表面盛情招待，暗中派军警捕逮张及方维，并命军政执法处处长陆建章连夜将二人杀害。消息传出，舆论大哗，黄兴两次通电袁世凯，要求公布张、方"谋反"证据。蔡元培等成立法律维持会，呼吁各界"尽维持之天职"。于是，袁世凯急忙拟定"八大政纲"并通电全国，制造与革命党人精诚合作之假象，以稳定动荡的政局。

张振武，原名尧鑫，更名竹山，字春山，原籍湖北罗田，后寄居竹山。早年入湖北师范学校求学，1904年留学日本，入早稻田大学学法律政治，入体育会研究战阵攻守之法。次年入同盟会，担任湖北党务领导工作。不久，回国参与徐锡麟安庆起义，失败后再逃亡日本，旋即归国继续奔走革命。1908年加入共进会，发动并领导武昌起义，任湖北军政府军务部副部长，率部众与清军鏖战，身负重伤，仍坚守武昌孤城。南北议和达成后，与孙武、刘成禺等在上海组织民社，成立民社武汉支部。袁世凯先后委以总统府顾问、蒙古调查员等职，张均不就。袁认为其对己有异心，遂与黎元洪勾结将他骗到北京，罗织罪名，秘密杀害。

10月8日，梁启超自日本买舟渡洋抵天津，结束自戊戌变法失败后，长达十四年的流亡生涯。

从上面枯燥而冗长的叙述中，读者对中华民国元年应有了一个大概的了解。清廷退位，南北议和，中山让位，举国共和，历史翻开了新的一页，然而乱象频频，灾难重重，各种政治力量在暗中较量，政局仍动荡诡异，虽为民国，而国民犹处在水深火热之中。

2. 流亡日本的康有为、梁启超苦涩咀嚼往事

民国元年，在日本的康有为和梁启超，曾比邻而居于神户须磨"双涛园"。那是个群山拱卫、面朝蔚蓝大海、四季分明、气候宜人的地方。神户已迅猛发展起来的绿色产业界人氏，多在此购地筑宅，休养度假。康有为在此自筑小楼临海，名曰"天风海涛楼"。后又迁近月见山下须磨寺侧公园前，桃樱满山，居有小园。

康有为五十五岁大寿时，梁启超等在日本的弟子十余人，为其师祝寿。礼毕之后，喝茶。此乃广东人之习俗。茶毕，梁启超等弟子设宴孝敬老师，康甚喜，即有诗兴，连赋七律三章，曰：

> 月见山前海有痕，须磨寺里佛乃尊。
> 劫灰飞散知何也，逋客孤羁得小园。
> 蜡屐游频思睹墅，桃花开遍或逢源。
> 一枝栖托聊随喜，豺虎中原何处村。

> 念乱哀时观我生，东华旧梦忆承平。
> 满园桃李谁为主，去国衣冠变尽行。
> 宾客解为文字饮，竹丝难写哀乐声。
> 白须诗海归无日，碧血三秋劫尽兵。

我比古贤寿已永，幼讶衰翁今与参。
绝域苏卿人老矣，书空殷浩事何堪。
婆娑槐树伤身世，烂漫樱花照壑岩。
故国于今易朝市，惟将凄惨问江潭。

康有为以苍凉之声吟罢三章，举座肃然，思绪已飞，遥想当年，以士林阶层拼死抗争的“公车上书”的壮阔往事，皆悲从中来。

十八年前，系甲午岁，中日甲午之战中国战败。初春四月，清被迫遣李鸿章与日本首相伊藤博文在日签订屈辱之《马关条约》。其主要内容为：中国承认日本对朝鲜的控制；割台湾、澎湖和辽东半岛给日本，并赔偿日本军费二亿两白银；开放沙市、重庆、苏州、杭州为商埠，允许日本人在中国通商口岸设立工厂，并不得逮捕为日本军队服务的汉奸。

此丧权辱国的《马关条约》即将签订的消息不胫而走，全国人民强烈反对。那群为求取功名，进京会试的举人，更是群情激愤，意气难平。

康有为在中举之前，曾以布衣身份，上书朝廷，要求变法救国，提防日本，此举在大清实乃破天荒之举，朝廷震惊，全国士人更是钦佩他勇敢谏言，自此康有为声名大震。等到甲午战败，光绪的老师翁同龢想起这个敢说敢言的康有为，认为他有先见之明。

据《任公先生大事记》载：

乙未（1895 年）公车上书，请变法维新。倡之者康南海（有为），而先生（梁启超）奔走之力为多，割台议起，先生联同顺德麦孟华、香山张寿波、增城赖际熙上书都察院，请代奏，力言台湾万不可割。格不得达，三君皆公车报罢者。

经康有为、梁启超奔走呼号，先是湖南的举人响应，接着闽、赣、黔、川、直隶、鲁、豫等地举人也纷纷响应，来自台湾的举子更是"垂涕而请命，莫不哀之"（《康南海自订年谱·康南海先生年谱续编》）。

最后赴京会试的十八省一千三百多举人被发动起来。康有为一天两夜，奋笔疾书，遂有一万四千字的《上清帝第二书》（"公车上书"）诞生。其书力言拒和、迁都、变法三项建议。

5 月 2 日，上千名清流云集于宣武门外炸子桥胡同里的松筠庵。这些为求功名而来帝京赶考的学子，聆听了康有为力挽国势、变法图强的雄伟大计之后，甘愿放弃十年寒窗苦读孕育的功名梦，以杀身成仁的胆魄，参与国家兴亡的斗争。这在京城是前所未有的创举，经过讨论，通过了康有为的上书内容。松筠庵的士子激情澎湃，热血沸腾。

松筠庵，原是明代谏臣杨继盛的故居。庵内尚存景贤堂，堂外有大香炉，供祭祀之用。堂内有杨继盛画像和牌位。杨继盛，明代人，字仲方，容城（今河北保定）人。嘉靖进士，授南京吏部主事，后改兵部员外郎。1550 年，西部蒙古族瓦剌俺答部南侵，大将军仇鸾率军迎战，一败涂地，请开马市，屈辱求和。杨以"仇耻未雪，议和示弱，有辱国体"劾鸾。后被鸾勾结严嵩所诬，贬狄道典史。鸾得罪，杨被召回，擢刑部员外郎，改兵部武选司。再因上《请诛贼臣疏》奏权臣严嵩"十大罪五奸"而下狱，三年后杨被杀。刑前吟下一首铁骨铮铮的诗，流传天下，诗曰：

　　浩气还太虚，丹心照万古。
　　生前未了事，留与后人补。

康、梁及众举人，重吟该诗，凭吊贤臣，自生一股浩然之气，冲上心头。

因清廷规定，举人无权直接上书皇帝，只能通过都察院代转。于是上千名举人，簇拥着他们的精神领袖康有为和他的"万言书"，气概凛然、口号冲天地走在初春桃花红、杨柳绿，有些空旷的街道上，涌向都察院。举人上街游行，这实在是千年帝京从不曾有过的景观，麻木的路人惊惶而好奇地驻足观望。

当举人们得知，军机大臣孙毓汶已抢先勾结阉人李莲英，通过慈禧逼迫光绪签名盖章，签订《马关条约》后，愤慨至极，扬言要抬棺到孙毓汶宅第示威，杀死国贼，以谢天下。

"万言书"虽没呈到光绪手上，却经辗转传抄，很快传遍京城。住在东交民巷的美国公使田贝，向康有为索到"万言书"文稿后，次日便在上海出版了《"公车上书"记》。

《"公车上书"记》这一小册子，并非出自康有为之手。他当时与各方联系，四处游说，没有时间执笔，他只能提供意见，由梁启超负责撰写。它的主要内容有四点：

一、建议皇上下诏鼓天下之气，惩办主和及打败仗的臣子，破格擢拔新人；

二、建议皇上下诏定天下之本，迁都关中或太湖流域；

三、建议练新兵，选新将，用精械，以强大武装力量；

四、建议变法，筑铁路，开矿山，造轮船，修邮政；务农，劝工，惠商，恤贫；停科举，建学校，办报馆，改举官制，以治理建设好国家和社会。

"公车上书"递交都察院的次日，是清廷会试放榜之日，康有为榜上有名，中了进士，并被任命为工部主事，但意气难平的康有为并没有在亲友纷纷祝贺之际前往就职。

不久，康有为又第三次上书，与上次不同，将拒和、迁都二事略去不提，而对变法有较详细的建议。此书居然送到光绪手上，光绪和恭亲王奕䜣看后，倍加赞赏，命誊抄四份，呈慈禧太后一份，交军机处一份，存乾清宫一份，另一份存勤政殿，以备展阅。

翁同龢受命亲自去拜访康有为。至此，上书运动总算有了积极结果。

光绪阅过康有为之"上书"，受到启发，赞成变法维新，对甲午战败及签订《马关条约》也深觉不快。他曾责问李鸿章："身为重臣，两万万之款，从何筹措？台湾一省送予外人，失民心，伤国体。"

"公车上书"，表达了士林阶层的爱国求强思想，推动了全国人民谴责、抗议日本帝国主义恶行的爱国运动。维新志士谭嗣同悲愤地发出"四万万人齐下泪，天涯何处是神州"的呐喊，表达了中国国民的沉痛心情。

"公车上书"，标志着酝酿多年的资产阶级维新运动的开端。此后全国各地的学会、学堂、报馆如雨后春笋，纷纷破土而出，维新变法的思想得以广泛传播。

光绪二十一年六月二十七日（1895 年 8 月 17 日），康有为在北京创办《万国公报》，发行三千份，在朝野产生很大影响，但各种谣言诽谤也如影随形。

在康有为、梁启超的推动之下，并得到光绪和翁同龢的支持，翰林院侍读学士文廷式出面，在北京成立"强学会"。推选翁同龢门生陈炽担任会长，梁启超任书记员。每十天集会一次。士子聚于"强学会"孙家花园，请人讲演自强之学。

"强学会"逐渐团结和影响了一批爱国官僚和知识分子，形成一个学术性、政治性兼具的团体。有志于维新变法的光绪每年从户部拨款数千两，作为"强学会"活动经费，他的老师翁同龢积极参与活动。连在天津小站练兵的袁世凯都参加了"强学会"，督抚张之洞、刘坤一也不甘落后，自称要维新，二人各捐五千两的白银为会费。李鸿章也欲捐两千两白银入会，由于其名声不佳，被婉拒。英国传教士李提摩太，美国传教士李佳白，则欲打入"强学会"，以施加其政治影响。英美公使表示愿意赠送西方图书和先进印刷机器。

守旧势力自然不能坐视"强学会"的影响扩大，受光绪冷落的徐桐奏请慈禧太后，要求严惩康、梁，那原本想打入"强学会"并企图控制该会的李鸿章，阴谋未能得逞，就再出狠招，唆使他的亲家御史杨崇伊上书弹劾康、梁。罪状是康、梁私立会堂，鼓吹西学，背叛圣教。

一时间，守旧势力兴风作浪，掀起一股抑制维新变法的浊流。康有为感到风雨欲来，离京赴沪，在上海设立"强学会"分会，并创办《强学报》。江浙清流张謇、章太炎、黄遵宪等纷纷加入"强学会"，与在京由梁启超坚守之"强学会"相互呼应。但好景不长，在保守势力的围追堵截中，"强学会"无疾而终：

> 其年（1895 年）七月，京师强学会开，发起之者，为南海先生，赞之者为郎中陈炽，郎中沈曾植，编修张孝谦，浙江温处道袁世凯等。余被委为会中书记员。不三月，为言官所劾，会封禁。而余居会所数月，会中于译出西书购置颇备，得以余日尽浏览之，而后益斐然有述作之志。（梁启超《三十自述》）

梁为生计，只好去给英传教士李提摩太当秘书。上海的"强学会"和《强学报》也遭查禁。《强学报》停办后，有余款一千二百元，黄遵宪自掏一千元，邀梁启超南下创办了《时务报》。由梁任主笔的《时务报》设在英租界四马路右路，于 1896 年 8 月 9 日正式创刊。《时务报》的宗旨是"广译五洲近事，详录各省新政，博搜交涉要案，俾阅者周知全球大势，熟悉本国近况"，团结了严复、谭嗣同、容闳、章太炎等一批维新志士。《时务报》渐成开民智、雪国耻、沟通上下舆情的舆论阵地，在全国知识界、思想界产生巨大影响。

光绪二十四年三月（1898 年 4 月），又是北京桃红柳绿之时，康有为发起成立"保国会"，入会者多达一百八十六人。

《保国会的章程》曰：一、本会以国地日割，国权日削，国民日困，思维持振救之，故开斯会，以冀保全，名为保国会；二、本会遵奉光绪二十一年五月二十六日上谕，卧薪尝胆，惩前毖后，以图保全国地、国民、国教；三、为保国家之政权土地；四、为保人民种类之自立；五、为保圣教之不失；六、为讲内治变法之宜……

梁启超在第二次开会时，发表《保国会演说词》：

今日中国……瓜分之事已见，为奴之局已成……今数万里之沃壤，固犹未割也，数万万之贵种，固犹未絷也，而已俯首帖耳，忍气吞声，死心塌地，束手待亡，斯真孟子所谓是自求祸也。《论语》之记孔子也，曰："知其不可而为之。"夫天下事可为、不可为，亦岂有定哉？人人知其不可而不为，斯真不可为矣！人人知其不可而为之，斯可为矣。使吾四万万人者，咸知吾国处必亡之势，而必欲厝之于不亡之域，各尽其聪明才力之所能及者，以行其分内所得行之事，人人如是，而国之亡犹不能救者，吾未之闻也。

"保国会"成立，北京再次涌动维新浪潮。光绪收到潘庆澜弹劾保国会奏章，曰："会能保国，岂不大善，何可查究耶？"

1898 年 6 月 11 日，在康梁维新运动不断高涨形势的推动下，光绪皇帝终于下诏"明定国是"，宣布变法开始。

光绪下诏"明定国是"后的第五天，在颐和园东宫门仁寿殿召见了康有为。梁启超之《戊戌政变记》，记录了此次召见。康有为进得仁寿殿，行了君臣之礼后，光绪忙赐座。见康有为仪表不凡，眉宇间有逼人英气，心里先有了好感，遂请康陈辞。

康有为说："中国已经到了生死存亡的关头。"

光绪点头说："甚是，国事全误于守旧诸臣之手。"

康有为陈述了变法图强的种种利害后，问皇上曰："眼看国家危亡，皇上为什么不雷厉风行地推行新政呢？"

光绪看了看帘外碧波千顷的昆明湖，沉默了片刻，叹息道："我受着种种的限制，身不由己矣！"

康有为自然知道，光绪帝一直受西太后那拉氏的牵制，不能按自己的意愿行事，便建议道："皇上如想变法，可以破格擢用有才干的人手。"

光绪点头认同。君臣交谈甚欢，光绪苍白的脸上，泛起红润。梁启超在《戊戌政变记》中记载，光绪召见康有为，"历时至九刻钟（两小时十五分）之久，向来召见臣僚所未有也"。

召见后，康有为被光绪任为总理各国事务衙门章京，并准许他专折奏事。不久，光绪又召见梁启超，梁力陈组织人力，翻译西方书籍，让人阅读，吸取精华；开办新学校，让学生学习新的科学文化知识，培养人才。光绪接受其建议，并赐六品卿衔，办理大学堂和译书局事务。不久，又赐谭嗣同、刘光第、杨锐、林旭等维新派士子四品卿衔，在军机章京上行走，批阅诸臣的奏折，为光绪颁布诏书拟稿。时人称四人为"军机四京卿"。

维新变法派将新政建议变成皇帝诏书，谕令颁发。新政诏令竟有一百一十多项，涉及经济、政治、军事、文教诸方面。力度之大，历史罕见，有力地推动了民族资本主义的发展，促进了资产阶级文化思想的传播。

史家一直在说，维新变法的新政，触犯了以慈禧太后为代表的封建顽固派利益，再加上光绪不过是个无实权的"儿皇帝"，而康有为们，不过是一群无政治和执政经验的书生，维新变法运动注定要经历千难万险，且以悲剧形式告终。

这样的说法，似尚未接近历史真相，在另一些史家看来，维新党人策划政变，乃是维新变法失败的导火索。

9 月 13 日，光绪让杨锐带出密诏，维新派将视线聚焦，诏内有"近来朕仰窥皇太后圣意，不愿将法尽变"，"朕位且不能保"等语，他们惶惶然找袁世凯商议。其实，光绪的密诏虽陈述了变法受阻的事实，但处理得当，还可峰回路转，他希望做的，是让杨锐、林旭、谭嗣同等人策划良策，争取"旧法可以全变"，"而又不致有拂圣意"。

康有为们，早就深知，推行维新，皇帝并无实权，慈禧一直是变法的绊脚石，已在谋划除之而后快。光绪密诏提供了一个可乘之机，他们打着"救驾"的幌子，密谋"围园劫后"铲除西太后的行动。正是这"围园劫后"的密谋，将并不想采取激烈手段推行变法的光绪推入万丈深渊，从此光绪母子恩断义绝，光绪终究被囚禁致死。这也将维新党人送上了断头台。

康有为的想法，江湖气太重，他夸大帝后矛盾，即使变法失败也可归咎慈禧的阻挠破坏，更异想天开的是，想借变法失败争取国际社会的支持，希望日本、英国出手干涉。

康有为们维新变法的失败，操之过急、铤而走险不能不说是重要原因。

有人说，袁世凯告密，出卖光绪皇帝和维新党人，则是维新变法失败的另一原因。

袁世凯与维新党人素有交谊，康有为认为，"以将帅之中，袁世凯夙驻高丽，知外国事，讲变法，昔与同办强学会，知其人与董（福祥）、聂（士成）一武夫迥异，拥兵权，可救上者，只此一人。而袁与荣禄密，虑其为荣禄用，不肯从也"（《戊戌变法》）。

康有为们以武力夺取政权，曾在 6 月派人试探袁世凯，当时得到回复是，"袁倾向我甚至，谓吾为悲天悯人之心，经天纬地之才"。康等考察的结果是，袁支持维新变法，与荣禄貌合神离。于是将赌注押在其身上。

正是康有为们缺乏政治谋略，奏请光绪提拔袁氏，光绪依准于 9 月 16 日擢升袁世凯为兵部侍郎候补。这一破格擢拔，造成的后果是严峻的：给慈禧释放的信息，是光绪试图求军事后盾，谋划权力格局。这将维新推上了风口浪尖。

更糟糕的是，光绪发出密诏之后，谭嗣同夜访法华寺，与袁商讨举兵"围园劫后"后诛杀荣禄的密谋。

康有为其实并不了解袁世凯，他骨子里并不认同激进的夺权变革。而且老于世故的袁，岂能放弃自己的无限前程，去参与康有为们的冒险行为？

慈禧的反击是残酷且有力的，三道"懿旨"一下，光绪便无计可施，只好传密诏，"今朕位几不保"，命康等设法以相救。亲笔密谕曰："汝可迅速出外，不可延迟。汝一片忠爱热肠，朕所深悉。其爱惜身体，善自调摄，将来更效驰驱，共建大业，朕有厚望焉。特谕。"

皇帝在危难之中，尚对康等如此体恤，让这些维新派感动得或泣涕，或哭号，甚至搭上了后半生，为"共建大业"不惜流血牺牲。康有为在万般无奈之际，突然想到一个让他和维新派陷入深渊的人——袁世凯。

谭嗣同在八月初三（9 月 18 日）深夜，到袁世凯所住的法华寺，请求其出手相助。还是《戊戌政变记》，再现了这夜的场景。

谭嗣同："君认为皇上是怎样一个人呢？"

袁世凯："是旷世圣主。"

谭："荣禄他们想借天津阅兵的机会，废除皇上的皇位，这一阴谋，君可知晓？"

袁："诺，曾听说过。"

谭："今日救皇上，只能靠君了，若愿救皇上，就去救吧……如果不救皇上，请到颐和园去告诉西太后，砍了我的头，去换荣华富贵吧。"

袁厉声道："你把我当什么人了？皇上是我们的共事之主，你我皆受皇上恩宠，救皇上之责任，非独有你，我也是义不容辞的。君若有什么指教，我洗耳恭听。"

谭向袁讲荣禄是奸雄，很难对付。

袁慷慨道："若皇上在我营，则诛杀荣贼如杀条狗罢了。现在形势紧迫，我须马上归营，更选得力将官，贮备弹药，请多加保重。"

令谭嗣同始料不及的是，这位一贯伪装进步，赞同变法，取得光绪信任被授以侍郎衔专办练兵事宜，握有兵权的袁世凯，出了法华寺即向荣禄告密。荣禄连夜乘专车从津赶到京，直奔颐和园，向慈禧报告了维新派的计划。

9 月 21 日，烈日炎炎，慈禧在众臣簇拥下，乘辇回宫，先夺了光绪的权，将其囚禁在瀛台，自己再度"训政"，同时下令捕杀维新派。当日中午，禁卫军即包围南海会馆缉拿康有为。所幸康已于昨日携光绪托人交他的密诏，经天津去往上海。

梁启超在当日上午，到谭嗣同所居浏阳会馆莽苍苍斋，平静对坐榻上，商讨事变对策。忽有人来报慈禧第三次垂帘听政的上谕和清兵抄捕了南海会馆的紧急形势。谭听罢，从容对梁说："昔欲救皇上，既无可救；今欲救先生（康有为），亦无可救。吾已无事可办，惟待死期耳！虽然，天下事知其不可而为之，足下试入日本使馆谒伊藤氏，请致电上海领事而救先生焉！"（《戊戌政变记》）

梁启超离开谭宅，即至日本使馆。据日本驻华代理公使林权助之《我的七十年》一书载，梁甫一到，即云："请给我纸。"遂写出："仆三日内即须赴市曹就死，愿有两事奉托。君若犹念兄弟之国，不忘旧交，许其一言。"梁接着说，"如果我也被捕，最迟在三天内也将被杀。我的生命早就准备献给祖国，毫无可惜。请解皇帝之幽闭，使玉体安全，并救康有为氏。所说奉托之事，只此二端。"

林权助见梁氏脸色苍白，却一派浩然悲壮之气，便曰："可以，君说的二事，我愿承担。"

梁听罢，热泪涟涟，肃然而去。但至深夜，梁忽又奔来，请求避难，伊藤曰："梁对于中国是珍贵的灵魂啊！"便派人将梁化装成猎人。到天津车站时，被人发现，报告清捕手，所幸在混乱中，被日本领事郑永昌送上日本军舰，脱险，"乘日本大岛兵舰而东，九月至日本"（《三十自述》）。

从下诏"明定国是"宣布变法，到那拉氏发动政变，共计一百零三天。史称"百日维新"的变法，就这样草草收场。

3."佞西学太甚"的谭嗣同喋血菜市口

就在梁启超躲进日本使馆，准备乘船东渡日本避难之时，谭嗣同赶到日本使馆见梁启超。梁又劝谭与其一道去东瀛，谭坚辞不往，而是将一木匣交给梁，那里面是他自己所著的书和诗文辞稿本多册及家书，托梁带往日本。

要说的话太多，但此次分手或成永决，反而不知说什么了，两人只有一抱而别，任泪水流淌。谭嗣同择夜回寓所后，京城义士大刀王五便登门，相议设法营救光绪，无奈禁军森严，瀛台难近，只能仰天长啸。

谭嗣同是位激进的充满自我牺牲精神的资产阶级改良主义政治活动家、勇猛的革新者。同时，也是一位颇有成就的文学家，是诗歌改革的尝试者，被史家称为写"新诗"的诗人。

谭嗣同，字复生，号壮飞，湖南浏阳人。其父继洵，官至湖北巡抚。幼年随父在京读书，师事名流欧阳中鹄，少时嫡母亡故，备受父妾虐待，"遍遭纲伦之厄"。梁启超在《戊戌政变记·谭嗣同传》中说他"少倜傥有大志，淹通群籍，能文章，好任侠，善剑术"。曾六应省试不第，然足迹遍及名山大川，行程八万里。既饱览江山壮丽，又目睹艰难。激起强烈民族意识，故在《三十自纪》中，发出"风景不殊，山河顿异，城郭犹是，人民复非"之感慨。

甲午战败的严酷现实，给其强烈刺激，深感民族危机深重，"经此创钜痛深，乃始屏弃一切"，"不恤首发大难"，与康有为、梁启超相交，决心立志变法，倡言新政，走维新变法之路，他的学问思想，深受孔、墨、佛、耶的影响，也受王夫之、黄宗羲等人熏陶，后习西学，益趋激进。1896年，写《仁学》，可视为其一生学术思想之精髓。其"冲击一切网罗"的呐喊，代表那个时代思想界最先进的反封建觉醒，他曾参与策划湖南新政，主编《湘报》，创设学会等，如前面所说，1898年被荐超擢四品卿衔军机章京。参议光绪新政，成为"百日维新"主要人物之一。

史家研究谭嗣同的思想和创作，都以他三十岁时即甲午战争爆发的1894年为界，分为两期。过于简单机械，但此系谭氏自分，为表述方便，姑妄听之。

早期作品《寥天一阁文》《莽苍苍斋诗》《远遗堂集外文》和《石菊影庐笔识》，自定"东海褰（音qiān，把衣服提起来之意）冥氏三十以前旧学四种"。三十岁后创作之《秋雨年华之馆丛脞书》（"脞"音cuǒ，小而繁之意）、《仁学》等稿本自题"东海褰冥氏三十以后新学"。后收"旧学""新学"，有《谭嗣同全集》。

纵观谭嗣同文学创作，以诗特别是"旧学"之诗，造诣颇深，富有个性，自成风格，在文坛独树一帜。

光绪三年（1877年）至光绪十五年（1889年），谭嗣同从十二岁到二十四岁的这十二年，其父远任甘肃，嗣同随行。有过一段驰骋大漠、扬鞭逐猎、搏击风沙、茹毛饮血的豪放不羁的边塞生活磨砺，还曾往来湖南陇右，西至新疆，东游江浙，北上燕赵，甚至渡苍茫大海南下台湾，正所谓足迹踏遍"莒莒四方，幽忧自轸"，经历时世沧桑，观"薄俗渗气，隐患潜滋"，尝遍人间冷暖，有了大漠的锤炼，有了世事的浸濡，发青年盛气，其诗"升峻远览以写忧，浮深纵涉以骋志"（《三十自纪》）。诗境苍莽辽阔，哀感顽艳，用他自己的诗句"拔起千仞，高唱入云"（《报刘淞芙书》之二）评价其诗，最为贴切。

崆峒

斗星高被众峰吞，莽荡山河剑气昏。

隔断尘寰云似海，划开天路岭为门。

松挐霄汉来龙斗，石负苔衣挟兽奔。

四望桃花红满谷，不应仍问武陵源。

口占二诗之二

白浪舡头聒旱雷，逆风犹自片帆开。

他年击楫浑闲事，曾向中流炼胆来。

览武汉形势

黄沙卷日堕荒荒，一鸟随云度莽苍。

山入空城盘地起，江横旷野竟天长。

东南形胜雄吴楚，今古人才感栋梁。

远略未因愁病减，角声吹彻满林霜。

谭嗣同的诗，境界恢廓，描写景物雄奇有力，也充满激情和心胸抱负，更有不羁性格。有广阔的漫游生活和崇高的理想怀抱的基础，一般格调严正、感情真挚、志趣豪迈。《崆峒》写出吞星开天气势，更写奔腾不羁之性格。《口占二诗》乃预示变革之浩荡。《览武汉形势》则直抒所见，感慨宏深。将自然景物人格化、感情化，构成独特的意象和意境，以抒个人情志。上面三首诗，为"旧学"之代表作。总而言之，并未超出传统士大夫"亢慨策治平，试之无一补"之治平理想和忧国忧民的情怀。

甲午战败，谭嗣同写《上欧阳中鹄书》，震惊了清王朝，"竟忍以四百兆人民之身家性命一举而弃之……中国虚度此数十年，何曾有洋务……中国不变法以期振作……可使四百兆黄种之民胥为白种之奴役"。又写《与唐绂丞书》，对传统之"道德文章"及自己的学术和思想进行全面反思与批判。又写《莽苍苍斋诗补遗·序》，表示对"旧学""愤而发箧，毕弃之"。

谭嗣同是在不断反思甲午惨败的教训后，逐渐冲破"旧学"，走上"新学"之路的。

谭嗣同走上"新学"与维新派有关，丙申年（1896年），他经上海至北京途中，结识了梁启超、麦孟华、夏曾佑等人。但梁启超在《饮冰室诗话》中说，"乙未（1895年）秋，与谭浏阳定交"。孰对，待考。结交梁、麦、夏后，共同探讨新学。

谭后到南京，师从杨文会学佛。作《金陵听说法》：

> 而为上首普观察，承佛威神说偈言。
> 一任法田卖人子，独从性海救灵魂。
> 纲伦惨以喀私德，法会盛于巴力门。
> 大地山河今领取，庵摩罗果掌中论。

此诗西学名词与佛家经语相混杂，晦涩难读。思想也是混乱的，但探索求变的精神，却是可贵的。不久，他撰写了《仁学》，论"黜古学，改今制，废君统，倡民主，变不平等为平等"之义，斥"伦常礼义，一切束缚箝制之名"，呼唤"初当冲决利禄之网罗，次冲决俗学若考据、若词章之网罗，次冲决全球群学之网罗，次冲决君主之网罗，次冲决伦常之网罗，次冲决天之网罗，次冲决全球群教之网罗，终将冲决佛法之网罗"。

大胆革新、勇于创造的精神与气魄，诚可感人。但只是"捃摭新名词"，求"新学"困难重重。梁启超在《饮冰室诗话》中说，"当时在祖国无一哲理、政法之书可读"。谭嗣同、梁启超、夏曾佑等，只能从西方传教士及江南制造局等翻译出版的西学书籍和《万国公报》等报刊中，获得一些肤浅的概念和知识，甚至从教会经典中，领会"博爱""平等"等思想。可以说，谭、梁诸人，是在对佛教、儒学改造，吸纳简单西学的基础上，既形成"新学"之诗的怪诞风貌，又建构变法、革新的理论"新学"的。

谭嗣同有《赠梁卓如诗四首》，乃是《仁学》的演绎，其三曰：

> 虚空以太显诸仁，络定阎浮脑气筋。
>
> 何者众生非佛性，但牵一发动全身。
>
> 机铃地轴言微纬，吸力星林主有神。
>
> 希卜梯西无着处，智悲香海返吾真。

此诗与《金陵听说法》一样杂糅孔子之"仁"，佛家之"性海"，耶稣之"灵魂"、博爱，表达了诗人以耶稣的献身精神，拯救民众灵魂的大志向。他后来为了践行此大志，不惜喋血，唤醒民众。谭嗣同是个身践其言的真勇士。

其实，谭弃"旧学"、求"新学"后之诗作，并非皆如上面两首生涩诡异，随着世事的变化，也有不少遒劲雄浑之作。如《和仙槎除夕感怀四篇并序》其四：

> 年华世事两迷离，敢道中原鹿死谁。
>
> 自向冰天炼奇骨，暂教佳句属通眉。
>
> 无端歌哭因长夜，娄尾阴阳胜此时。
>
> 有约闻鸡同起舞，灯前转恨漏声迟。

伤时而感世，表达诗人因岁月流逝而壮志未酬的苦闷心情，"闻鸡同起舞"，则写不改拯救国难的豪情。

《有感一首》，写于甲午惨败签订《马关条约》之后，曰：

> 世间无物抵春愁，合向苍冥一哭休。
> 四万万人齐下泪，天涯何处是神州？

笔端不仅流露出国事多难、民族危亡之恨，长歌当哭，且表达出国人团结救亡的共同心声。"新学"后期，这位资产阶级维新志士多写兵败于日本之痛、之恨、之志、之忧，充满了强烈的爱国主义精神。

《秦淮河》则蕴含反清的民族情绪：

> 江东旧是他家物，垂柳丝丝尽姓杨。
> 淮水姓秦山姓蒋，前朝寸土不曾亡。

谭嗣同又是一位散文家，多抒情、记事、议论。年轻时学桐城派，"刻意规之数年，久自以为似矣"。年长后"或授以魏晋间文，乃大喜，时时籀绎，益笃嗜之。由是上溯秦汉，下循六朝，始悟心好沉博绝丽之文"。且认为"所谓骈文，非四六排偶之谓，体例气息之谓也"。实际他否定了桐城派古文，也打破了骈、散绝对分界的局限，创造了自己的新体散文。

他的散文内容充实，句法也整洁严谨，绝少浮词累语，有骈文影响，往往委婉曲折、凝重、凄恻动人。他后来还推崇"报章文体"，此文体简洁明快，一目了然。他曾以口语编写南学讲义。均可见谭氏勇于革新，具有通俗化、社会化倾向，却文辞锋利，论述严细。存有《远遗堂集外文初编自叙》《刘云田传》《史例自叙》等。

谭嗣同被捕前一天，日本志士曾苦劝他如康、梁逃往日本避难，以图东山再起。谭嗣同曰：

> 各国变法，无不从流血而成，今中国未闻有因变法而流血者，此国之所以不昌者也。有之，请自嗣同始。（《戊戌政变记》）

谭被捕时，镇静地在自家庭院散步，他的从容仪态很让捕快吃惊。京人皆知，谭嗣同乃行侠仗义之剑客，剑术极精。故抓捕前，做了充分准备。谭嗣同视死如归，众捕快心生惋惜之情，并不难为谭嗣同。

谭在狱中，一写《绝命书》给梁启超，二在牢房素墙上写《狱中题壁》诗。《绝命书》云：

> 八月六日（9 月 21 日）之祸，天地反复，呜呼痛哉！我圣上之命，悬于太后贼臣之手。嗣同死矣！嗣同之事毕矣！天下之大，臣民之众，宁无一二忠臣义士，伤心君父，痛念神州，出而为平、勃、敬业之义举乎……嗣同生不能报国，死而为厉鬼，为海内义师之助。卓如（指梁启超——引者）未死，以此书付之，卓如其必不负嗣同、负皇上也。八月十日（9 月 25 日），嗣同狱中绝笔。（《梁启超年谱长编》）

《狱中题壁》云：

> 望门投止思张俭，忍死须臾待杜根。
>
> 我自横刀向天笑，去留肝胆两昆仑。

这是谭嗣同的生命绝唱，他把维新救国的希望托付给或流亡、或幸存、或潜伏的维新义士，而自己就要做"因变法而流血者"，以"横刀向天笑"的豪迈气概，为士的责任和道义，迎接死亡，喋血于"贼臣"屠刀。

谭嗣同就义那天，刑场设在菜市口，那里早早地被成千上万看热闹的人围得水泄不通。当谭嗣同一众维新义士被押上刑场，见谭嗣同昂然微笑，从容不迫，众人即刻鸦雀无声，早被那慷慨就义的气场震慑得目瞪口呆。

梁启超用下面几句，写出谭嗣同壮烈就义的场景：

> 观者万人，君慷慨神气不少变……乃从容就戮，呜呼烈矣！

政变第六天，一直客观报道戊戌政变真相，揭露清廷屠杀维新义士暴行的《国闻报》，以"视死如归"为题，率先报道了谭嗣同拒绝逃亡的消息：

> 初六、七日中国朝局既变，即有某国驻京公使署中人前往康氏弟子谭嗣同处，以外国使馆可以设法保护之说说之。谭嗣同曰："丈夫不作事则已，作事则磊磊落落，一死亦何足惜。且外国变法，未有不流血者；中国以变法流血者，请自谭嗣同始。"……中国国家拟即日正法以儆效尤。

《国闻报》不久又连载《论中国禁报馆事》，说：

> 上海之《文汇报》曰："中国之所以不遽亡者，犹赖有杨锐、林旭、谭嗣同等血性男子，节概能死事之人。"夫在中国视之则号为"乱贼"，在局外各国视之，则称血性节概男子，而并以中国之不亡归功于此等能死之人。

《国闻报》大胆执言，真实报道，使谭嗣同等爱国者永载激荡之中国百年史。梁之《戊戌政变记》即多取自报刊资料。

谭嗣同就义三个月，梁启超即在《清议报》上陆续登载谭嗣同之《仁学》，并为之作《〈仁学〉序》，曰："其于学也，同服膺南海，无所不言，无所不契"，"《仁学》何为而作也？将以光大南海之宗旨，会通世界圣哲之心法，以救全世界之众生也"。

梁概括《仁学》主旨，似不错，但说谭与康"无所不契"，《仁学》为光大康有为"宗旨"而作，则未必妥当。

谭嗣同从未说过赞同康"保（孔）教"之论。谭更注重制度和立法，认为"谨权量，审法度，一道德，同风俗，法立而教自存焉矣"（《报贝元徵》）。此外，谭更强调兼收并蓄，故曾对康的独依《公羊》和独尊孔教，表示"亦有不敢苟同者"。他在《致唐才常（二）》中强调，诸子百家"亦有道同而异术者，要在善取之而已"，老子、墨子、庄子等"虽各不免偏蔽"，但仍近乎"先圣之遗言遗法"。独尊儒术就会自限畛域，妨碍"博取"和"会通"。

当时，维新派多为变法加上"复古"的标签，谭自然未例外，但他明确说变法就是"变西法"，远比康梁的"参以西法"更加旗帜鲜明。他主张"广兴学校""大开议院""练海军""多修铁路""改官制""改订刑律"等具体的变法内容，乃古之未有，多带西方色彩。比起康、梁乞灵于古的策略，谭则在《与唐绂丞书》中强调，"公理"而非"圣人之言"，"合乎公理者，虽闻野人之言，不殊见圣；不合乎公理，虽圣人亲诲我，我其吐之，且笑之哉"。其维新主张，远比康梁更彻底。

在变法和程序主张上，谭与康、梁亦有不同。如在兴办何种学校，培养什么人才上就有区别。康、梁更注重中国传统文化，谭则认为"今日非西学不兴之为患，乃中学将亡之为患"，主张多译多读西方之书。对新式学堂的课程设置上，主张"以政学为先，而次以艺学"，尤注重西方的算学与格致。要靠科学的道理和思维方法育一代新人。谭之鲜明的科学主义倾向，康、梁自然不赞同，梁启超曾在《与康有为书》中，无奈地说谭"佞西学太甚"。

但是，在如何变法问题上，比起康、梁采取激烈手段，"围园劫后"及制造光绪伪诏，争取国际社会干预等方面，谭嗣同要比康、梁保守得多。谭嗣同从未出过国门，对西方的实际情况缺乏直接的深入调查了解，所涉及的西学当然是片面的，因此谭强调西学西法，难以与中国国情相结合，他的"变西法"，就显得一厢情愿，颇有些悲剧色彩，他个人也成了悲剧性人物。

4. 康、梁与孙中山及梁启超丰富的感情世界

梁启超在登上大岛日舰上，写的《去国行》，大气磅礴：

> 呜呼，济艰乏才兮，儒冠容容。倭头不斩兮，侠剑无功。君恩友仇两未报，死于贼手毋乃非英雄，割慈忍泪出国门，掉头不顾吾其东。东方古称君子国，种族文教咸我同，尔来封狼逐逐磨齿瞰西北，唇齿患难尤相通。大陆山河若破碎，巢覆完卵难为功……
>
> 吁嗟乎！男儿三十无奇功，誓把区区七尺还天公……潇潇风雨满天地，飘然一声如转蓬，披发长啸览太空，前路蓬山一万重，掉头不顾吾其东。

此古风长诗表达了他离乡背井、前途渺茫的惆怅，一腔爱国之热血激荡于胸。

梁启超是光绪二十四年九月初二（1898 年 10 月 16 日）抵达日本东京的。次月，即在华侨资助下，筹办了《清议报》并出版第一期。梁启超在《鄙人对于言论界之过去及将来》一文中说：

> 戊戌八月出亡，十月复在横滨开一《清议报》，明目张胆，以攻击（清）政府，彼时最烈矣。而政府相疾亦至，严禁入口，驯至内地断绝发行机关，不得已停办。

《清议报》办了三年，在清政府的干涉下，被取缔。

《清议报》"专以主持不清议，开发民智为主义"，其"时评""短评"，开创了中国现代新闻评论之先河。郭沫若在其《少年时代》一书有"《清议报》很容易看懂，虽然言论很浅薄，但他却表现得很有一种新的气象"云云。说《清议报》"浅薄"，是郭氏自己不高深。梁在其上发表的《爱国论》《论近世国民竞争之大势及中国之前途》，首先提出"国民"概念，他认为中国几千年来只知有"国家"，不知有"国民"，无国民，则只有奴隶。此说极富近代气息，代表梁等新型知识分子对中国最深刻的认识，是在漫漫黑夜里的一道闪电，振聋发聩。

在清政府的严令禁阅下，《清议报》还是通过各种渠道在日本和中国传布。张之洞对《清议报》极为不满，怒骂："谤议中国时政，变乱是非，捏造诬罔，信口狂吠。"企图通过外交途径，将康、梁逐出日本。《清议报》最终鸣金收兵。《清议报》一百期，给历史留下了空谷足音。

一说，光绪二十五年（1899 年）九月，《清议报》毁于大火。此乃慈禧派刘学询带十万金去日本羁拿康、梁未成功，便雇凶放火。

1899 年初，孙中山与革命党人陈少白，曾想去拜访因变法失败而逃到日本的康有为、梁启超，以示慰问。即托日本友人宫崎寅藏和平山周向其示意。但康有为以手奉光绪皇帝的"密诏"，圣命在身，不便与革命人来往为由，表示拒绝。日本人犬养毅同情孙中山革命，二人已成好友，得知此事，他便设宴于自家早稻田寓所，邀请了孙中山、陈少白、康有为、梁启超四人。宴会只有孙、陈、梁参加，康托故不往。宴会上，犬养毅作为两方的友人，招待颇为殷勤，他不懂汉语，不多时就告辞回卧室休息。孙、陈、梁谈得极为投机，共同感兴趣的话题太多，竟通宵达旦，意犹未尽。

他们主要是探讨维新派与革命党的双方合作问题。彼此开诚布公，各抒己见，对合作方式、方法谈得颇为深入，看法也逐渐接近，但梁启超不敢越俎代庖，替康有为做主，表示须回去与康商议决定。

梁启超首次与孙中山、陈少白接触，双方印象很好，从而开启他们一段影响中国命运的历史旅程。两天后，孙中山又派陈少白去拜访维新派首领康有为，同行者有平山周。他们到康有为住所时，见到康有为弟子徐勤。陈向徐说明来意。徐略作沉吟云："巧得很，今天康先生有些头痛，不能见客。"

陈少白听罢，微微一笑曰："这也罢了，我到访康先生并没什么要事，只要探望一下而已。"说完，便与平山周欲转身而去。

正在此时，梁启超从屋里出来，见是陈少白，忙说："啊，是陈先生，快请进来。"

陈少白道："听徐先生说，康先生有恙，不便打扰，只便回去。"

梁一笑："并无其事，快请进屋。"

梁将陈少白、平山周让进客厅，自己进里屋去了。少顷，梁启超引来康有为。宾主落座之后，陈少白痛斥清廷腐败无能，言非推翻它无以救中国，革命党与维新派合作，共同斗争，中国有望矣。康有为自有想法，对孙中山等革命党人不屑一顾，虽经三个小时的辩论，最后还是不欢而散。

到了 3 月，康有为刚过完四十二岁生日，"梁启超偕同门三十余人上寿，饮于东京上野园"（《南海康先生年谱续编》）。清廷早已派杀手赴日，欲刺杀康，且向日本当局施压，康只好匆匆"由横滨乘和泉丸渡太平洋，廿七日抵加拿大"，遂有十六年亡命四大洋之人生行旅。

康有为携光绪皇帝"密诏"远行，十六年不归，此举已贻笑大方，传为笑柄，此不论。

康走后，弟子梁启超与孙中山来往密切，《中华民国开国前革命史》收录的几封孙、梁往来书信可证。且举梁启超致孙中山之两信。其信一：

捧读来示，欣悉一切。弟自问前者狭隘之见，不免有之，若盈满则未有也。至于办事宗旨，弟数年来，至今未尝稍变，惟务求国之独立而已。若其方略，则随时变通。但可以救我国民者，则倾心助之，初无成心也。与君虽相见数次，究未能各倾肺腑。今约会晤，甚善甚善。惟弟现寓狭隘，室中前后左右皆学生，不便畅谈。若枉驾，祈于下礼拜三日下午三点钟到上野精养轩小酌叙谭（谈）为盼。

其信二：

前日承惠书，弟已入东京。昨晚八点钟始复来滨（横滨——引者）。知足下又枉驾报馆（《清议报》——引者），失迎为罪……下午三点钟欲造尊寓，谈近日之事，望足下在寓少待，能并约杨君衢云同谈尤妙。

从两信看，孙、梁二人关系日渐密切，梁已解除康之种种偏见和顾虑，政治倾向也渐与革命党趋同，遂有维新派与革命党合作斗争计划，共推孙中山为会长，梁为副。对此，梁问孙："如此，则将置康先生于何地？"

孙答："弟子为会长，为之师者，其地位岂不更尊？"

梁悦服，遂致信康有为曰：

国事败坏至此，非庶政公开，改造共和政体，不能挽救危局。今上（光绪——引者）贤明，举国共悉，将来革命成功之日，倘民心爱戴，亦可举为总统。吾师春秋已高，大可息影林泉，自娱晚景，启超等自当继往开来，以报恩师。

这封信可视为梁启超规劝康有为退出政治舞台，不要再干预政治斗争。

在信上签名的有唐才常等共十三人，康收到昔日忠诚的弟子之信，大为震惊与愤怒，但并未表态，静观后效。各地保皇派闻之，却齐声讨十三人为叛徒。

不久，梁到香港，与陈少白谈革命党与维新派合作的实际问题。公推陈少白与徐勤起草联合章程。殊不知，徐勤反对联合，并密报康有为："卓如（梁启超）渐入行者（孙中山）圈套，非速设法解救不可。"

在新加坡的康有为接到徐勤信，立刻派亲信叶觉迈携款到日本，将款交给梁启超，严令其赴檀香山办理保皇会事务，梁当然不能违恩师之命留日本。但他动身前，曾约谈孙中山，深入商量国事，表示将与之合作到底，至死不渝。他还请孙中山写介绍信给檀香山由孙中山创办的兴中会，以便联系。孙中山同意梁之请求，并让梁到檀香山后，与其兄孙眉接洽。于是梁才赴檀香山，在船上，他赋《壮别》诗一组，其一曰：

丈夫有壮别，不作儿女颜。

风尘孤剑在，湖海一身单。

天下正多事，年华殊未阑。

高楼一挥手，来去我何难。

梁启超到檀香山前，清廷再令闽、浙、粤各督抚严拿康、梁，并毁其书，声明缉获康、梁送官者"立即赏银十万两"。抵檀香山后，梁即赴茂宜岛拜访孙眉，见孙中山长子孙科，为其启蒙。4 月，梁致信孙中山，商谈共同勤王事，拟"借勤王以兴民政"，劝孙"宜稍变通"。

不久，梁在这里获得爱情。时任其翻译之小学教师何蕙珍，英、粤语均好，长相俏丽，芳龄二十，由崇拜梁到产生爱情，且托人为媒。梁无动于衷。后来梁为保皇会吸引大批兴中会员及华侨捐款，引起不少老兴中会员不满，他们在报上发文攻击梁，何蕙珍匿名写文为梁辩解，令梁深为感动，后有"夏威夷之恋"，传为美谈。

梁乃磊落之人，一直倡导一夫一妻制，将与何之事写信详告夫人李蕙仙，且录部分：

> 有友人来谓余曰："先生将游美洲，而不能西语，殊为不便，亦欲携一翻译同往乎？"
>
> 余曰："欲之，然难得妥当人。"
>
> 友人笑而言曰："先生若志欲学西语，何不娶一西妇晓华语者，一面学西文，一面当翻译，岂不甚妙？"
>
> 余曰："君戏我，安有不相识之西人闺秀而肯与余结婚？且余有妇，君岂未知之乎？"
>
> 友人曰："某何人，敢与先生作戏言？先生所言，某悉知之。某今但问先生，譬如有此闺秀，先生何以待之？"
>
> 余熟思片时，乃大悟，遂谓友人曰："君所言之人，吾知之，吾甚敬爱之，且特别思之。虽然，吾尝与同志创立一夫一妻世界会，今义不可背，且余今日万里亡人，头颅声价，至值十万，以一身往来险地，随时可死。今有一荆妻，尚且会少离多，不能厮守，何可更累人家好女子……请君为我谢彼女郎，我必以彼敬爱我之心敬爱彼，时时不忘，如是而已。"

信中还谈及再次与何蕙珍晤面时她说的话，向发妻表明女方之爱是至死不渝的：

> 先生他日维新成功后，莫忘我，但有创办女学堂之事，以一电召

我，我必来，我之心惟有先生……余归寓后，愈益思念蕙珍，由敬重之心，生出爱恋之念来，几于不能自持。明知待人家闺秀，不应起如是念头，然不能制也。酒阑人散，终夕不能成寐，心头小鹿，忽上忽落。自顾生平二十八年，未有如此可笑之事者。今已五更矣，起提笔详记其事，以告我所爱之蕙仙，不知蕙仙闻此将笑我乎？抑恼我乎？

发妻李蕙仙回信，对丈夫梁启超表示，同意他纳何蕙珍为妾，但须先征求老父的意见。李家世代为官，门第显赫，发妻之兄李瑞棻为翰林，正是梁启超广东己丑乡试的主考官，极欣赏梁之才华，主动将堂妹李蕙仙嫁给他。此回信以退为进，足见其有心计，梁启超见信后大为震惊，忙写信求不要如此：

蕙仙鉴：得六月十二日复书，为之大惊，此事安可以禀堂上？卿必累我捱（挨）骂矣！即不捱（挨）骂，亦累老人生气。若未寄禀，请以后勿再提及可也……以理以势论之，岂能有此妄想……与卿相居十年，分携之日，十居八九，彼此一样，我可以对卿无愧。虽自今以后，学大禹之八年在外，三过其门而不入，卿亦必能谅我……任公血性男子，岂真太上忘情者哉。其于蕙珍，亦发乎情，止乎礼义而已。

《清议报》被迫停刊后，梁启超又于光绪二十八年（1902 年）在日本横滨山下町 152 号创办《新民丛报》，次年秋又迁至 160 号。

梁氏在《新民丛报》上陆续发表了《新民说》《论学术之势力左右世界》《新史学》等重要文章。那时梁启超"风云入世多，日月掷人急。如何一少年，忽忽已三十"。正是元气淋漓、豪情万丈的年华。他的政论文章横空出世，在中国政坛、文坛掀起滔天巨浪。

《新民说》总结中国国民性的落后为：奴隶性、愚昧、为我、好伪、怯懦、无动、爱国心薄弱、甘当看客。周树人深受其影响，遂有"怒其不争，哀其不幸"的小说出现。梁氏为此开出的药方是：一淬砺其所本有而新之；二采补其所本无而新之。他认为"民弱者国弱，民强者国强"，国民素质决定一国政体的优劣，"苟有新民，何患无新制度、无新政府、无新国家"。

《论学术之势力左右世界》着重阐述学术改变世界的能量。认为哥白尼的日心说开辟了美国培根、笛卡儿之哲学，结束了欧洲学界的奴性，结论是"一国之进步，必以学术思想为之母，而风俗政治者皆其子孙也"。

《新史学》一文，梁氏将目光投向司马迁、杜佑、郑樵、司马光、袁枢、黄宗羲，将他们奉为中国史学上的"六君子"，其功大矣，而激烈批判历代史家碌碌无为者，"因人成事"，所谓二十四史，不过是二十四姓的"家谱"。梁主张史学应为国民而作，记录事迹，宣扬其精神。

梁对文言文也有批评，认为其阻碍新思想在民众间的传播，故提出改造语言以利文化普及的"文界革命"。"今宜用俚语，广著群书"，开启民智。可惜，梁氏的主张，尚未形成体系，有观点，却无具体措施，缺乏基础，所以十五年后，有胡适、陈独秀应运而生，以《文学改良刍议》和《文学革命论》掀起新文化运动的狂潮。

梁启超继 1899 年提出诗要有新意境、新语句，注重"新意境"与"旧风格"相结合之"诗界革命"理论之后，在《新民丛报》上，又发起"小说界革命"，并于 1902 年创办了一本专门登小说的杂志《新小说》，还写文章完善小说理论，初步改变了小说在中国历史上的尴尬地位。

但是文学革命的核心是文学的现代化问题，时代尚不具备条件。梁氏只是借鉴了西方文学经验而来不及消化，又急于解决民族自身时代的变革与文化转型所提出的迫切问题，难免粗疏或偏激，或只能在理论上形成一些震荡。只有到了胡适、陈独秀强化"白话文学"论与"历史的文学观念"，才催生出鲁迅的第一篇白话体短篇小说《狂人日记》。周氏的白话体小说实践，使我们民族文学的面貌、气象、精神、灵魂焕然一新。

梁启超利用《新民丛报》提倡的革命主张，在当时是先进的、进步的，对历史产生过深刻的影响。

"中华民族"这一概念，是梁氏最先提出的，确立了他作为近代民族主义奠基人的地位。梁启超几乎在每期《新民丛报》上都发表了自己的文章，其满怀爱国、救国之心的文章，皆以简洁生动的文笔、深入浅出的说理，吸引大量读者，产生巨大影响。

1902 年 5 月，黄遵宪被其文章感动，给梁写信道：

> 惊心动魄，一字千金，人人笔下所无，却为人人意中所有，虽铁石人亦应感动。从古至今文字之力之大，无过于此者矣。(《梁启超年谱长编》)

又后来，梁氏门生吴其昌，鉴于谭嗣同、严复等人之文不够通俗，不够气魄，在《梁启超》一书中赞梁启超之文说：

> 雷鸣怒吼，恣睢淋漓，叱咤风云，震骇心魄，时或哀感曼鸣，长歌代哭，湘兰汉月，血沸神销，以饱带情感之笔，写流利畅达之文，洋洋万言，雅俗共赏。读时则摄魂忘疲，读竟或怒发冲冠，或热泪湿纸。

真可谓"任公诚为舆论之骄子，天纵之文豪也"！

1902 年，梁氏在《进化论革命者颉德之学说》一文提到了"麦喀士"(即马克思)，他又是中国最早提出并关注马克思的第一人。

说梁启超的文章曾经影响过中国历史和一代中国人，说他是一个新时代的"启蒙"者，并不是溢美之词。且不说邹容写《革命军》，林长民写《山东亡矣》受其影响，一大批当时的青年革命者和才俊，几乎无不吸吮过梁氏的思想乳汁。

胡适十二岁读《新民丛报汇编》，眼前打开一个广阔深邃的世界。二十八年后，胡适在《四十自述》中说：

> 我个人受了梁先生无穷的恩惠。现在想起来，有两点最分明。第一是他的《新民说》，第二是他的《中国学术思想变迁之大势》……我们在那个年代读到这样的文字，没有一个人不受他的震荡感动的……《新民说》诸篇给我开辟了一个新世界。

诚如许纪霖在评价《新民说》时说：

> 中国的启蒙，非自五四起，实乃从《新民说》而始。五四的启蒙思想家们，无论是胡适、鲁迅，还是陈独秀、李大钊、毛泽东，在青年时代都接受过《新民说》的思想洗礼。

梁启超的思想发展，如他自己在《夏威夷游记》所说，读日文，肆西籍，"脑质为之改易，思想言论与前者若出两人"。他逐渐从康有为之托古改制、三世之义理论体系跳出来，而以西方资产阶级的自由、民权、进化思想为理论支柱，以改善和提高国民素质为目的，即"新民"，开始了新一轮思想启蒙宣传。他利用报刊，在其上发表论文、散文、小说、传奇等，批判传统思想，揭发社会弊端，反映社会现实，宣传新学思潮，鼓吹"政治革命""文学革命"。为宣传介绍西方政治、经济思想，他特撰写《天演学初祖达尔文之学说及其传略》等，在社会上产生很大影响，其本人也获"舆论界之骄子""思想界之先锋"等美誉。

当然，渡日后，他与孙中山等革命党人来往频繁，也深受其影响，使他倡导革命，鼓吹破坏，带动了一批留日的青年学子。故张朋园在《梁启超与清季革命》一文中说，"他的破坏主义唤起了多少人的觉醒，其启发性的深刻，可说是仅次于孙中山先生而已"。

但值得注意的是，1905 年之后，梁启超的政治观念有所倒退，表明保皇，仅对革命主张君主立宪和"开明专制"，这不可避免地与革命派发生论战，遭到革命派的攻击。但梁启超并未放弃，继续揭露清廷的腐败失政。他不遗余力地宣传宪政思想，鼓吹政党政治，其于国民政治常识之大进，亦有贡献。他与国内立宪派，藕断丝连，取代康有为而为领袖，却又对武昌起义后各省迅速独立，起积极的促进作用。

"启超既日倡革命排满共和之论，而其师康有为深不谓然，屡责备之，继以婉劝，两年间函札数万言，启超亦不慊于当时革命家之所为，惩羹而吹齑，持论稍变矣"（《清代学术概论》）。此说谬也，以梁之思想意识及性格，外力不足以动其志。梁的政治立场从激进转变为保守，从革命转回到改良和立宪，主要是因为他认为，在中国这样一个民智低下的专制国家，革命的结果只会造成徒具共和形式的专制国家。是耶，非耶，孰能道断！

5. 章太炎、蔡元培的《求刘申叔通信》及与康、梁的分歧

中华民国成立,《大共和日报》登了一篇《求刘申叔通信》。这是章太炎与蔡元培联名发的寻刘师培的启事:

> 刘申叔学问渊深, 通知今古, 前为宵人所误, 陷入樊笼。今者, 民国维新, 所望国学深湛之士, 提倡素风, 任持绝学。而申叔消息杳然, 死生难测。如身在他方, 尚望先通一信于国粹学报馆, 以慰同人眷念。

刘师培到哪儿去了?

原来, 在 1911 年, 刘师培投靠粤汉铁路督办大臣清廷要员端方后, 随其入川了, 在"保路运动"中, 端方因镇压运动而被杀, 随从或称幕僚之刘师培也在资州被革命军拘捕, 下大狱。

在刘师培被捕后, 章太炎弟子刘文典急急向老师禀报, 请求老师出手相救, 于是章太炎作《宣言》将刘师培拉出鬼门关:

> 昔人曾云, 明成祖"城下之日, 弗杀方孝孺。杀之, 读书种子绝矣"……今者文化凌迟, 宿学凋丧, 一二通博之材如刘光汉(刘师培别号——引者)辈, 虽负小疵, 不应深论。若拘执党见, 思复前仇, 杀一人无益于中国, 而文学自此扫地, 使禹域沦为夷裔者, 谁之责耶?

闻刘师培被捕，陈独秀也立即上书孙中山，以"延读书种子之传"为由，请求宽谅：

> 大总统钧鉴：仪征刘光汉（刘师培）累世传经，髫年岐嶷，热血喷溢，鼓吹文明，早从事于爱国学校、《警钟日报》《民报》等处，青年学子读其所著书报，多为感动。今共和事业得以不日观成者，光汉未始无尺寸功。特惜神经过敏，毅力不坚，被诱贰任，坠节末路。今闻留系资州，行将议罚。论其终始，实乖大法；衡其功罪，或可相偿。可否恳请赐予矜全，曲为宽宥，当玄黄再造之日，延读书种子之传，俾光汉得以余生著书赎罪……谨此布闻，伏待后命。

教育总长蔡元培也力保刘师培出狱，说了言不由衷的话：

> 刘申叔，弟与交契颇久，其人确是老实，确是书呆！

孙中山见社会贤达均为刘师培说情，于是由自己保释刘师培出狱。刘出狱后由友人谢无量介绍，到四川国学院任教。

民国元年，刘师培被捕，社会名流营救，案子一直捅到临时大总统孙中山处，又由大总统亲自保释，这在当时，算得上是学界一件大事了。

刘师培是个值得介绍的人物。其在日本期间，1907 年，加入同盟会，与张继在东京举办"社会主义讲习会"，既宣传无政府主义，又传播马克思主义，曾编译《共产党宣言》并大量撰写介绍马克思主义学说的文章，他译的《共产党宣言》是公认中国最早的译本。时在日本早稻田大学攻读政治本科的李大钊，正是受了刘师培译著的影响，开始接触马克思主义学说。

最早接触马克思主义学说，翻译、传播《共产党宣言》的刘师培，并没有成为马克思主义者，反而在其政治生涯中，几度变节，背叛同盟会和孙中山。1908年，为夺取同盟会干事职权，提议改组同盟会本部，被拒，遂变节，投靠端方，后被革命党人捕获，在章太炎、陈独秀力保下，获释。后来再度变节，充当阎锡山高级顾问，追随杨度，投靠袁世凯，参加"筹安会"并担任理事，拥护袁世凯称帝。1917年，蔡元培亲到天津，找到落魄重病的刘师培，聘其为北京大学教授。1919年，刘师培组织"国故月刊社"，刊行《国故月刊》，自任总编辑，对抗新文化运动中反对传统文化的虚无主义。此举，史家称刘师培再次背叛新文化运动。此说大谬。在新文化运动中，在大量照搬西学而割断、摈弃传统文化的背景下，刘师培倡导的"国故"主义，有其重要意义。今天，是重新审视新文化运动的时刻了。

刘师培对经学、小学及汉魏诗文皆有深邃研究，撰述甚丰，后人辑为《刘申叔先生遗著》，凡七十四种。

刘师培，其家五世传经，文气兴盛，藏书如海。十七岁即读完家中藏书，然后论史谈经，著书立说，被视为少年大师，后与章太炎齐名。十八岁中秀才，次年到金陵参加乡试又中举人。据汪东回忆："余初识申叔时，在日本东京，年才十七八，而申叔亦仅长六岁耳，著述不倦，积稿盈几案间，形羸而秀口，呐呐如不能言者。然与人论学，释疑解难，穷极九流百家之书，无所留滞。引证某类某事，至能举其卷页，十不失一二。"

郑逸梅也说："刘申叔记忆力甚强，在北大任教时，他须参考典籍，致书仪征家中，说明在何橱何格，何排何册，家人一索即得，从无误记。"

后人说陈寅恪失明后，引证材料皆凭记忆，曰某书某页，乃旷世奇才。刘申叔，早陈寅恪，已能精通经典矣。

刘师培继承家学的同时，运用近代西方科学研究方法和成果，使其研究中国传统文化有了新的境界。刘便自鸣得意，忘记天外有天。

一天，刘师培与徐绍桢谈及《春秋长历》。

刘道："予家五世治《春秋左氏》之学，自高曾伯山、孟瞻诸先生以来，子孙继承，传治《春秋》。予笃守家学，萃数代已成之书，蔚装成帙，精细正确，首尾完备，但《春秋长历》一卷，中多疑难，未成定本。闻先生历算精深，请校阅疑误，则小子无遗恨，先人当罗拜矣。"

徐绍桢曰："汝诚敬欲予校正者，明日当具衣冠，捧书来，视其全书，予能修改，汝再具衣冠行跪拜礼，乃秉笔为之。"

翌日，刘师培具衣冠捧书前往。徐已正襟危坐，等候良久，洗手焚香之后，捧过书，静默阅读几个时辰，方对刘师培说："错误甚多，不仅签条疑难也，当尽半月之力，为君改正。"

刘立行跪地礼，双手捧书过顶，恭敬呈徐绍桢。十日后，刘往谒徐，徐曰："全书改正完善，其中错误，凡百数条，予运用步算，尽掇其微，可携书归，钞正送来再阅。"

刘匆忙回家，展卷阅读，其家数代人不能解决的疑难问题，徐都一一改正，而且发明微旨。后来，刘师培将此事告诉黄侃说："汝愿从我深研经义训诂之学，予亦仿徐先生例，子须行拜跪谒师礼，而后教之，不必另具衣冠也。"

黄侃虽与刘师培皆师从章太炎，交好多年，但对其颇为鄙视，对其学问也不以为然，动辄批评，谓其文章古奥深涩，故弄玄虚。对刘师培变节，黄侃更是十分鄙夷。等到二人都到北京大学任教，黄侃穿上簇新礼服，请刘师培坐上位，自己郑重行四拜三跪之礼，拜刘师培为师，刘师培笑曰："予有以教子矣！"

刘师培在去世前，曾对黄侃表示，自己对早年参与政事、几次变节很是后悔，他说："我一生应当论学而不问政，只因早年一念之差，误了先人清德，而今悔之已晚矣。"

刘师培十九岁中举人之后，意气风发，不久到北京参加会试，名落孙山，万般懊悔、怒恨。在返家途中，上书皇帝和主考官，语多不敬。到扬州时，酒后放狂，纵论科举之种种弊端。此举惊动官府，始缉拿刘问罪。刘酒醒之后，不敢归仪征老家，转而去上海避难。

刘师培在上海认识了章太炎、蔡元培、陈独秀、章士钊等雄视文化界的一众清流。在他们的影响下，刘师培开始了自己沉浮多蹇的人生之路。开始，还是大道通天，立志绝意科举，投身民主革命活动。

他以排满的姿态，写《留别扬州人士书》一文发表在影响颇大的《苏报》上，示于人们，并更名"光汉"，即"光复汉族"之意，表示其反清的决心。

1903年，俄国武力侵略中国东北，蔡元培等人发起"对俄同志会"，创办《俄事警闻》。刘师培加入此会，并成为《俄事警闻》主笔之一。翌年，《俄事警闻》改成《警钟日报》，刘任主编。刘又以"激烈第一人"为笔名，写《论激烈的好处》，发在《中国白话报》。文章说唯有激烈手段方能唤醒国人，使他们不再安于现状。要治本就得从激烈开始，中国的衰亡都是误在"平和"二字。文章革命情绪高涨、气势激昂。刘还积极参加蔡元培组织的军团教育会、暗杀团，是光复会的首批会员，后又加入同盟会、国学保存会等组织。

参加暗杀团时，"设黄帝位，写誓言若干纸，如人数，各签名每纸上，宰一鸡，洒血于纸，跪而宣誓，并和鸡血于酒而饮之，其誓言，则每人各藏一纸"。

看起来，刘师培已革命得很是投入，但骨子里，并未忘记功名，尽管痛骂科举制度，他却于1904年跑到河南，参加会试。不幸又落榜未中，忧愤中回到上海，正逢革命党人密谋刺杀广西巡抚王之春，刘师培积极参与其中。下午，刘师培与陈去病等人，身揣手枪去三马路金谷春菜馆行刺王之春，一革命党冲到楼上，子弹却卡在枪腔，被卫兵抓获。正向楼上冲去的刘师培见状，吓得手枪落地，回身仓皇逃走，路上被巡捕盘查，刘已抖作一团，被拘捕。次日见其瘦弱，旋释放。

次年 3 月，江南草长，刘师培因在《警钟日报》痛骂德国侵略者，遭租界巡捕房通缉。刘化名"金少甫"避难于浙江，不久应陈独秀之邀到安徽芜湖，与陈独秀、章士钊等人到安徽公学任教，秘密组织反清革命团体"岳王会"，培养暗杀志士。刘师培还积极著述，撰《攘书》，宣传"攘除清廷，光复汉族"。他还写《辩满人非中国之臣民》，以驳斥梁启超之作《满洲为建州卫论》。汪精卫曾著文批梁，可惜征引不足，说服力未达，刘师培才再写此文批驳。尽管刘考证博引，但结论满族是外人，与汉人"不独非同种之人，亦且非同国之人"，将中国视为汉族人之国，而非各民族组成的国家，显然是极端错误的。但章太炎赞不绝口，"申叔此作，虽康圣人亦不敢著一词，况梁卓如、徐佛苏辈"。

1907 年，刘师培一家人东渡日本，系受章太炎邀而行。当时的日本，无政府主义思潮泛滥，刘师培认识了日本社会党人幸德秋水，受其影响，很快变成无政府主义者。当时写的《无政府主义平等观》，阐明了他自己的无政府主义观念。

章太炎、张继和刘师培等人组织"社会主义讲习会"，在中国留日学生中宣讲杂糅了国学、启蒙学、无政府主义的思想。后来的李大钊、郭沫若诸人，都不同程度地受其影响。

也是在 1907 年，同盟会内部发生矛盾分歧，以章太炎为首掀起一场"倒孙（中山）风潮"。刘成了章太炎"倒孙"的支持者。用他自己的话说：

> 东渡以后，察其隐情，遂大悟往日革命之非。

刘师培对孙中山甚为鄙夷：

> 盖孙文本不学之徒，贪淫成性，不知德为何物。

他甚至找日本人北辉次郎等与程家柽商量，想雇杀手取孙中山首级。而刘师培不知程家柽是革命党卧底清廷者，程很快将暗杀孙中山计划告诉宋教仁等，暗杀计划失败。刘师培弄清后，痛恨程家柽坏其好事，又指使日本人加藤位夫等，将程诱到僻静处痛打。若不是警察闻讯赶到，程性命不保。

生性善变的刘师培，在其妻何震的安排下，于1907年底作《上端方书》，表示要投靠、效忠其门下，并献"弭乱之策十条"：

> 欲以弭乱为己任，稍为朝廷效力，兼以酬明公之恩。

刘师培暗中投靠端方之后，表面并未与革命党人决裂，而是充当卧底，更要命的是章太炎等革命党人竟毫无察觉。

1908年5月，刘师培偷得章太炎私章，在上海《海州日报》上冒名章太炎发表《炳麟启事》，启事称自己将"闭门却扫，研经释典，不日即延请高僧剃度，超出凡尘，无论新故诸友，如以此事见问者，概行谢绝"。

章太炎阅后，大动肝火，气愤难平，在《民报》发表声明《特别广告》，一则澄清事实，一则称刘师培、何震夫妻系清廷密探。自此，章、刘反目。

是年冬，清廷通缉革命党人陶成章，刘师培参与诱捕活动。一日，革命党人王金发持枪闯入刘师培家，刘下跪求饶，许诺一定救出一位被捕的革命党人，才免一死。而另外一个叫汪公权者，刚从妓院出来，被王金发一枪击毙于道中。陈其美恨透刘师培，曾令蒋介石除掉他，只因孙中山怕太多的暗杀会暴露起义计划，阻止了他们的行动，命大的刘师培又逃过一劫。

关于刘师培变节，众说纷纭。一说，因何震挥金如土，为获重金而投靠端方；另一说，据刘师培外甥梅鹤孙说，端方任两江总督时，李瑞清为两江师范学堂监督。有人建议聘刘师培为师范学堂历史教授。因知刘为革命党人，李不敢做主，便与端方幕僚陈庆年商议，由陈向端方进言，说刘师培"虽为革命党人，近年已不谈种族革命，他若能来，实为上选"。端方允之，由李、陈约刘师培返回任教。刘接到电报有些犹豫，而何震愿归国，遂极力怂恿要挟，刘只好叛变革命。

上面关于刘师培变节之说，皆未切中要害。刘师培有学问却无革命理想，也无风骨、血性，又不老实，加以利害冲突，变节乃合乎他的文化人格和性格逻辑。我们可引用他的一段话，或可道出变节的玄机：

> 中国革命党所持之旨，不外民族主义，故舍排满而外，别无革命。师培自斯以后，凡遇撰述及讲演之事，均设词反对民族主义，援引故实，以折其非。盖事实均由学理而生，若人人知民族主义不合于学理，则排满之事实，自消弭于无形。此即古人正本清源之说也。

民国元年五六月间，参议院选举袁世凯为民国大总统，国内乱象频频，灾难连连。康有为撰《中华救国论》，开头即为题记：

> 孔子曰：大道之行，天下为公，选贤与能。故《书》称尧、舜，而《易》称无首；《春秋》据乱之后，为升平太平之世；《礼》于小康之上，进以大同，共和主义也。吾昔著《大同书》，久发明之，惟共和在道德物质，而政治为轻；若误行之，为暴民无政府之政，可以亡

国。今共和告成数月矣，惨状弥布，吾亦国民，栋折榱坏，将同受压，不能忍而不言矣。此稿草于夏初，今蒙藏已危，岌岌瓜分，盖早忧之，而恐无及也。康有为识。

内文较长，略摘曰：

今共和告成矣，扫中国数千年专制之弊，不止革一朝之命，五族合轨，人心同趋，必无复于帝政之理。然或以为共和已得，大功告成，国利民福，即可自致，则未然也。吾所深虑却顾者，以共和虽美，民治虽正，而中国数千年来未之行之，四万万人士未之知之，众瞀论曰，冥行擿埴，吾虑其错行而颠坠也。

…………

今共和数月矣，所闻于耳，触于目者，悍将骄兵之日变也，都督分府之日争也，士农工商之失业也，小民之流离饿毙也，纪纲尽废，法典皆无，长吏豪猾，土匪强盗，各自横行，相望成风，搜刮则择肥搏噬，仇害则焚杀盈村，暗杀则伏血载途，明乱则连城陈战，抢掠于白昼，勒赎于大都，胁击于公会，骚扰于城市，以至私抽赋税，妄刑无辜，兵变相望，叛立日闻，莫之过问也。

读康有为《中华救国论》，知康氏在民国成立之后，并不是如史家所说，实是共和之反对者。而是忧其共和之未来，诤言以献策，或说世界之大势，或言国内之现状，号称共和之国无不自立与为国之道者。提出"整纲纪，行法令，复秩序，守边疆"，"弭暴乱以安生业"方是建国、治国之道。

《中华救国论》，以见识之缜密，以高远之论，道出旧朝旧法有专制之失，亦有可借鉴之处，其间对传统文明之惜爱，有积极意义。论及国民性也鞭辟入里。其"重奖道德"，要在"重道德之俗，起敬畏之心"之建议，也并非一无是处。其"常守旧而能保俗，而又日更新以争时"，亦富哲理性。

《中华救国论》结尾处，康有为云："乱争未弭，国本未定，无一可行。"观民国建立数月，康反颇为担忧与失望，"所独忧者，万国耽耽，暴民攘攘"，"五千年之文明，万里之广土，四万万之华胄，将为奴隶"。但可贵之处，在于他失望却未绝望，而是寄希望于共和领袖，"若能为之有序，措之得宜，讲乎外势而先弭内乱，以国为重而民从之，有政党内阁以为强力政府，行保民之政，富而教之，保中国已有之粹而增其未备，则中国之强，可计日而待也"。

当然，从《中华救国论》可见作为保皇党的康有为的自我深刻反省，共和为己所不愿，保皇已无前途，万般无奈，只有在失望中寻希望，《中华救国论》中种种矛盾之论，见其深沉的忧患。

梁启超归国时，康有为又作《孔教会序》。又发"今欲存中国，先救人心，善风俗，拒诐行，放淫辞，存道揆法守者，舍孔教末由已"之论。

得康氏真传者，为梁启超也。后来，梁在清华国学院做导师时，即以康之理论传道。梁在《康有为传》之"修养时代及讲学时代"一章中称：

> 先生讲学于粤凡四年，每日在讲堂者四五点钟，每论一学，论一事，必上下古今，以究其沿革得失。又引欧美以比较证明之，又出其理想之所穷及，悬一至善之格，以进退古今中外，盖使学者理想之自由，日以发达，而别择之智识，亦从生焉。余平生于学界稍有所知，皆先生赐也。

康有为写《孔教会序》《以孔教为国教配天议》等，推崇孔教，云"诸经之义，人民平等而无奴，光武大行免奴，先于林肯二千年"。

梁启超说："先生所以效力于国民者，以宗教事业为最伟，其所以得谤于天下者，亦以宗教事业为最多。"

何为宗教？梁启超释曰："吾中国非宗教之国，故数千年来，无一宗教家。"然我国又是礼教之邦，礼教何来，孔孟之道也。接着又说："先生幼受孔学，及屏居西樵，潜心佛藏，大彻大悟。出游后，又读耶氏之书，故宗教思想特盛，常毅然以绍述诸圣，普度众生为己任。"

康氏历来曰"三圣一体"，三圣者，佛祖、耶稣、孔子之谓。康氏从不排外道，于中外诸教中寻求共同之处。对此，梁启超说，"生于中国，当先救中国；欲救中国，不可不因中国人历史习惯利导之"。认为，当下"公德缺乏，团体涣散"之状，中国"将不可以立于大地，欲从而统一之，非择一举国人所同戴而诚服者，则不足以结合其感情，光大其本性。于是乎以孔教复原为第一着手"。没有孔教儒学，中华文明则无从延续。

康有为精研孔孟之道，总结孔教儒学，"不一而足，约其大纲，则有六义"。梁启超归纳为"六个主义"：

  一、孔教者，进步主义，非保守主义；

  二、孔教者，兼爱主义，非独善主义；

  三、孔教者，世界主义，非国别主义；

  四、孔教者，平等主义，非督制主义；

  五、孔教者，强立主义，非巽懦主义；

  六、孔教者，重魂主义，非爱身主义。

对此，梁启超概括曰：

其从事于孔教复原也，不可不先排斥俗学而明辨之，以拨云雾而见青天，于是其料简之次第，凡分三个阶段：一为排斥宋学，以其仅言孔子修己之学，而不明孔子救世之学；二为排斥刘歆之学，以其作伪且诬孔子误后世；三为排斥荀学（荀卿之学），以其仅传孔子小康之统，不传孔子大同之统也。

康有为作《孔教会序》，提倡孔教。孔教之提法，是否科学，尚无定论，但孔子儒学为华夏三千年文明之精神源泉，诚如康南海所说：

大哉孔子之道，配天地，本神明，育万物，四通六辟，其道无乎不在，故在中古，改制立法，而为教主，其所为经传，立于学官，国民诵之，以为率由，朝廷奉之，以为宪法。

康有为倡导孔子儒学，实乃其政治理想：国家有所本，民心有所倚；国泰民安，世界大同。从这一点上讲，康有为乃为爱国主义者。

改革开放之后，我国经济腾飞，为世界所称颂，但一些人欲壑难填、精神沉沦，而重塑民族精神，继承民族文化传统，孔教儒学不失一利器。

1912 年 10 月，梁启超终于自日本买舟归国，结束三年流亡生活。黄兴自京去天津码头迎迓，颇有修好提携之意。但不巧因风大浪高，梁氏所乘之邮轮未能按时入港，黄兴误认为系梁启超故意避而不见，故悻悻而去。

隆重的欢迎梁氏归国的仪式，是在北京正阳门车站举行的。袁世凯的代表、政府各部次长、参议院议员、各政党代表及各界清流一百多人到站欢迎，交通为之一滞，可谓盛况空前，那是梁一生极尽荣耀风光的日子。

他在给长女的信中得意地写道：

> 此十二日间，吾一身实为北京之中心，各人皆环绕吾旁，如众星
> 之拱北辰。

梁氏回国，乃受袁世凯之盛邀而归。在民国建立之后，袁世凯闻在日本的梁启超著文反对民国，便对宋教仁说："只要卓如（梁启超）一条腿踏了民国地方，即无反对余地矣。"故盛邀。

在梁抵京前，袁世凯本想让梁在前清军警官所住官舍下榻，后听人说梁曾对人言，"曾文正、李文忠入京皆住贤良寺"，即"饬人铺设贤良寺"。

梁住进贤良寺后，叹曰："此公之联络人，真无所不用其极也！"心中对这位武夫多了些好感。

袁世凯在总统府为梁启超举行了盛大的欢迎会，让全体内阁成员作陪。袁在欢迎词中说："值用贤之际，高才驾临，实乃国家之福！"

梁答谢道："今我受此盛名盛情，当摒弃一切杂念，唯临时大总统马首是瞻，以诸位贤达作楷模，为了国民，鞠躬尽瘁，死而后已。"

热闹的欢迎盛会过去几天后，疲惫且兴奋的梁在秋风清朗的贤良寺散步。月明星稀，他饶有兴味地回味着刚刚过去的一幕幕热闹，感慨良多：

> 都人士之欢迎，几于举国若狂……吾除总统外，概不先施，国务
> 员自赵总理以下至各总长，皆已至，吾亦只能以二十分谈话为约，得
> 罪人甚多，然亦无法也。每日必有演说，在民主党演说时，喉几为哑。
>
> 此次欢迎，视孙、黄来京时过之十倍，夏穗卿丈引《左传》云：
> 谓国人望君如望慈父母焉。
>
> 孙、黄来时，每演说皆被人嘲笑（此来最合时，孙、黄到后，极

惹人厌，吾乃一扫其秽气），吾则每演说令人感动，其欢迎会之多，亦远非孙、黄之所及……

昨日吾自开一茶会于湖广会馆，答谢各团，此会无以名之，只能名之曰"李鸿章杂碎"而已。

每夜非两点钟客不散，每晨七点钟客已麇集，在被窝中强拉起来，循例应酬，转瞬又不能记其名姓，不知得罪几许人矣。

袁世凯月馈三千元，已受之。一则以安反侧，免彼猜忌，二则费用亦实浩繁，非此不给也。

袁世凯的盛情，让梁启超心里很是受用，他不久发表长文《中国立国大方针》，让袁氏的心中也颇受用。文中希望袁世凯"以拿破仑、华盛顿之资格，出而建拿破仑、华盛顿之事功"，"为民族立丰碑，为万世开太平"。

梁启超从保皇派到拥护共和，又到拥袁世凯，再反对袁世凯，可谓"善变"，受人诟病。梁也承认自己本性"流质易变"，但绝不承认别人所批判之政治投机。早在1903年，在变为支持孙中山革命时，在《政治学大家伯论知理之学说》一文中说："不惮以今日之我，与昔日之我挑战。"

一次，楚中元问梁启超："梁先生过去保皇，后来又拥护共和，前头拥袁，以后又反对他。一般人都以为先生前后矛盾。"

梁启超沉吟片刻曰：

这些话不仅别人批评我，我也批评我自己。我自己常说"不惜以今日之我去反对昔日之我"，政治上如此，学问上也是如此。但我是有中心思想和一贯主张的，绝不是望风转舵、随风而靡的投机者……我为什么和南海先生分开？为什么与孙中山合作又对立？为什么拥袁又反袁？这绝不是什么意志之争，或争权夺利的问题，而是我的中心思想和一贯主张决定的。我的中心思想是什么呢？就是爱国，我的一贯主张是什么呢？就是救国……知我罪我，让天下后世批评，我梁启超就是这样一个人而已。

不妨听听"天下后世"之"批评"。与梁同时代并是其朋友之孙宝瑄，是这样评梁之"善变"的："盖天下有反覆之小人，亦有反覆之君子。人但知不反覆不足以为小人，庸知不反覆亦不足以为君子。盖小人之反覆也，因风气势利之所归，以为变动；君子之反覆也，因学识之层累叠进，以为变动。其反覆同，其所以反覆者不同。"

孙宝瑄之说，只是在重复梁氏的观点，甚至尚不如梁氏所说因"爱国"和"救国"而变，更有说服力。

小梁启超二十五岁的郑振铎在《梁任公先生》一文中，提到其"屡变"时，这样说："他之所以'屡变'者，无不有他的最强固的理由，最透彻的见解，最不得已的苦衷。他如顽执不变，便早已落伍了，退化了，与一切的遗老遗少同科；他如不变，则他对于中国的贡献与劳绩也许要等于零了。他的最伟大处，最足以表示他的光明磊落的人格处，便是他的'善变'，他的'屡变'。"

就在梁启超在北京受到"都人士之欢迎，几于举国若狂"时，时年五十五岁，也曾在北京因"公车上书"、戊戌变法而无限风光过的康有为，正在日本神户须磨湖前，有些凄凉落寞地扶病绕行松径。他感时伤怀，遂赋诗一首：

乱云又得渡残年，万里中原接素烟。
物换星移嗟运往，天荒地老只凄然。
行穿松树欹人外，笑折梅花入酒边。
风物紧凄人病在，萧骚生意菜畦前。

此刻，康有为不再像以前一样，在政坛指点江山，呼风唤雨，但其对政治的热情、对家国的热爱，不减当年。1912 年以来，康氏依然忙得不可开交。如删定《不忍》杂志序，其间有：

> 而吾之身，仆于大地，生于中国也。于是爱大地而亲中国焉，吾无奈吾识性何。凡与吾交亲之大地中国，乐者吾乐之，忧者吾忧之，吾不能禁绝吾乐忧。而躬际中国之危难，于是不忍之心旁薄（磅礴）而相袭，触处而怒发，不能自恝焉。于是吾遂靡靡喋喋，不能已于言：睹民生之多艰，吾不能忍也；哀国土之沦丧，吾不能忍也；痛人心之堕落，吾不能忍也；嗟纪纲之亡绝，吾不能忍也；视政治之窳败，吾不能忍也；伤教化之陵夷，吾不能忍也；见法律之蹂躏，吾不能忍也；睹政党之争乱，吾不能忍也；慨国粹之丧失，吾不能忍也；惧国命之纷亡，吾不能忍也。怵焉心厉也，悆焉陨涕也，凄凄焉悲掩袂也。逝将去之，莫能忘斯世也。愿言拯之，恻恻沉详予意也，此所以为《不忍》杂志耶！

从康氏《不忍》杂志序之十不忍，可见其爱国拳拳之心，其情可悯，其志壮哉，康氏文之风格也。康氏之十不忍，表现诗人瞻前顾后，感慨万端。坚持奋斗而难救国的沉痛感情融入此文，让此文算得上是一篇美文。但此学楚子屈原《离骚》而远不及《离骚》。何也？屈原是把爱国主义精神与追求进步政治的精神紧密自然地结合起来，充满了浪漫主义精神，而康氏却沉湎于悲恻，有些做作的痕迹。康有为真的落伍了。

康有为主张维新改良，系一坚定的保皇派。1912 年 2 月 12 日，隆裕皇太后在紫禁城，最后一次临朝接见文武百官，泣涕颁退位诏书。康有为远在海外闻之，即以《致各埠书》表示："今际破坏，虽吾党所不预，而他时建设，岂吾党所能辞！"

《南海康先生年谱续编》记有：

> 又门人徐勤应侨胞选为国会议员，由美归国，途经日本来谒。徐勤从游二十四年，共患难者十五年，毁家纾难，始终不渝，行前赠以序文，并馈以日本五百年之宝刀曰：勤也！师日本之武魂之致强也。副以高丽千年之镜曰：勤也！鉴高丽亡国之覆辙也。侑以埃及金字陵六千年古石曰：勤也！如埃及石之久且坚，慰其劳而祝其寿康也。从以马丁路德滑卜垒图之铃曰：勤也！如路德传道之劲而声彰彻大行也。

康有为厚爱弟子徐勤多年殷勤事师，赠以《不忍》序、日本宝刀、高丽古镜、埃及六千年石、路德之铃，皆珍贵之物，亦厚望其按维新改良立场积极参政。康有为对建立民国虽很悲观，但并未阻止他提供建议以使民国成功运作，他自己作《拟中华民国宪法草案》，就是有说服力的一例。他知道，此一厢情愿之举，故他在草案《发凡》之开头题诠中说："知不可行，聊备一说。"

鉴于《拟中华民国宪法草案》太长，不便引用，但此草案中，对宪法历史之溯源，有关民权、自由等论述，多有建树。正如萧公权在《康有为思想研究》一文中说："在民国初年不可救药的情势下，康氏的建议一如来自其他各方的建议，并无有实施之可能。不过，康氏既作此建议，康氏无意而确切地反驳了一种谴责：即康氏自始至终为民国之敌，一直想颠覆民国。"

写到此，得说说康有为与梁启超的关系了。

梁十七岁中举，少年得志，且对训古词章之学，始有研究，至十八岁，赴京参加全国举人会试。时为 1888 年，康有为乘顺天乡试之际写《上清帝书》，疾呼："强邻四逼于外，奸民蓄乱于内，一旦有变，其何以支？"此乡试康原本已考中举人，因此次上书被徐桐以"如此狂生，不可中"抽去他的试卷，但此次上书轰动北京官场，康氏已具影响。此时，梁由同窗陈千秋介绍访谒了康，与康长谈八个时辰。夜不能寐，于是弃原所学，恭而拜康为师。陈、梁二人恳请康氏共设学馆，遂有广州长兴里"万木草堂"之成立。麦孟华、徐勤诸学子也慕名而前来求学。时康有为不过是一介监生，梁比康早四年中举，秀才成了举人的老师，实为罕见。

师从康有为，在"万木草堂"苦修之后，梁启超曾说："一生学问之得力，皆在此年。"后又云："启超之学，实无一字不出于南海。"对其师推崇备至。

但梁启超之弟子周传儒却不同意梁氏所云。认为梁在学问上并未追随康有为。周在《回忆梁启超先生》一文中，说得不无道理："梁重墨学，不讲六经，说明梁与康有为名义上是师生，而在学术上没有追随康氏。康有为讲今文经学，重《公羊传》，梁喜《左传》，平时不大讲三世说，也不谈《新学伪经考》《孔子改制考》，据此可见，梁任公与康有为思想有差异。"

周传儒之说，并未得到老师赞同，梁启超一生都在说，自己的学问皆来自南海师，他在《三十自述》中写道：

> 时余以少年科第，且于时流所推重之训诂词章学，颇有所知，辄沾沾自喜。先生（康有为）乃以大海潮音，作狮子吼，取其所挟持之数百年无用旧学，更端驳诘，悉举而摧陷廓清之。自辰入见，及戌始退，冷水浇背，当头一棒，一旦尽失其故垒，惘惘然不知所从事，且惊且喜，且怨且艾，且疑且惧，与通甫（陈千秋——引者）联床，竟

夕不能寐。明日再谒，请为学方针，先生乃教以陆王心学，而并及史学、西学之梗概。自是决然舍去旧学，自退出学海堂，而间日请业南海之门。生平知有学自兹始。

戊戌变法失败后，康梁师生先后流亡到日本，康氏手捧所谓光绪皇帝之"诏书"，继续宣传其保皇保教主张。而梁启超却对变法失败进行反省。随着与孙中山等革命党人接触和西方资产阶级著作的大量阅读，其思想政见由保皇转向激进，始对康氏保皇保教思想产生怀疑和叛逆，提出："孔学之不适于新世界者多矣，而更提倡保之，是南行北辕也。"

康、梁携其家眷到日本后，生活景况大有差异。康拥有保皇党捐赠之百万美元巨款，供其与众妻妾挥霍。而梁却只能靠卖文为生，日子过得极为艰难，很少得到康氏的接济，梁颇为不悦。

康以拥有"诏书"而雄视于维新派，"诏书"成了金砖，亦变成沉重的石头，牢牢拴住康氏。而梁多与革命党人交往，如饥似渴阅览西书，始倾向革命，准备与孙中山联合组党，孙为会长，梁副之。即使此时，梁还念念不忘其师康有为，问孙："如此则将置康先生于何地？"

前面讲过，1899年夏秋之交，梁曾联合韩文举、唐才常等人，致《上南海先生书》，客气地劝康隐退。各地康门弟子哗然，群起而讨梁、韩、唐等人。康更是盛怒，严词痛批，遣梁于美洲办理保皇事宜。师生裂痕更大。

到1900年唐才常领导自立军在汉口"勤王"，事泄而被杀，梁急潜沪策应，已无回天之力。康即电召梁赴港相见。见面非常不愉快，康责问1899年上书之事。痛斥梁倾向革命，而忘记光绪之恩，怒曰：当年"你口口声声颂扬皇帝恩德，现在却要革他的命"。说到愤怒处，顺手以报夹掷之，大骂："你的命是光绪皇帝给你的！"

梁已惊恐万状，忙双膝跪下，俯首认罪。但那只是梁的无奈之举，骨子里他并未改变革命之志。其实早在清廷倒台之前，梁氏并不同意康氏所执行的"虚君共和"之倡，认为此政治理想并不符合中国的历史走向，他明确向康表示，"藉连鸡之势，或享失马之福，则竭才报国岂患无途"，否则"趋舍异路，怆恨何言"。

随着历史的进程，政治斗争的发展，康梁间的政治理想矛盾越来越大。特别是对共和与帝制的政见完全对立。梁甚至公开发表文章，挑战康有为的学说。

戊戌变法失败，康认为是袁世凯向荣禄告密之故，一直视袁世凯为不共戴天的头号公敌。辛亥革命后，康有为归国，仍坚持"由帝制以先求小康，用帝制宜仍扶清室"之荒唐落伍主张。袁世凯多次召见，康均不往。与其形成鲜明对照的是，梁启超却在政治上支持袁氏，并接受其邀请，先在天津办《庸言报》，兼任进步党党魁，后又跻身名流内阁，就任司法总长。

康有为看在眼里，愤怒致书梁，称袁氏旧隙固不足论，而其人非可恃，政实不足为谋。梁见信，不无讽刺答曰："先生此语，不惟不知项城（袁世凯），亦并不知启超。"

康见梁函，先愤然，旋复大笑，即戏撰一联曰：

> 既不知袁世凯，复不知梁启超，无知人之明，先生休矣；
> 一败绩于戊戌，再败绩于辛亥，举大事不成，中国殆哉！

康有为此联，对己是自嘲，对梁又是绝师生之交的信息。从此，康梁遂绝音信。

6. 周树人作小说《怀旧》，梁启超办《新小说》

现代小说史家多把"五四"现代白话小说称为"新"小说，以区别这之前清末民初的文言小说，这很不科学。小说之新旧不只在形式和语言，更在其内容，在其精神，在其气韵。周树人写于 1911 年的小说《怀旧》（刊载于 1913 年 4 月 25 日上海《小说月报》第四卷第一号，署名周逴。鲁迅逝世后，才由许广平编入《集外集拾遗》）与后来创作的《呐喊》等同样有充沛的反封建热情，与"五四"时代精神一致。仅因系用文言文所写，就视为旧小说，是站不住脚的。

创刊于 1935 年 8 月的《天下》月刊，是当时少数纯粹由中国学人主办的重要英文期刊之一。其在全面深入译介中国传统文化的同时，还系统地、成规模地翻译和介绍了当时中国的现代小说。其中就翻译了鲁迅的《怀旧》《孤独者》和《伤逝》三篇短篇小说。《怀旧》乃鲁迅作品中唯一的文言小说，而且自 1913 年发表在上海《小说月刊》上面之后，很少有人关注，事隔二十三年之后，被由中国学人办的英文期刊《天下》选中，意味深长。

翻译者，乃敢译"大半是废弛的地狱边沿的惨白色小花"的《野草》者冯余声。鲁迅 1931 年 11 月 2 日的日记记载："上午得冯余声信，即复。"三天后，其日记又载："与冯余声信并英文翻译本《野草》小序一篇。"证明鲁迅放心让徐翻译自己的作品。从翻译《怀旧》看，冯余声英汉俱佳，仅有些小毛病，实属不易。

从《怀旧》中，我们已见鲁迅超拔的讽刺笔法。小说写太平军起义时，一个乡镇富家少爷耀宗的一段经历。该少爷菽麦不辨，一个连下人都对其鄙视的弱智的废物，却连娶三个小妾。他还给秃先生三十一块钱，秃先生用这钱也买了个"如夫人"（小老婆）。太平军造反而败逃，富人荒唐，教书先生有失斯文，那时的社会，是个怎样黑暗荒诞的世界，谁来拯救国民精神？《怀旧》未被鲁迅自己看重，未入选自编文集，那些尊鲁迅为现代文学之父者，也都对此佳作不发一声，这真让人大为错愕。在笔者看来，《怀旧》与后来创作的《呐喊》等同样有充沛的反封建热情，与"五四"时代精神一致。仅因系用文言文所写，就视为旧小说，是站不住脚的。

其实，"新小说"与"新派诗""新文体"等一样，是近代文学史的特定概念，都是清末民初文学界革命运动的产物。

中国文学史上，常出奇葩。"新小说"这一概念，竟是由一位叫傅兰雅的英国人最早在中国提出的。他在《万国公报》（第七十七册，1895 年出版）发表《求著时新小说启》，征求反映批判鸦片、八股、缠足的小说，希望所征小说"使人阅之心为感动，力为革除。辞句以显明为要，语意以趣雅为宗，虽妇人幼子，皆能得而明之"。

傅兰雅不仅希望征求的小说"变易风俗"，同时对小说的艺术品质也有要求：能"感动"人，有"趣雅"，又老少咸宜。可惜应征小说不仅数量少，质量也不高。那时已为文坛翘楚者，正忙于创作长篇，对傅兰雅征稿内容过于细屑而不以正眼相视。一般作者，对征稿内容不得要领，又少有范文，故不积极参与，只有萧詹熙创作的《花柳深情传》尚属佳作。他在上海广雅书局 1897 年出版的《花柳深情传》写的"自序"中，表示其创作受到傅兰雅"时新小说"的影响。

随着资产阶级改良运动的兴起，文学的变革势必得到推动，革新小说的意识应运而生。主张维新变法的康有为，就曾意识到小说的"教化"作用。他在《日本书目志》中说："仅识字之人，有不读经，无有不读小说者。"

严复和夏曾佑也曾指出，"欧美东瀛，其开化之时，往往得小说之助"。故主张利用小说"使民开化"。

梁启超在亡命日本时，受日本小说的影响，第一个提出"小说界革命"口号。他在研究小说论文《译印政治小说序》《论小说与群治之关系》中，倡言"欲新一国之民，不可不新一国之小说"。尽管梁启超并不旨在研究文学，而是把小说革命作为资产阶级思想启蒙运动的一种手段来看待，但客观上有利于小说的发展。

1902 年，梁启超率先明确提出"新小说"概念，较之英国人傅兰雅提出"时新小说"，整整晚了七年，梁启超云：

今日欲改良群治，必自小说界革命始；欲新民，必自新小说始。

梁启超同时创办了专门刊发小说的刊物《新小说》，"新小说"概念由此确立。在此基础之上，才有后来的小说形态向"五四"现代白话体小说的转换，才出现了现代小说的繁荣局面。读读鲁迅翻译的《百喻经·痴人说饼》（载 1912 年《越铎日报》），自会理解继承和发展的辩证关系。

这场"小说界革命"运动，推动了晚清至民国初中国小说的繁荣和发展，而一些中国文学史为衬托"五四"新小说的兴旺景象，而将这一时期的小说创作说成衰落寂寥，非也。

且看事实。自梁启超创办《新小说》始，以"小说"为名的各类杂志就雨后春笋般诞生二十余种。其中，晚清四大小说杂志影响最大，除了《新小说》，还有 1903 年李伯元创办的《绣像小说》，1906 年吴趼人主编的《月月小说》，1907 年徐念慈、黄人主编的《小说林》。有影响力的还有《新新小说》（1904 年）、《小说世界日报》（1905 年）、《中外小说林》（1907 年）、《小说时报》（1909 年）和《小说月报》（1910 年）等。当时，全国文艺性小报及综合性杂志，也都常常连载和发表小说，大大助长了"新小说"的浩大声势。

最可喜的是，这些小说平台又以优厚的稿酬，吸引了大量近代文人进入小说领域和市场。因为大量稳定的小说作家的涌现，晚清至民国初年的小说创作（包括翻译小说），出现了空前稳定的繁荣景象。据统计，到了"五四"前后，文言小说在数量上远远超过白话文小说。即使名为白话小说，也多杂有浅显的文言。中国古代的"雅文学"与"俗文学"，在当时的小说中，出现了合流的趋势。这种合流，对后来"现代汉语"的形成，起到了特别重要的作用。

民国初年的小说直接继承了"新小说"繁荣的势头。值得注意的是，民初小说与清末"新小说"旨在宣传政治思想、政治主张的泛政治化倾向相比，政治意识相对衰退。小说家注意到，清末小说太过政治化而缺乏艺术感染力，令广大读者厌倦，靠小说赚钱的报刊社、出版社越办越不景气。辛亥革命临近时，连当时大名鼎鼎的吴趼人，到他的《情变》收官之时，已感叹自己早已"救世之情竭，而厌世之念生"，与他在《两晋演义·自序》中所发"改良社会之心，无一息敢自已焉"之浩叹，形成鲜明对照。其《情变》中的政治色彩淡然，而具有浓重的士大夫传统文化色彩，可见作家的心态。

当然，民初小说源于清末，它们的身上仍有晚清"新小说"的烙印。民初小说家并未完全放弃新小说传统，那就是以小说改良社会的创作宗旨。其实这带有中国文人"文以载道""以文治国"的观念和"指点江山"的情怀。对中国文人而言，文学为他们提供了一个可以安身立命、施展才华抱负、实现人生价值、确立文坛儒林地位的广阔天地，与他们的"治国平天下"的理想又不相悖，所以他们乐于接受文学不仅是一种创造，还是一种道义这祖宗留下的箴言。

过分强调文学为政治服务，无疑是违背文学自身规律的，但作家通过创作，表达自己的家国情怀和对社会生活的态度，与文学的宗旨是一致的。

7. 传奇人物苏曼殊

1910 年，中国文学史传奇式人物，时年二十八岁的苏曼殊，接连发表《断鸿零雁记》《绛纱记》《焚剑记》《碎簪记》和《非梦记》等五篇带"记"的中篇小说。小说皆是爱情题材。《绛纱记》里的昙鸾、五姑，《焚剑记》中的阿兰，这三位女性在西风东渐的文化背景下，受到个性解放思想的影响，反抗了封建家庭，为争取爱情自主权毅然出走，最后在黑暗如磐的长夜中，或凄惨地死去，或皈依佛门。小说有力地批判了黑暗社会，显示了现实主义力量。一些文学史家，仅因小说发表在五四运动之前，便将其纳入旧小说范畴，甚是不公。

民国五年（1916 年），苏曼殊写的《碎簪记》，把小说的主人公庄湜与杜灵芳一对有情人未成秦晋，悲愤而死的悲剧，置于袁世凯复辟的社会政治背景中，显示了小说的深刻批判性。诚如他自己在《碎簪记·后序》中所说："人类未出黑暗野蛮时代，个人意志之自由，迫压于社会恶习者，又何仅此？而此则其最痛切者。"

《碎簪记》叙事独特，被陈独秀发现，陈将之刊发在《新青年》杂志上。本书后面，有苏曼殊之《断鸿零雁记》专论。

苏曼殊，是南社几位风格独特的诗人中的一位，人称"南社奇才"。1912 年至 1916 年，是南社的壮大与转型期。南社发起于光绪丁未十二月九日（1908 年 1 月 12 日），成立于 1909 年。高旭、柳亚子、陈去病、刘师培、何震等一众清流在上海宴集，"约为结社之举"。后，高旭在《民吁日报》

发表《南社启》，公开宣布"南社之结"。陈去病发表《南社诗文词选序》，宁调元发表《南社诗序》等。清宣统元年十月一日（1909 年 11 月 13 日），南社在苏州成立。这是革命派作家建立的自己的文学组织，逐渐成为革命文学的核心。

民国初建，南社声望日隆，广东、湖南皆设支部，杭州、北京设立了南社通讯处或事务所，社员已多达八百二十五人。

南社骨干柳亚子、宋教仁、陈其美、苏曼殊、黄人等坚决反对袁世凯复辟，在反袁斗争中，宋教仁、陈其美等社员壮烈牺牲。但南社部分社员日渐消沉，寄愁郁于诗酒逍遥。柳亚子站出来，于 1914 年改变领导体制，希冀恢复传统，但事过境迁，柳亚子也无力回天，南社的早期生气渐消遁。

苏曼殊，不是南社的激进者，却是坚守清流道义的现实主义小说家和浪漫诗人。

苏曼殊，名戬，字子毂，大家熟知的"曼殊"为其出家后的法号。1884 年，生于日本横滨。其父苏杰生是广东香山人，在横滨任某洋行买办。曼殊为苏杰生与日本女子若子所生的私生子，曼殊常有"身世之恫"。六岁随嫡母黄氏回归广东香山原籍。十三岁赴上海学习中文、英文。1898 年，东渡日本横滨，到大同学校读书。次年，擅自归广州，于蒲涧寺披剃。不久，又还俗，再到横滨，入东京早稻田大学高等预科，又转成城学校就读，参加革命团体青年会。1903 年，十九岁的苏曼殊参加拒俄义勇军和军团民教育会，进行革命活动，被迫回国。

一个有革命要求的人，岂能永久沉湎礼佛诵经？1904 年，趁老僧外出之际，他偷走寺里二角银圆，逃出慧龙寺，身披袈裟到了香港，找到陈少白，寄寓《中国日报》报馆。革命队伍中，多了一个和尚。苏曼殊一贯醉于以暗杀搞革命，未得到陈少白的支持，遂回到上海。得到一位西班牙牧师资助，开始了南游暹罗（今泰国）、印度和锡兰（今斯里兰卡）之旅，并学会梵文。回长沙后，在实业学堂执教，与章士钊相识而接触黄兴领导的"华兴会"，并成为其成员。参与长沙一次武装起义，起义因泄密而夭折。1905年春，苏曼殊到南京，执教于南京陆军小学。再回上海时，挥霍掉一笔执教酬金，算是对清苦寺庙生活的补偿。与其在一起的柳亚子回忆此段生活时，说苏平时穿袈裟，但饮酒食肉、大快朵颐之时，嫌僧服袖宽碍事，改着西装吃喝。钱财用尽了，再回寺庙穿上袈裟食素。

苏曼殊一生漂泊不定，一会儿激进闹革命，一会儿读书学画，一会儿吟诗作赋，一会儿写小说。1907年，在日本曾与鲁迅筹办《新生》杂志，未果。又与章士钊同住东京民报社，有感而发，在《民报》发表多幅绘画。画皆以宋、元、明、清的民族英雄为题材，流溢着悲壮的爱国主义情怀。

1908年，苏曼殊诗兴大发，效仿其他革命志士印发《扬州十日记》和《嘉定三屠记》等书刊之法，广搜清兵入关之初屠杀广东百姓的资料，编写《岭海幽光录》，在《民报》发表，还翻译出版《拜伦诗选》和《娑罗海滨遁迹记》等书，借外国反侵略的文学，激发国人的反清斗志。他的《题拜伦宴》曰：

秋风海上已黄昏，独向遗编吊拜伦。

词客飘蓬君与我，可能异域为招魂？

1909年秋，苏曼殊从日本回国，暂住杭州白云庵，与刘师培夫妇过从甚密，常常结伴泛舟西子湖。其时，苏曼殊并不知晓刘氏夫妇已在清廷的诱胁之下变节，刘妻与妻弟还当了清廷密探，已出卖两位革命党人。由此，与刘师培夫妇关系密切的苏曼殊，也受到革命党人的怀疑，并有白云庵内革命党人雷昭性投书警告苏曼殊。苏甚感冤枉委屈，继而有远赴南洋之举。

在辛亥革命轰轰烈烈，即将见到胜利曙光之际，他一人漂泊海外，苦度寂寞失落的时光。

等到 1911 年 10 月，武昌打响辛亥革命之枪声时，苏曼殊正在印尼爪哇岛嚸班中华会馆任英文教师。武昌响起的枪声，重新呼唤起在异国他乡"所闻皆非所愿闻之事，所见皆非所愿见之人"（《燕子龛随笔》）的他的革命热情。长久以来，他远在异乡，面对遥远故国，常油然而生思念之情。他的《耶婆提病中，末公见示新作，伏枕奉答，兼呈旷处士》一诗中，就表达了这种怀念祖国的深情，摘几句：

> 建业在何许？胡尘纷漠漠。
>
> 佳人不可期，皎月照罗幕。
>
> 九关日已远，肝胆竟谁托？
>
> 愿得趋无生，长作投荒客。

初闻武昌起义消息，苏曼殊正在会馆给学生上课。课后，即备酒肴，邀学生放怀痛饮。借酒兴，他豪挥画笔，绘成一幅兴会淋漓的《石翼王夜啸图》。然后又乘兴命笔，给柳亚子、马君武老友写信，笔走龙蛇，如有神助，一气呵成，先是自己速览一遍，然后大声呼道："都安静，听我读！"众学生立刻鸦雀无声。

苏曼殊指了指墨迹未干的《石翼王夜啸图》，朗声道："我读完之后，有能为此信增减一字者，拿走此画。"

接着，是他抑扬顿挫地诵读：

> 亚子君武两公侍者，久别思心弥结，谁云释矣？迩者振大汉之天声，想两公都在剑影刀光中，抵掌而谈，不慧远适异国，唯有神驰左

右耳……昨夕梦君，见媵上蒋虹字腿、嘉兴大头菜、枣泥月饼、黄炉糟蛋各事，喜不自胜；比醒则又万绪悲凉，倍增旧思。"壮士横刀看草檄，美人挟瑟请题诗"，遥知亚子此时乐也。如腊月病不为累，当检燕尾乌衣典去，北旋汉土，与天梅（高旭字天梅——引者）、止斋、剑华、楚伧、少屏、吹万并南社诸公，痛饮十日，然后向千山万山之外，听风望月，亦足以稍慰飘零……

读罢，学生鼓掌，苏曼殊酒兴发作，仰天长啸，然后抚案痛哭。

不多日，苏曼殊典当了黑色燕尾服及图书，到课务完成，乘春风踏上归国旅途。但是，当他抵达祖国大地，袁世凯已窃取辛亥革命成果，他那浪漫的"壮士横刀看草檄，美人挟瑟请题诗"的幻觉，变成深刻的失望，他对友人说："此时男子多变为妇人，衲只好三缄其口。"他又变得消沉，有钱时依然寄情醇酒美女，诗《东居杂诗十九首》可为证：

却下珠帘故故羞，浪持银蜡照梳头。
玉阶人静情难诉，悄向星河觅女牛。

第二章
民国二年
（1913 年）

"宋教仁案"发生；梁启超发表《暗杀之罪恶》；袁世凯就任中华民国正式大总统，知识界和言论界一片萧索

2月22日，隆裕太后逝世，全国降半旗致哀三日。

3月，国民党在国会选举中以绝对优势成为国会第一大党。本月20日，已成为国民党实际领袖之宋教仁应袁世凯之邀，北上参加国会，在沪宁车站突遭袭击身亡。

"宋教仁案"发生，举国舆论一片哗然。袁世凯竟在这一天指示"对于外交、军事秘密事件，一律不准登载"，封锁舆论。引起强烈反响，举国直指袁氏为"全国人民之公敌"。

章太炎闻讯，决意辞官，以"十字电文"致北京临时政府："只管推宕，不要你的钱了。"后发文抨击袁世凯阴险行径，与孙中山言归于好，加入反袁阵线。

梁启超在《庸言》杂志发表《暗杀之罪恶》，盛赞宋教仁是"我国现代第一流政治家"，杀害他是国家不可挽回的损害。

全国各大报刊陆续公布四十四件"宋案"证据，种种迹象表明，袁世凯逃不了幕后策划之嫌疑，被抨击"民贼独大""万恶政府"。

7月12日，前江西都督李烈钧在江西湖口举兵讨袁，二次革命爆发。"宋案"真相大白后，孙中山坚决武力讨袁，但因国民党内部意见不一，未能及时发动。李烈钧在湖口举起讨袁大旗，系奉孙中山之命。不久，江苏、广东、福建、湖南、四川等地响应，先后宣布独立。二次革命潮头兴起。但不久，由于讨袁出师不利，各省又纷纷取消独立。具有讽刺意味的是，孙中山、黄兴这些中华民国的缔造者，在二次革命中，反倒成了通缉犯，不得不再度流亡国外。

10月，袁世凯在他一手制造的"选举法""公民团"的闹剧之中，宣誓就任中华民国正式大总统。月底，宪法起草委员会正式通过《中华民国宪法草案》，其中规定政治组织采用内阁制，限制总统权力等条款。但不久被袁废弃。

11月，袁世凯下令解散国民党，并取消国民党籍议员资格。

12月，由袁世凯一手组织、策划的"政治会议"在北京开幕，仅有六十九位国会委员到会。"政治会议"成了袁世凯的工具。同月，袁世凯开出赏格，通电全国缉拿参与讨袁革命的"重要名人"七十余名。拿获黄兴者赏十万，陈其美赏五万，李烈钧赏两万等。

是年，在袁世凯的血腥高压下，虽时有反抗之声，但总体看，知识界和言论界，处在一片暗淡、萧索的气氛之中。

周家兄弟的登场并不华丽，甚或有些黯然。南社之立，"天下豪俊，咸欣然以喜"。南社成为政治性很强、成就很大的文学社团。而社员柳亚子、陈去病、宁调元、黄节皆为当时风云人物。

1. 轰动全国的宋教仁案，一脸错愕的梁启超、熊希龄

1913 年 3 月 20 日，宋教仁在上海沪宁车站被暗杀。

作为国民党实际领袖的宋教仁，刚刚在议会选举中获胜就被暗杀，举国舆论一片哗然、震惊。全国各大报刊都报道了此案，仅选一条消息：

> 应袁世凯之邀北上参加国会的宋教仁在上海沪宁车站突遭枪击受重伤，二十二日不治身亡。
>
> 宋教仁生于一八八二年，湖南桃源人。他曾任南京临时政府法制局局长、唐绍仪内阁农林总长等职。去年八月同盟会改组为国民党，宋任代理理事长。国民党在国会选举中获胜后，声称将以多数党资格组阁。宋教仁遍行长沙、武汉、南京、上海等地，发表演说，批评时政，反对袁世凯专权，主张成立责任内阁，并与黄兴密谋拥戴黎元洪为正式总统。宋教仁的行动令袁世凯大为忌恨。
>
> 案发后，袁世凯下令"穷究主名"，"按法严办"。二十三日，上海英捕房抓获凶手武士英及同谋应夔丞，并从应宅搜出多件确凿证据，证明刺杀宋教仁的主谋是袁世凯，直接策划人是其爪牙赵秉钧和洪述祖。真相大白后，全国激愤。

就在宋教仁被刺杀的当日，袁世凯指示"对于外交、军事秘密事件，一律不准登载"，宣布从第二天起，由陆军部派人"实现新闻检阅签字办

法"。而且对"宋教仁案"故作姿态，命江苏地方官吏"通缉凶犯，穷究主名，务得确情，按法严办"。此姿态起到了作用，不少人开始怀疑是和国民党竞争激烈，以梁启超为首的共和党人干的，梁氏自然被怀疑是凶案的幕后指使者。

3月25日，突遭猜忌，感到委屈的梁启超，只能在给女儿思顺的信中，表达自己的苦衷：

> 第三十三号禀悉。吾多日来为政界恶现象所刺激，心颇不适，然每得汝书，及作书与汝，总算一乐事也。宋氏之死，敌党总疑是政敌之所为，声言必报复，其所指目之人第一为元，第二则我云。此间顷加派警察，保护极周，将来入党后更加严密，吾亦倍自摄卫，可勿远念。

过了两日，又致思顺一信，内涉及"宋案"：

> 汝曹勿见此等消息而日为我忧。此间都督及巡警已加派人来，吾入京时，车中一切已布严密，入京后则派宪兵数人护从，必无他虞。宋氏之亡，促吾加慎……吾生平皆履险如夷，吾行无险波，决不招险……则我大慰耳。

直到此时，梁启超并未对袁世凯产生怀疑，且因袁的周到保护而"大慰"，而正在东北公干的章太炎却态度极为鲜明地认为主谋者定是袁世凯，不齿其阴险行径，决意辞官。章太炎致北京临时政府袁世凯的"十字电文"，显示出他的风骨：

只管推宕，不要你的钱了。

袁世凯就任临时大总统之初，为拉拢章太炎，委以他总统府高级顾问之职。二人相处，格格不入，袁遂改派章任东北三省筹边使。章太炎曾要求北京政府拨款三万元，久未有回音。

3 月 26 日，上海《新闻报》刊载章之"十字电文"。章太炎到上海，又上书辞官，发表抨击袁氏的文章，后与孙中山言归于好，加入反袁阵线。

4 月初，在"宋教仁案"尚未水落石出的情况下，梁启超发表《暗杀之罪恶》，谴责暗杀恶行的同时，也有意洗刷世人怀疑"宋案"与自己有关之意：

> 旬日以来，最耸动天下耳目者，为宋君教仁遇刺一事。吾与宋君，所持政见时有异同，然固确信宋君为我国现代第一流政治家。歼此良人，实贻国家以不可规复之损失。匪直为宋君哀，实为国家前途哀也。比闻元凶已就获，国法所在，当难逃刑。然虽磔蚩刳莽，曾何足以偿国家之所丧于万一者。诗曰："作此好歌，以极反侧。"辄为此篇，以寄哀愤。

上为前言，正文两千五百多字，谈暗杀罪恶所在，梁氏认为：

> 暗杀者如驯狐如鬼蜮，乘人不备而逞其凶，壮夫耻之。故暗杀为天下莫大之罪恶，且为最可羞之罪恶。

梁氏分析，暗杀的对象约有两种人：一为恶人，一为名士。暗杀的动机也有二：一为沽名，一为雪恨。暗杀的目的有二：一为公愤，一为私仇。

暗杀的方法有二：一为躬亲，一为贿唆。结论是：不论哪一种，都是有罪的。他的文章还举例："吴樾之于五大臣，徐锡麟之于恩铭，汪兆铭之于载沣，熊成基之于载洵，某某之于孚琦、凤山，国人莫不敬其志。"但是，他笔锋一转，说没有暗杀，清朝的命就革不了吗？"实力不存，虽日日暗杀，决不足以动政局；实力既存，则无须暗杀，而政局自不得不变。"

梁氏的《暗杀之罪恶》，是他个人之见，与他一贯坚持反对暴力革命有关，未必获多数人赞同。政治诉求不同，杀人的对象和手段自然也大相径庭，此不敢妄论。

4月8日，第一届国会揭幕。北京当日，春风初度，城里大街上，到处悬挂国旗。当选议员齐聚新落成的众议院会场，参加开幕典礼者参议员一百七十九人，众议员五百零三人，规模之大，前所未有。

会议期间，为竞选参、众两院的正、副议长，国民党、共和党、民主党、统一党展开激烈的竞争。至25日，参议院选出国民党议员张继、王正廷为正、副议长。

三天后，众议院选举民主党议员汤化龙为议长。又两日，共和党议员陈国祥当选为副议长。

第一届国会尚未落实，袁世凯未经国会讨论通过，即派赵秉钧、陆徵祥、周学熙为全权代表，擅自与英、法、德、俄、日五银行团签订借款两千五百万英镑的《善后供款合同》。因其条款十分苛刻，扣除以前各种赔款、借款，实际到手仅七百六十万英镑，不足借款的三分之一，而且，四十七年后，本息竟高达六千七百八十九万英镑，且以盐税、关税为担保，另附加更多的条件。此借款合同遭到各党反对，袁世凯强行签订后，在社会上引起极大的震动，全国一片斥责之声。黄兴及皖、赣、湘、粤四省都督通电责问，参议院也提出质问书。

梁启超对此似不感兴趣，他热衷于徐佛苏的建议，"弟再四思之，刻下以加入黎党为得"（《梁启超年谱长编》），加入了黎元洪为首的共和党。见国民党在第一届国会获得多数席位，于是在美国政府正式承认中华民国之后的 5 月 29 日，共和党、民主党、统一党联合召开大会，宣布三党合并成立进步党。此三党合并，力求削弱国民党一家独大局面，正合袁世凯之意，他积极给予支持。大会推举黎元洪为进步党理事长，梁启超、张謇等九人为理事，熊希龄等二十三人为名誉理事。实际上，黎元洪只是挂个名，实际党魁是梁启超。党部设在北京。

不久，"宋教仁案"大白于天下，元凶袁世凯的恶行受到全国舆论的谴责。在孙中山、黄兴等国民党人的策动下，讨伐袁世凯的二次革命爆发。老谋深算的袁世凯为应付这艰难局面，便于 7 月 31 日任命进步党人熊希龄为总理，让进步党去挑这副烂摊子。熊内阁成立后，梁启超担任了司法总长，朱启钤为内务总长，汪大燮为教育总长，段祺瑞为陆军总长等，熊自兼财政总长。内阁成员多为有学问的社会名人，故称"名流内阁"或"人才内阁"。

令熊、梁没有想到的是，10 月 6 日，数千军警突然荷枪实弹地团团包围国会。那是袁世凯听厌了熊、梁的聒噪和扯闲篇儿，却一直没有提及选他为正式大总统的"正题"，于是派兵强迫国会选他为正式大总统。熊内阁面对刺刀，只好照办，将袁世凯扶正。目的达到，袁世凯便可不受约束地按自己早就谋划好的"大计"行事，于 11 月 4 日以国民党发动二次革命为由突然下令强行解散国民党，凡属国民党籍的国会议员均被撤销。

其实，早在 6 月，南方革命党人反袁世凯的情绪业已日渐高涨，而袁也早已做好内战准备，先发制人，免去赣、粤、皖三省都督之职。7 月 12 日，前江西都督李烈钧在江西湖口举兵伐袁，二次革命爆发。"宋教仁案"真相大白后，孙中山即主张武力讨袁，但国民党内意见不统一，未能及时发动。此次李烈钧举起武力反袁的大旗，很快得到全国各地响应，但仅两个月，袁调北洋军分三路南下，南昌陷落，李烈钧逃往日本，二次革命失败。

比起熊、梁这些文化人的幼稚，在政治上袁氏要老到得多。袁下令驱逐国民党籍议员，国会被迫休会以后，袁又策划组织一个代替国会的咨询机构"政治会议"。12月15日，"政治会议"在北京开幕，到会委员六十九人，袁亲临致辞。

袁世凯站在台上，扫视了一下台下到会的自己指派的军阀官僚、前清遗老和进步党人，脸上便露出得意的微笑，似乎在向世人说，你们大概还记得宋代邵雍的《观盛化诗》中的"纷纷五代乱离间，一旦云开复见天"一句吧，如今那属于我老袁的天，晴了。

在台下的熊希龄、梁启超，一脸错愕。

2."如置身毫无边际的荒原"之周树人

　　1913年，周树人陷入沉思默想，"如置身毫无边际的荒原……我于是以我所感到者为寂寞"（《呐喊·自序》）。抄古书、辑录金石碑帖、校定闲书之外，到琉璃厂去淘古董，成了周树人不可或缺的活动。

　　现摘抄1913年2月的日记为证：

　　一日　午后往留黎（琉璃）厂书肆购《十七史》不成。

　　二日　午后许季上来，同往留黎厂阅书，购《尔雅翼》一部六册，一元。又购北邙所出明器（随葬物品——引者）五具，银六元，凡人一、豕一、羊一、鹜一，又独角人面兽身物一，有翼，不知何名。

　　三日　下午同季市、季上往留黎厂，又购明器二事：女子立象（像）一，碓一，共一元半。

　　五日　午后同齐寿山往小市，因风无一地摊，遂归。过一骨（古）董肆，见有胆瓶，作豇豆色，虽微瑕而尚可玩，云是道光窑，因以一元得之。

　　六日　午后即散部（步）往琉璃厂，诸店悉闭，仅有玩具摊不少，买数事而归。

　　八日　午后赴留黎厂买得朱长文《墨池编》一部六册，附朱象贤《印典》二册，十元。又《陶庵梦忆》一部四册，一元，此为王文诰所编，刻于桂林，虽单行本，然疑与《粤雅堂丛书》本同也。

　　九日　午后赴琉璃厂，途中遇杨仲和，导余游花（火）神庙，列肆甚多，均售古玩，间有书画，然大抵新品及伪品耳，览一周别去。视旧书肆，至宏道堂买得《湖海楼丛书》一部二十二册，七元；《佩文斋书画谱》一部三十二册，二十元。其主人程姓，年已过五十余，自云索价高者，总因欲多赢几文之故，亦诚言也。又云官局书颇备，此事利薄，侪辈多不愿为，而我为之。

周树人九日之内七去琉璃厂等地收购古董书画，可见其兴趣之浓。他甚至一度潜心佛学经典，尤见其精神之委顿。

在民国二年，周树人只有一篇《儗播布美术意见书》刊于《教育部编纂处月刊》（1913 年 2 月第一卷第一册），署名周树人。这是一篇关于美术的专论，分四部分：一何为美术；二美术之类别；三美术之目的与致用；四播布美术之方。系常识性介绍，并无新意和创见。这或是他负责之文艺、音乐、演剧等工作的指导性文章。

三十一岁的周树人于 1912 年初高高兴兴地离开绍兴，到南京教育部任职。行前于 2 月 19 日在《越铎日报》登《周像才告白》：

> 仆已辞去山会师范学校校长。校内诸事业于本月十三日由学务科派科员朱君幼溪至校交代清楚……

有的文学史称，"中华民国的临时政府成立，鲁迅应教育总长蔡元培之邀，在南京教育部任职"。说的与事实不符。看似不经意之笔，却显露拔高周树人之嫌。事实的真相是当时周树人原在绍兴教书，比起当时留日的章太炎、章士钊、刘师培、陈独秀等人的人望，他的确算不上知名人士。民国元年，许寿裳去拜见已任教育总长的蔡元培，希望他能为周树人在教育部谋得一职。蔡考虑周树人系同乡，又曾留学日本，便安排其在南京教育部任金事。从此，周树人离开偏僻的绍兴，有了一片广阔天地。但周树人似并不念及蔡先生的提携，时不时发些牢骚，在报刊上将蔡奚落一番。从1927年周树人给川岛的信中的几句话，可知其对蔡的鄙夷。

> 其实，我和此公，气味不投者也。民元以后，他所赏识者，袁希涛蒋维乔辈，则十六年之顷，其所赏识者，也就可以类推了。

是年，蔡元培到厦门，在厦门的北京大学师生闻之，纷纷去拜望曾经的老校长，或宴请，或座谈，诉思念感恩之情。正在厦门大学任教的鲁迅，却故意避而不见，蔡元培心感悲伤。但是蔡元培一如既往地关照鲁迅。不久，蔡元培聘请鲁迅为民国政府"特邀撰述员"，鲁迅每月可得三百大洋的政府津贴。同被聘的胡适，以"特约撰述员"乃一虚职，并无什么可"撰述"者，坚拒。这些都是后话，不赘。

早年，周树人在路矿学堂读书时，喜骑马，但骑术甚差，经常刚刚上马，即重重坠马，摔得皮破血流，而自己却不以为意，爬起来笑曰："落马一次，即增一次进步，值得。"

每次，周树人骑马路过满人驻防旗营时，总遭到旗人骑兵的奚落。一次，周树人不服，与骑兵斗气，两骑并驰。周扬鞭策马飞奔，不料那骑兵将腿放在马脖子上，用马鞍刮撞周的腿，周未能发觉，结果吃了暗亏。如今重游故地，周树人扬眉吐气。

周树人自到教育部工作，对民国充满希望，他自己说：

说起民元（民国元年）的事来，那时确是光明得多，当时我也在南京教育部，觉得中国将来很有希望。

辛亥革命爆发时，周树人正在绍兴府中学堂任校长。革命消息传来之时，周树人十分兴奋，即召集全校师生，整队到尚未光复的绍兴大街上游行宣传。绍兴民众皆以为革命军已经到绍兴。绍兴未动一兵一卒、未闻枪炮之声，和平光复。

5月6日，周树人到北京"移入山会邑馆。坐骡车赴教育部"（当日日记）。心情甚舒畅，11月8日在日记中写道：

是日易竹帘以布幔，又购一小白泥炉，炽炭少许置室中，时时看之，颇忘旅人之苦。

周树人在教育部工作，在他看来，"枯坐终日，极无聊赖"。他的工作是负责文艺、音乐、演剧等事项。查周树人1913年3月26日的日记，知"收本月俸二百四十元"。又从日记中得知，周树人不到一年就到"瑞蚨祥购马褂一件，共银二十元八角"，"又赴瑞蚨祥买斗篷一袭，银十六元"，"邀张协和同往瑞蚨祥买狐腿衣料一袭，獭皮领一条，共三十六元"，"晨张协和代我购得狐腿裘料一袭，价三十元"。1912年到北京不足八个月，光"壬子北行以后书帐（账）"，"总计一六四·三八二〇"大洋。

有二百四十元月薪，周树人的生活过得十分富足，以教育部金事的身份，周树人有几次善举："付温处水灾振捐二元"，"付上海共和女学校捐款一元"，"捐贫儿院一元"，"捐北通州兵祸救济金一元"，全年共捐五元。那时钱还算值钱，一个外国人租一四合院，雇一车夫和厨师，一个月花三十元，生活得很体面。"骆驼祥子"们每月有六块大洋收入，一家已丰衣足食了。

　　周树人在教育部工作甚少，除"枯坐"，便是几乎天天到同和居等处宴饮，或到琉璃厂去淘古董，或躲在会馆抄古书，辑录金石碑帖。有人说"鲁迅在北京生活得很清苦寂寞"，看看周树人的日记，单昂贵的狐腿裘料一买就是两件，再看看他到天津日租界加藤洋行"购领结""革履"，可知，周树人的日子算不上大富大贵，却也过得滋润体面，这是事实。

　　唯让周树人伤感的是，好朋友范爱农不幸辞世。他在 8 月 21 日的《绍兴日报》上，署名黄棘，发表《哀范君三章》：

其一
风雨飘摇日，余怀范爱农。
华颠萎寥落，白眼看鸡虫。
世味秋荼苦，人间直道穷。
奈何三月别，竟尔失畸躬。

其二
海草国门碧，多年老异乡。
狐狸方去穴，桃偶已登场。
故里彤云恶，炎天凛夜长。
独沉清冷水，能否涤愁肠？

其三
把酒论当世，先生小酒人。
大圜犹茗艼，微醉自沉沦。

此别成终古，从兹绝绪言。

故人云散尽，我亦等轻尘！

附记：我于范爱农之死，为之不怡累日，至今未能释然。昨忽成诗三章。随手写之，而忽将鸡虫做入，真是奇绝妙绝，辟历（霹雳）一声，群小之大狼狈。今录上，希大鉴定家鉴定，如不恶，乃可登诸《民兴》也。天下虽未必仰望已久，然我岂能已于言乎？二十三日，树又言。

其三，后被改诗为："把酒论天下，先生小酒人。大圜犹酩酊，微醉合沉沦。幽谷无穷夜，新宫自在春。旧朋云散尽，余亦等轻尘。""附记"原为《致周作人》。鸡入诗后，岂不乱乎哉！

范爱农，名肇基，字斯年，号爱农，与周树人同为绍兴人。在日本留学时与周树人相识，成为光复会会员。1911 年，周树人任山会初级师范学堂监督时，他任学监。周树人离校后，范爱农受守旧势力排挤，也离校，1912 年 7 月 10 日落水身亡。

周树人善诗，少年读书时，便以诗抒情。1900 年，过完春节，他从绍兴返南京路矿学堂时，写《别诸弟三首》（录自周作人日记）抒惜别之情：

谋生无奈日奔驰，有弟偏教各别离。

最是令人凄绝处，孤檠长夜雨来时。

还是未久又离家，日暮新愁分外加。

夹道万株杨柳树，望中都化断肠花。

从来一别又经年，万里长风送客船。

我有一言应记取，文章得失不由天。

其跋中写道：

嗟乎，登楼陨涕，英雄未必忘家；执手消魂，兄弟竟居异地！深秋明月，照游子而更明；寒夜怨笳，遇羁人而增怨。此情此景，盖未有不悄然从悲者矣！

过了三年，在日本的周树人最早剪去辫子之后，又作《自题小像》。与《别诸弟三首》相比，却有了豪气雄心和爱国主义襟怀的另一番大气：

灵台无计逃神矢，风雨如磐暗故园。

寄意寒星荃不察，我以我血荐轩辕。

许寿裳在《新苗》第十三期（1937年1月）发表的《怀旧》一文说，"一九〇三年他（周树人）二十三岁，在东京有一首《自题小像》赠我"。据作者自己说，原诗并无题，下注"二十一岁时作，五十一岁时写之，时辛未二月十六日也"。周树人1931年重写后，加题收入《集外集》。

1912年，周树人共写了《〈越铎〉出世辞》《军界痛言》《周豫才告白》《哀范君三章》《致国务院国徽拟图说明书》《〈百喻经·痴人说饼〉语译》等文。

《越铎》即《越铎日报》，是民国建立后，绍兴出的第一份报纸，由越社创办于绍兴，早期曾得到周树人支持。周树人受辛亥革命成功感召，怀着兴奋和希望作《〈越铎〉出世辞》。此文收于《集外集拾遗补编》。

《哀范君三章》收于《集外集拾遗》。

《致国务院国徽拟图说明书》可以提上几句。该文作于1912年，载于1914年的《教育部编纂处月刊》。当年，周树人、钱稻孙等被袁世凯、国务院授权设计国徽，其中周树人还负责文字说明。周树人1912年8月28日的日记载：

> 与稻孙、季市同拟国徽告成，以交范总长，一为十二章，一为旗鉴，并简章二，共四图。

据许寿裳回忆，在日本时，周树人在日本出版的《浙江潮》1903年第五期发表翻译小说《斯巴达之魂》，署名自树。

《浙江潮》第四期《留学界纪事·拒俄事件》载：

> 阴历四月初二日东京《时事新报》发刊号外……内载俄国代理公使与时事新报特派员之谈话有"俄国现在政策断然取东三省归入俄国版图云云"……次晨，留学生会馆干事及各评议员立即开会……提议留学生自行组织义勇队以抗俄。

初四，义勇队组成，并函电各方，在致北洋大臣函中有这样的话：

> 昔波斯王择耳士以十万之众，图吞希腊，而留尼达十亲率丁壮数百扼险拒守，突阵死战，全军歼焉，至今德摩比勒之役，荣名震于列国，泰西三尺之童无不知之。夫以区区半岛之希腊，犹有义不辱国之士，可以吾数百万万里之帝国而无之乎！

就在帝俄叫嚣"取东三省入俄国版图"，在日留学生组成义勇队，决心与之抗争的背景下，周树人发表翻译小说《斯巴达之魂》，以高昂的热情写斯巴达的悲壮故事，激发国人保卫国家的尚武精神。

斯巴达，古希腊城邦之一，斯巴达王黎河尼佗应希腊同盟军的请求，率军赶赴希腊北部的德尔摩比勒山隘，阻挡波斯军队的进攻，在众寡悬殊下，激战两天，第三天因叛徒爱飞德引波斯军队由山间小道偷袭后路，斯巴达军受两面的夹击，全军壮烈阵亡。

周树人曾在《呐喊·自序》中说，他原本想通过学医，毕业后回国救治病人的疾苦，"战争时候便去当军医，一面又促进了国人对于维新的信仰"。但在仙台学医的两年中，见到日俄战争的幻灯片中，中国人给俄国人当侦探，被日本人捉了杀头，而看热闹的一群中国人，面对惨剧，神情麻木，使他大受刺激。他深深感到："凡是愚弱的国民，即使体格如何健全，如何茁壮，也只能做毫无意义的示众的材料和看客。"于是他决心从医治国民的精神入手，中止学医，改治文艺。他说：

> 我们的第一要著，是在改变他们的精神，而善于改变精神的是，我那时当然要推文艺，于是想提倡文艺运动了。

于是就有了 1906 年周树人兄弟、许寿裳、苏曼殊、袁文薮等人积极筹办文艺杂志《新生》之举。周树人从刊名、封面设计、内文插图等方面，都做了一丝不苟的准备。第一期拟用英国 19 世纪画家瓦支的油画《希望》为插图。那画面是一个诗人，蒙着双眼，抱着竖琴跪在地球之上。最终因经济困难，《新生》未能出版。但周氏兄弟出版了《域外小说集》。

写于 1907 年，发表于 1908 年《河南》月刊的《摩罗诗力说》，以及《文化偏至论》等论文，都提倡反抗和独立精神。周树人还阅读拜伦、雪莱、雨果、普希金等浪漫主义诗人的诗作和果戈里、契诃夫等现实主义作家的小说，并推崇这些诗人、作家同情弱小、抵抗暴力的作品。

两年后，1911年，辛亥革命爆发，如前文讲到，周树人以文言文小说《怀旧》，参与宣传活动。这是真实的只想利用文艺改变人们精神的周树人，而不是革命家周树人。诚如发表此小说的《文学月报》主编恽铁樵在"附志"所说，国民精神的改变，"亟宜以此等文字药之"。

从民国元年（1912年）至民国六年（1917年），周树人虽奋斗过，但绝大多数时间陷入失望苦闷。或在教育部枯坐，或抄写古书，辑录金石碑帖，校订《后汉书》和《嵇康传》，一度还潜心佛学。

属于鲁迅的辉煌日子，尚未到来。现实的周树人，还在彷徨。

3. 从异乡梦里走出的周作人

1913 年 3 月 23 日，周作人的日记有这样的记载：

> 宋教仁被刺……下午陈津门君来，云教育会选余为会长，只暂担
> 任……

周作人与其兄周树人一样，其日记只记日常琐事，不记政治要闻和相关人之政事。此日却记下"宋教仁被刺"一语，足见此事引起周作人的特殊关注，其背后的潜台词极为丰富：民国刚刚建立，国事即发生变化，前途难料……而绍兴县教育会副会长陈津门登门造访，所带来的消息，与宋教仁之被刺，又形成不小的反差。不久，好事又接踵而来，专程从浙江省立第五中学来的教员蒋庸生，又衔命而来，邀其为该校英语教师。很快，写有"教授时间每周十四小时"，"月俸墨银伍拾元，但教授至十四小时以外，按时加俸"的聘书即来到。遂开始长达四年在浙江省立第五中学的教书生涯。

周作人是在母亲鲁瑞和兄长周树人的催促下，又经周树人到日本劝说、敦促之下，于 1911 年 9 月，偕日本夫人羽太信子回国的。在日本居住了五年的周作人，一度随其兄在民报社听章太炎先生讲课，被视为其弟子。周作人早在南京读书时，便因"《苏报》案"，对一身正气的章太炎产生崇敬之情。那时他还是梁启超和严复的学生，直到"看见《民报》上章太炎先

生的文章"，由其兄带动，才由追随梁、严，转向章太炎，与其弟子钱玄同、许寿裳等人相识，以后产生纠葛。

在章太炎之"重个人，张精神"之强大思想的影响下，他一度对无政府主义（虚无主义）思潮特别关注。研究周作人和周树人，不能回避这层关系。

周氏兄弟，特别是周树人，一生难有几个长久的朋友，但对章太炎，却建立了朋友般的信任。令周作人难忘的，是随章太炎学梵文之事。1909年春，章太炎给周氏兄弟一信：

> 豫才启明兄鉴：数日未晤。梵师密史逻已来，择于十六日上午十时开课，此间人数无多，二君望临期来赴。此半月学费弟已垫出，无庸急急也。手书，即颂撰祉。
>
> 麟顿首　十四

周作人接函，为老师的诚恳感动不已。到十六日，他准时到讲课地址智度寺。"梵师密史罗"也即到，周作人发现，听课学生只有章太炎和自己。这让周作人更是感动得眼含热泪。这一师二徒的课，周作人听过两次，因太难，便中止了。但章太炎的诚恳、好学，让他记了一辈子。

1936年，章太炎先生去世。半年后，周作人写了一篇悼念文章《记太炎先生学梵文事》，其最后说：

> 太炎先生以朴学大师兼治佛法，又以依自不依他为标准，故推重法相与禅宗，而净土秘密二宗独所不取，此即与普通信徒大异……且先生不但承认佛教出于婆罗门正宗……又欲翻读吠檀多奥义书，中年以后发心学习梵天语，不辞以外道为师，此种博大精进的精神，实为凡人所不能及，足为后学之模范者也。我于太炎先生的学问与思想，

未能知其百一，但此伟大的气象得以懂得一点，即此一点却已使我获益非（匪）浅矣。

从此文，可见章太炎学问之渊博，且有"不辞以外道为师"的好学精进的精神，又可见周作人对章太炎大师气象的景仰。

1906 年初夏，周氏兄弟与二位同乡结伴登上海轮，从上海东渡日本。新婚的兄长借机逃离这桩悲剧的婚姻，弟弟只想见识外部多彩的世界。那时，日俄战争以日本胜利告终，这对渴求民族自强的周氏兄弟来说，自然有一种渴望和期待。

果然，到了日本，二十岁的少年郎周作人，被日本文化的神韵吸引。刚到日本的那天夜里，来到寄宿的本乡汤岛二丁目的伏见馆时，一位十五六岁的日本少女的一双赤足让周作人浮想联翩，彻夜难眠。

入乡随俗，周氏兄弟很快接受了日本文化，开始了"完全日本化"的生活方式。周作人在《药堂杂文·留学的回忆》一书中，这样嘲笑不习惯日本生活方式的同胞：

> 有好些留学生过不惯日本人的生活，住在下宿里要用桌椅，有人买不起卧床，至于爬上壁橱（户棚）去睡觉，吃的也非热饭不可，这种人常为我们所嘲笑，因为我们觉得不能吃苦，何必外出，而且到日本来单学一点技术回去，结局也终是皮毛，如不从生活上去体验，对于日本事情便无法深知的。

他又在《药堂杂文·大学的回忆》中说：

我自己在东京住了六年，便不曾回过一次家，我称东京为"第二故乡"，也就是这个缘故。

　　对周作人这番话，包括他和他三弟娶了日本老婆，人们有不同理解，但这毕竟是人家私人生活，不必说三道四。不过有人说，周作人"这里不仅包含对日本人民普通生活的切身体验，而且还是对日本生活中保留的中国古俗、中国民间的原始的生活方式的重温，从而达到一种心灵的契合"（《周作人传》）。这里将日本、中国两个民族混为一谈，笔者不敢苟同。一个民族的群体人格，是一个民族特有的不同于其他民族的思想、情操、习惯及行为方式。一个民族的文化只能从深远的民族生活的土壤中生长出来。曾受中国文化影响的日本，早就把中国文化化为自己民族的，完全不同于中国文化的血肉了。

　　不错，在日本期间，正如周作人自己所说，既"没有遇见公寓老板或是警察的欺侮，也没如其兄所经历的日俄战争中辱杀中国侦探的刺激，对日本的印象很好，很快习惯并喜欢了日本的生活方式，过得颇为愉快"。爱屋及乌，于是就娶了个日本姑娘羽太信子为妻。羽太信子，本是他们兄弟俩在日本"伍舍"的女佣。1908年春，二十三岁的周作人与十九岁的信子相识不到一年即结婚。

　　周作人一生喜谈自己，甚至，连他心仪的女子也津津乐道。比如，他十二岁时，在杭州陪伴羁押在杭州府狱中的祖父时，隔壁姚家与他同龄的"一个尖面庞、乌眼睛、瘦小身材"的养女"阿三"，成了他"对于异性的恋慕的第一个"；1900年，周作人在绍兴娱园遇见与他同年同月生的表姐郦，又顿生爱慕；东渡日本，在寄宿的伏见馆，刚一见到店主之妹乾荣子，也生"喜欢"之心。三十年后，周作人偕夫人信子到东京度假，与乾荣子有一次偶遇，竟带来一场夫妇吵架风波。这些情感往事，周作人都充满怀恋地写在文字里，但是，关于他与羽太信子的恋爱、婚姻却偏偏没有留下只言片语。

还是他的三弟周建人的回忆中，提到了周作人与信子的关系：

早在辛亥革命前后，他携带家眷回国居住在绍兴时，他们夫妻间有过一次争吵，结果女方歇斯底里症大发作，周作人发愣，而他的郎舅、小姨都指着他破口大骂，从此，他不敢再有丝毫"得罪"。相反，他却受到百般的欺凌虐待。甚至被拉着要他到日本使馆去讲话……而周作人只求得一席之地，可供他安稳地读书写字，对一切都抱着息事宁人的态度，逆来顺受。

周建人的话，不可全信，这里显然有倾向性，为其兄叫屈，而别忘了，后来，"指着他（周作人）破口大骂"的"小姨"叫芳子，成了周建人死磨烂缠追到的老婆。笔者在《民国清流2：大师们的"战国"时代》专门有一节题为"鲁迅与周建人都携情人同居景云里"。是周建人背叛了芳子，与他的学生王蕴如到上海背着芳子同居。况且，王蕴如的同学，曾帮助兄弟反目后的周树人解决住房问题的俞芳，在《谈周作人》一文中，提到信子为婆婆鲁瑞治肾炎，"一年四季都能吃到西瓜"，"信子将西瓜熬成西瓜膏"给婆婆吃。鲁瑞也说"信子勤劳好学，有上进心"。

笔者在人民文学出版社的同事萧乾夫人文洁若，在《晚年的周作人》中回忆：

周作人的日籍妻子羽太信子生前，每餐必先在牌位（母亲鲁老太太、女儿若子、周建人的儿子丰三的牌位）前供上饭食，然后全家人才用膳。

周作人没留下与羽太信子恋爱、婚姻方面的文字，后人只能凭臆测评说。倘细品信子死后，周作人在给友人的信中说的话，或许看到某些端倪：

虽然稍觉寂寞，惟老僧似的枯寂生活或于我也适宜。

周作人与羽太信子成婚前，周树人即回国到杭州教书。据许寿裳在《亡友鲁迅印象记》一文说，周树人之所以先期回国，是"因为启孟将结婚，从此费用增多，我不能不去谋事，庶几有所资助"。

倘不是鲁瑞催促，大哥周树人亲到日本劝说，也许周作人会在东京赤羽桥边，守着羽太信子过一辈子这种温暖又慵懒的日子，望着窗外樱花的开落，编织着遥远又美丽的文学之梦。

从异乡梦里走出的周作人，一踏上故乡的石板路，眼前凋敝败落的景象和衣着破烂、满面麻木的乡人，让他惊呆了。他在舒适的日本，原本就淡忘了乡愁，但游子归乡，竟全然没有了昔日闲适醉人的平静和诗意，他很木然，很痛心。从此，他陷入深深的悲哀之中，躲在老宅里，怅怅地望着秋雨中长满荒草的百草园和屋前用石头砌成的池塘。忽然有鱼在跳跃，这使他想起在东京写的《大隅川的钓鱼记事》。然后从一大堆由日本带回来的书中，找出此文。由绍兴的细雨，想到东京滂沱的暴雨，鼓荡在心中的思绪突然喷薄而出，他在此文后的空白处，加上了一段文字：

居东京六年，今夏返越。虽归故土，弥益寂寥，追念昔游，时有怅触。宗邦为疏，而异地为亲，岂人情乎？心有不能自假，欲记其残缺以自慰焉，而文情不副，感兴已隔。用知怀旧之美，如虹霓色，不可以名。一己且尔，若示他人，更何能感……任其飘（漂）泊太虚，时与神会，欣赏其美……

就在这寂寞之时，辛亥革命爆发，省城也宣布起义，绍兴一片欢腾，接着兵不血刃，该古城已告光复。三弟周建人在《略谈关于鲁迅的事情》一文，对此有详细回忆：

> 王全发的军队很快上了岸，立刻向城内进发。兵士都穿蓝色军服……带队的人骑马，服装不一律……
>
> 这时候是应该睡觉的时候了，但人民都很兴奋，路旁密密的（地）站着，比看会还热闹；中间只留一条狭狭的路，让队伍过去。没有街灯的地方，人民都拿着灯，有的是栀杆灯，有的是方形玻璃灯，有的是纸灯笼，也有点火把的。小孩也有，和尚也有，在路旁站着看。经过教堂相近的，还有传道（教）师，拿着灯，一手拿着白旗，上写欢迎字样……大家都高叫着革命胜利和中国万岁等口号，情绪热烈，紧张……

但是，在这全城沉浸于胜利的喜悦当中时，周作人却于 10 月 28 日，写了下面这样悲凉的诗：

> 远游不思归，久客恋异乡。
> 寂寂三田道，衰柳徒苍黄。
> 旧梦不可道，但令心暗伤。

有人说，这说明周作人"一面冷眼旁观，一面思索"，"比陷入其中者要冷静得多"。算一家之言吧。当时的周作人对中国的革命及其革命者，一直存有怀疑，不像其兄，抱乐观态度。

残酷的现实是，光复了的绍兴经过一番热闹狂欢之后，骑着高头大马，在欢呼声中"光复"了绍兴的王全发及其同伙坐定了古城之后，这班人弄权敛钱、贪赃枉法，并不比刚刚倒下去的县衙好到哪里去。证明周作人冷眼旁观，真乃是一种理性态度。周作人在《望越篇》中，告诫对革命盲目乐观者，当然包括其兄在内：

> 今者千载一时，会更始之际，予不知华土之民，其能洗心涤虑，以趣新生乎？抑仍将忎忎（音 xǐn，恐惧貌）俔俔（音 qiàn，眼睛不敢睁大的样子），以求禄位乎……当察越之君子，何以自建，越之野人，何以自安？公仆之政，何所别于君侯，国士之行，何所异于臣佞……国人性格之良瘐（音 yǔ，恶劣之意），智虑之蒙启，可于是见之。如其善也，斯于越之光，亦夏族之福；若或不然，利欲之私，终为吾毒，则是因果相寻，无可诛责；唯有撮灰散顶，诅先民之罪恶而已……今瞻禹城，乃亦唯种业因陈，为之蔽耳，虽有斧柯，其能伐自然之律而夷之乎？吾为此惧。

文中表达了周作人的种种忧虑疑惧，间或也见对未来的期待。《望越篇》发表在《越铎日报》上，引起广泛关注。不久，周作人又发表《民国之征何在》等文，同样表达他随辛亥革命成立而诞生的绍兴对民国建立后深深的忧虑。他在文章有对"昔为异族，今为同气；昔为专制，今为共和"等换汤不换药的尖锐批判。

后来，周作人带着好心情，到首善之地去做官了，而被浙江省军政府教育司司长沈钧儒委任某科课长，不久，又任省视学的周作人，却提不起精神，态度消极。让他高兴的事也有，那就是他的日本妻子给他生了一个大胖小子，周家有香火可传，阖家自是喜不自禁。周作人晚他兄长半年才到杭州赴任。他的月俸九十元，比其兄少得多，但在省城也算很体面了。

一个月后，他买了《陶渊明集》，回家小住。恰巧就在前几天，好友范爱农同《民兴日报》友人弄桨乘舟时，落水身亡。回首昔日的交情，周作人悲痛不已。遂以诗悼亡友，是为《哀爱农先生》，与其兄《哀范君三章》诗，一起发表于 8 月 28 日的《民兴日报》上。其诗曰：

> 天下无独行，举世成委靡。
>
> 皓皓范夫子，生此寂寞时。
>
> 傲骨遭俗忌，屡见蝼蚁欺。
>
> 坎壈终一世，毕生清水湄。
>
> 会闻此人死，令我心伤悲。
>
> 峨峨使君辈，长生亦若为。

　　鲁迅在自己 8 月 2 日的日记中，抄录了周作人的这首诗，不过有差异。"委靡"为"委縻"，"寂寞"为"叔季"，"俗忌"为"俗嫉"，"蝼蚁"为"蝼螘"，"坎壈"为"侘傺"，"终一世"为"尽一世"，"会闻"为"今闻"，"峨峨"为"扰扰"，"若为"为"尔为"。鲁迅所抄录者，或许是周作人诗之初稿。

　　周氏兄弟悼范爱农诗，各有所长，但周树人诗较典雅古奥，周作人诗感情深厚，老大写的是范爱农，而老二写的则更多是自己。

4. 已过气的康有为扶老母之柩回乡，情何以堪

1913 年 8 月，被逐出国门，屡遭追杀的康有为，携一身颠沛流离的风雨，从香港乘船还故国，离谭嗣同等"六君子"喋血菜市口，已十六载春秋矣。

"康有为对一九一二年建立民国十分悲观，但并未阻止他提供建议，以促使民国成功运作，特别是民国肇造的最初两年。"此语出自萧公权《康有为思想研究》。他接着又说，"此处不拟评论康氏改革共和建议的价值，在民国初年不可救药的情势下，康氏的建议一如来自其他各方的建议，并无有实施之可能。不过，康氏既作此建议，康氏无意而确切地反驳了一种谴责：即康氏自始至终为民国之敌，一直想颠覆民国"。

萧公权先生之论，是实事求是的。康有为甚至从民国之建立，依稀见到自己苦苦追求却极为朦胧的大同世界的曙光。用纪伯伦的话说：

> 他登上没有城墙阻隔的山冈，眺望大海，他看到他的航船正从雾霭中驶来。

康有为所乘还乡之船，载有老母之柩和小弟康广仁之柩，情何以堪。

康有为之母劳太夫人，在香港刚度八十二之寿，在日本的康有为思念老母，在洒金大红六尺宣纸上，写了一个大寿字，准备"束装归省"，偷回香港为母祝寿。正逢弟子麦孟华，刚从国内东渡日本，去拜老师。见状，

忙劝阻，曰国内战争不断，暴民歹徒四处横行，万勿归国。不得已，作罢。

癸丑年（1913 年）春，康准备赏完樱花，即起程回国看桃花，侍奉老母。从张伯桢"沧海丛书"中可知，康氏偏偏又忽患盲肠炎，住日本东京医院割治。忽报"七月初七日，太师母病风，不省人事，翌日初八，遽尔逝世，春秋八十三"。

正在此时，已成民国大总统的袁世凯，有电报请康有为归国，有"举国想望风采，但祈还辕祖国"之语。于是康氏挥泪告别中日友人，归国为母归葬。康有为写祭文也颇感人，现录于下：

孔子二千四百六十四年癸丑（民国二年）十一月十四日，男康有为始得奉移显妣劳太夫人灵柩，将归葬于乡，陈牲醴庶羞，抚棺哭踊而祭之曰：

惟不孝男辞母二年，往者归港则大喜见母，今者归港不得吾母之面，不得闻母之声，而仅抚吾母之柩。呜呼！吾母日夕倚闾而思，不孝男为冬夏以来日日言而不归，不得洁羞滫，不得侍汤药，乃至不得视含殓，乃至不得慎衣衾，而惟得见棺椁。呜呼！不孝男累母去乡十六年，思乡十六年，日夕思望不得归乡，至今乃仅以遗魂坠魄还乡。呜呼！吾弟遘难十六年，怨痛惨毒，秘不告吾母。吾母日夕思见弟之身，今乃以两棺同奠于舟中，母子相遇以魂。呜呼！不孝男负大罪，故宜受此酷，何以吾母之淑贞庄懿，非礼不履，而遘天之酷若此耶。呜呼哀哉！尚飨。

戊戌政变后，清廷大肆捕拿康有为、梁启超等同党人，康、梁有幸逃脱，而谭嗣同、杨锐、杨深秀、林旭、刘光弟、康广仁六人被缉捕。奉西太后之命，不经审讯，即开刀斩于菜市口，"六君子"含笑喋血。

时为 1898 年 9 月 28 日，初秋之风，让聚于菜市口的看客，突感肃杀寒气。

谭嗣同等六人，已绑赴刑场。第一个赴刑者，便是康广仁。刽子手举刀之前，康广仁"欲有所语，左右顾盼"，面带笑容。"次及五人，从容慷慨，颜色不变"（张伯桢语），其景惨烈，其神魄可歌可泣。

还据张伯桢所记："广仁被捉时，正如厕，广仁就义时，着短衣，南海会馆司阍人张禄为之缝首市棺，葬于南下洼龙爪槐观音院旁，立石树碑曰：南海康广仁之墓。广仁年仅三十二，无子，遗一女，名同荷，才八龄耳。"

康有为亡命海外，曾派梁铁军偷偷来到观音院，掘墓取尸骨。其保存至今，与其母二柩，同舟还乡。

康有为有《亡弟幼博烈士移柩还乡告祭文》，冠以烈士厚葬，其祭文见兄弟骨肉情深，字字血泪凝结，有大爱矣，文曰：

> 吾受先君遗命，抚弟十六年，而弟能英挺自立，吾乃大喜……自戊戌北京南海馆与弟夜别，弟蒙冤惨戮……弟怀雄绝之才、雷霆之力，而不得少施；遘衼朝，遭茉网，蒙莫须有之冤，至惨痛之戮……古今贤豪遭遇之惨，殆无若弟者。若乃寡兄乎，酷毒肝肺，怀哀抱痛，既乏弟之匡逮扶持，更累弟以大戮其痛。又深讳不敢告吾母，隐匿不能告汝妻子，不能奉汝神灵于家，不能葬埋汝棺椁于乡，惟有号泣于天，泪下如縻而已……

其悼文也有不妥，称"弟蒙冤惨戮"，就大谬。康广仁参与变法维新，与保守营垒斗争，乃为一志士、一英雄，为政治理想而含笑喋血，怎称"蒙莫须有之冤"。逻辑不通。

回乡办好一切，康有为便住在了广州。康氏曾祖父康云衢曾在广州购一大宅，取名云衢书屋。戊戌变法失败，被清廷查没，后修市政而拆毁。在友人的呼吁下，康住进一深宅大院，名龙舍。

康有为一生养尊处优，即便亡命异国，也住华屋，食美肴，身边妻妾成群。总有一帮门生和食客追随身边。梁启超等在《致宪政党同志书》中，有赞康氏之语："居恒爱才养士，广厦万间，绝食分甘，略无爱惜。"

又据康氏二儿媳庞莲女士著文称：

> 康有为的家庭，除妻妾子女以外，还有党人、门徒，单是仆佣就有四十人左右，寄居之食客，少者十余人，多时三十余人，不少拜门子弟，海内外知名人士交往者亦多。

大艺术家吴昌硕、刘海粟、徐悲鸿，陈宝箴之子诗人陈散原，清翰林大教育家蔡元培等皆常造访康氏，为座上宾。

康有为是我国近代向西方寻求真理，对中国命运产生影响的人物，是一位资产阶级改良运动的领袖。其诗作《生民》表达了他的平生政治选择，希望通过明君良臣的结合，铸造一个"新中国"：

> 尧舜君民愿，艰难险阻身。
> 明良思会合，肝胆尚轮囷。
> 欲铸新中国，遥思迈大秦。
> 吾能不拯溺，四万万生民！

为了这一志向，他写了大量的诗文。正是从这些诗文中，我们看到其"保守性和先进性，传统重负和时代新潮，交织于一身"的复杂政治理想和文化人格。

康有为今存诗歌一千五百多首，还有大量新体政论散文。留下了这位不算成功的政治家人生和理想历程的足印，也留下了这位有个性的诗人、散文家不菲的文学遗产。

先说康有为的诗，多为政治抒情诗。他自己在亡命海外时出的诗集《自序》中说：

> 好讽诗，而学在撢理……又好事，不能雕肝呕肺，以为诗人。然性好游，嗜山水，爱风竹……则余事为诗，天人之感多矣。及戊戌遘祸，遁迹海外，五洲万国，靡所不到，风俗名胜，托为咏歌。莫拔抑塞磊落之怀，日行连犿奇伟之境……嗟我行迈，皆穷于诗。

显然，康氏将自己的诗创作以"戊戌遘祸"为界，分为前后两期。早在青年时代，康氏的诗就"忧国无端有叹声"，怀抱忧国济民之志。如1879年，他二十一岁写的《初游香港睹欧亚各洲俗》云：

> 灵岛神皋聚百旗，别峰通电线单微。
> 半空楼阁凌云起，大海艨艟破浪飞。
> 夹道红光驰骡轝，诏山绿围闹芳菲。
> 伤心信英非吾土，绵帕蛮靴满目非。

他在赞美世界科学文明、都市繁华热闹的同时，又痛抒香港沦为殖民地的悲愤。

其《过昌平城望居庸关》曰：

> 城堞逶迤万柳红，西山岹嵽霁明虹。

云垂大野鹰盘势，地展平原骏走风。

永夜驼铃传塞上，极天树影递关东。

时平堡堠生青草，欲出军都吊鬼雄。

以雄阔恢宏之景，抒诗人博大之胸襟，其诗自有大气象。

"公车上书"、开强学会、保国会等时事都被康有为以诗论之：《东事战败，联十八省举人三千人上书……》《割台行成后……留门人梁启超使之》《胶旅割后，各国索地。吾与各省志士开会自保……》《怀翁常熟去国》等。

康有为当时所赋诸诗，不意成了一部记录维新运动的史诗。

《出都留别诸公》曰：

沧海惊波百怪横，唐衢痛哭万人惊。

高峰突出诸山妒，上帝无言百鬼狞。

岂有汉廷思贾谊，拼教江夏杀祢衡。

陆沉预为中原叹，他日应思鲁二生。

天龙作骑万灵从，独立飞来缥缈峰。

怀抱芳馨兰一握，纵横宙合雾千重。

眼中战国成争鹿，海内人才孰卧龙？

抚剑长号归去也，千山风雨啸青锋。

第一次公车上书未到光绪手中，康有为深感因清廷保守派阻挠，变法举步维艰、受阻，而发出愤懑和猛烈的抨击，并表达出不屈不挠的维新之志。

从这首诗，我们似可看到康氏在有意效法杜甫以诗写史的特点。他自已在《避地槟榔屿不出，日诵杜诗消遣》说：

> 我欲托诗史，郁结弥山河。
> 每读杜陵诗，感慨更摩挲。
> 上念君国危，下忧黎元疴。
> 中间痛身世，慷慨伤蹉跎。

康有为喜读杜甫史，效法其爱国主义、不惜自我牺牲的精神，以及"沉郁顿挫"的诗风和以诗记史的史家笔法。当然，我们也应注意，康氏同时也向屈原、李贺、龚自珍学习借鉴，而且形成了"寓主观于客观"，将自己的主观意识、思想感情融化在客观的具体描写中，而不明白说出的艺术风格。另外，因其周游世界，其诗"以欧洲之境界、语句"入诗，但传统诗风未变。

康有为的散文与他热衷维新变法密切相关，如果说他的诗歌多为政治抒情诗，那么他的散文，则是以发表政见为主。算起来，他的政治散文雄肆踔厉，气势磅礴，乃开晚清"文界革命"之先声，对散文改革贡献突出。钱基博在《现代中国文学史》中说：

> 三十年来国内政治学术之剧变，罔不以有为为前驱。而文章之革新，亦自有为启其机括焉。

钱基博斯言，非侜谬之语，实为有见识之文字。很多文字史家，把"五四"之后的散文称新散文，并未认识到自康有为、梁启超始，新的散文精神、气象已见端倪。此乃顺应时代和社会需求，适应文学自身发展规律的必然产物，是康、梁等及以前几代文学家艰苦探索的结晶。

康有为自年少时，即鄙弃八股文，也不喜桐城，而取先秦诸子和唐宋八大家之学。至二十岁，已有自己的文章风格。"公车上书"前后，其政治散文之思想、精神，叱咤于八股文已走向没落的政界、文界，震撼于当世，如春风之涤荡残冬暮霭。《上清帝第一书》轰动政坛，风播国内，可谓以文章惊天下。《上清帝第二书》，亦即"公车上书"，写于《马关条约》签订之时，一万八千字的洋洋洒洒长文，义正词严，气势磅礴，痛陈割台湾之后患无穷。其书中曰：

> 割地之事小，亡国之事大；社稷安危，在此一举……下诏鼓天下之气，迁都定天下之本，练兵强天下之势，变法成天下之治……

虽仍未上达光绪之手，但一经上海石印传播，全国即有隆隆雷声滚动。

德国占我胶州湾，乃有《上清帝第五书》，谓"外衅危迫，分割洊至，急宜及时发愤，革旧图新，以少存国祚"。此文在《湘报》公开发表，谭嗣同为此作跋语曰：

> 言人所不敢言，其心为支那四万万人请命，其疏为国朝二百六十年所无也。

仅以七上皇帝书为例，康有为文章词驳古今，理融中外，有理有据，有说服力。康氏之文富有炽烈感情，气势磅礴，文辞激越，诚如梁启超在《戊戌政变记》中所说：

> 康有为撰此开会主义书，痛陈亡国以后惨酷之状，以激励人心，读之者多为之下泪，故热血震荡，民气渐伸，而守旧之徒恶之。

康有为的散文不仅有新思想、新内容，在形式上也勇于革新，使散文内容与形式高度统一。还用钱基博在《现代中国文学史》中的话，便是：

> 实思想革新者之前驱。而发为文章，则糅经语、子史语，旁及外国佛语、耶教语，以至声光化电诸科学语，而冶以一炉，利以排偶。桐城义法，至有为乃残破无余，恣纵不傥，厥为后来梁启超新民体之由昉。

康有为亡命海外后，偶有时政散文，因其由维新变保皇，鼓吹复辟，其散文已失光华和力量。但他写的游记，气韵不俗，优美隽永。

5. 南社诗人唱起大风歌，给诗坛吹来一股浩然之气

1913 年旧历三月三日，樊增祥、沈曾植等十人"修禊于上海之樊园"，"赋诗皆用少陵丽人行韵"，也是这一天，梁启超、严复、易顺鼎等三十余人，"修禊于京师西郊之万生园，却以群贤毕至……分韵"。

同一天，南北两大诗派齐登当时的中国诗坛，或唱维新之曲，或吟新旧遗老之旧歌。赏良辰美景，于名胜之地，挈茶果饼饵集焉；或饮于寓斋酒楼，品美肴佳酿，赋诗唱和，依旧吊古伤今，品评为乐。

与这些诗派不同，南社诗人却唱起大风歌，给诗坛带来一股浩然之气。

在我国资产阶级思想启蒙和文学界革命运动发展的过程中，南社起过重要作用。南社的成立、壮大，南社诗人的革命思想和革命实践，南社诗人的个人成就，是伴着磅礴的辛亥革命共进退的。

鲁迅在发表于 1929 年 5 月 25 日北平《未名》半月刊上的《现今的新文学的概观》一文中，提到南社时，显然是对其持批评态度的：

希望革命的文人，革命一到，反而沉默下去的例子，在中国便曾有过的。即如清末的南社，便是鼓吹革命的文学团体，他们叹汉族的被压制，愤满人的凶横，渴望着"光复旧物"。但民国成立以后，倒寂然无声了。我想，这是因为他们的理想，是在革命以后"重见汉宫威仪"，峨冠博带。而事实并不这样，所以反而索然无味，不想执笔了。

鲁迅还在写于 1934 年 6 月 10 日的《隔膜》一文中，第二次提到南社：

清朝初年的文字之狱，到清朝末年才被从新提起。最起劲的是"南社"里的有几个人，为被害者辑印遗集。

在《鲁迅全集》中，这两篇文章后都有"南社"的注释，前者曰：

南社，文学团体，1909 年由柳亚子等人发起，成立于苏州，盛时有社员千余人。他们以诗文鼓吹反清革命。辛亥革命后发生分化，有的附和袁世凯，有的加入安福系、研究系等政客团体，只有少数人坚持进步立场。1923 年解体。该社编印不定期刊《南社》，发表社员所作诗文，共出二十二集。

另一注释曰：

南社，文学团体，1909 年由柳亚子等人发起成立于苏州。该社以诗文鼓吹反清革命，辛亥革命后发生分化，1923 年无形解体。由南社社员辑印的清代文字狱中被害者的遗集，如吴炎的《吴赤溟集》，戴名世的《戴褐夫集》和《孑遗集》，吕留良的《吕晚村手写家训》等，后来大都收入邓实、黄节主编的《国粹丛书》。

两个关于南社的注释，写于 20 世纪 80 年代初，较之鲁迅笼统地否定后期的南社的成就，要客观得多。但只有"少数人坚持进步立场"是不准确的，事实证明南社的骨干成员，都为辛亥革命和诗歌革命做出了贡献。

南社真正的发起日，当是光绪丁未十二月九日（1908 年 1 月 12 日），高旭、柳亚子、陈去病、刘师培和何震夫妇、朱少屏、沈道非、杨笃生、邓实等十七人在海上雅集，商定结社之举。有陈去病《高柳两君子传》云"至丁未冬，复与余结南社于海上"，及柳亚子《偕刘申叔、何志剑……海上酒楼小饮，约为结社之举，即席赋此》诗为证。但是诗人居住分散，虽定"南社"之名，却难以集会。次年10月17日，高旭在《民吁日报》上发表《南社启》，"与陈子巢南、柳子亚卢有南社之结"，正式宣告南社成立。不久，他又公布《南社例十八条》。同日，陈去病发表《南社诗文词选序》。又两日，宁调元有《南社诗序》发表。

清宣统元年十月一日（1909年11月13日），南社终于寓意深长地选择在苏州虎丘的明末抗清志士张国维祠，庄严成立。经选举组成南社核心领导：陈去病、高旭、庞树柏三人，分别为文选、诗选、词选编辑员，柳亚子为书记员，朱少屏为会计员。

关于取名"南社"之意，众说纷纭。高旭曰，南之云者，以此社提倡于东南谓。宁调元曰，"钟仪操南音，不忘本也"。陈去病曰："南者，对北而言，寓不向满清之意"。到了1923年，柳亚子说："它底宗旨是反抗满清，它底名字叫南社，就是反对北庭的标帜了。"发起南社"是想和中国同盟会做犄角"的。

从首次雅集，定结社之举的十七人中，就有十四人为同盟会会员。南社中还有许多同盟会、光复会的重要政治活动家，如黄兴、宋教仁、田桐、汪精卫、陈其美、邵力子等，还有更多的民主革命的宣传家。大凡当时主要报刊的主持笔政者，如汪东、张继、黄侃、黄节、于右任、戴季陶等人都是南社成员。至于当时主要文学期刊的主编，如《小说林》的黄人、包天笑，《小说月报》的王蕴章等，无一不是南社骨干。正是依靠这些人、这些报纸和期刊，南社对文学界革命向革命文学发展起了重大作用。总而言之，南社从诞生起，便是一个政治色彩浓重的文学社团。

南社甫一建立，其"反对满清"的政治宗旨，就与资产阶级反清革命一致。孙中山在《三民主义与中国前途》一文中说："从驱除满人那一面说，是民族革命；从颠覆君主政体那一面说，是政治革命。"南社大部分成员支持这一政治主张，于是统一战线就建成了。

到民国初建的 1912 年，南社迅速扩大，社会声望及影响也大增。广东、湖南皆设支部，杭州、北京设立南社通讯处或事务所，至 1916 年社员已达八百二十五人，为当时文学团体成员之最。

以柳亚子等为核心的南社，从建社始，就站在革命潮头，反妥协、反议和，特别是民国建立以后，积极支持二次革命，坚决反对袁世凯复辟。为此牺牲了其骨干周实、宋教仁、宁调元、陈其美、仇亮、周祥骏等人。

有人说"南社成员反清革命一致，但民主意识觉悟程度很不一样，这是南社在辛亥革命前生气勃勃，清朝被推翻后开始分化的原因"，并又以鲁迅的"但民国成立以后，倒寂然无声了"观点为支撑。此语的错误有二：一把文学团体南社完全当成政治团体了，别忘记，南社在推进"诗界革命"方面，成就显著，而且一直坚持"文界革命"；二是上面这句话，放之四海而皆准，唯不适合南社。国民党执政前已开始分化，袁世凯当了总统，就想复辟当皇帝，而南社在民国建立之后，还在奋斗，还在流血。1913 年与袁世凯斗争的南社社员宋教仁被暗杀；另一社员宁调元也是在 1913 年 6 月 26 日在武汉三镇起事反袁时，因事已泄露而被袁氏杀害；南社社员马君武 1917 年仍参加护法运动；南社社员陈去病，积极参加二次革命、护法战争，任北伐军大本营宣传部长；南社社员苏曼殊，在"宋教仁案"后，立刻向袁世凯发出"起而褫尔之魂"的怒吼，发表《讨袁宣言》，历数袁贼窃国之恶罪。此外，李叔同、包天笑、周瘦鹃、徐枕亚、黄宾虹等，没有"寂然无声"，而是在政治上站在革命一边。这些人物在文学革命方面，还提出"诗坛请自今日始，大建革命军之旗"，"多读西诗以扩我之思想"，"融合古今中外哲学家言"，而使南社"一洗前代结社之积弊，作为海内文学之导师"，成就斐然。至于个别"寂然无声"乃至沉沦者出现，掩盖不了南社整体的光辉。以偏概全、一叶障目者，往往是心理不健全者，或别有用心。比如，攻讦胡适的声音一直没有"寂然无声"，胡适却一直矗立史册。

上面所述，有史可查，有案可稽，可作为越社成员的鲁迅之"但民国成立以后，倒寂然无声了"，根据何在？

作家吴家祥说："一个人一个派别陈述的历史，是不可靠的，多一个人一个派别陈述，历史就多一分真实。"吾信之。

南社的建立，标志着革命派作家有了自己的组织，成为革命文学的核心。

南社不仅是在辛亥革命大潮中应运而生，辛亥革命的民主意识、民族精神又赋南社革命诗潮以革命灵魂、时代精神和现代意识。

柳亚子是南社成立之时三个发起人之一。在南社发展中，他迅速成为该社的实际主持者。他也是革命诗潮的代表诗人。后来，他的旧体诗成为五四运动以后现代文学独特的组成部分，他和 20 世纪 80 年代创造聂体旧体诗的聂绀弩一样，为中国现当代旧体诗之集大成者。

茅盾在《在中国文学艺术工作者第四次代表大会及中国作家协会第三次会员代表大会上的讲话》中，高度评价了一生经历了旧民主主义革命、新民主主义革命和社会主义三个时期的柳亚子，说他是：

前清末年到解放后这一长时期内在旧体诗词方面最卓越的革命诗人。

鲁迅与南社的柳亚子有一定的交情，查鲁迅在 1932 年 10 月 12 日的日记，载"午后为柳亚子书一条幅，云：欲交华盖欲何求，未敢翻身已碰头。旧帽遮颜过闹市，破船载酒泛中流。横眉冷对千夫指，俯首甘为孺子牛。

躲进小楼成一统，管他冬夏与春秋。达夫赏饭，闲人打油，偷得半联，凑成一律以请"云云。

鲁迅后来将此律诗收入《集外集》，题名为"自嘲"。此诗广为传诵，是因"横眉冷对千夫指，俯首甘为孺子牛"句，被后人解释为：怒对反动派，而甘心当人民大众之牛，表现了鲁迅的战斗精神和甘为人民鞠躬尽瘁的高尚品格。看过《自嘲》的注释便知，这两句诗的原意，上句是对太阳社、创造社受"左"倾分裂路线影响，围剿鲁迅，开刀祭旗的"总的清算"的轻蔑。下句写作背景是海婴得病，五十多岁的鲁迅连续几个月每隔一天就要带海婴去医院治疗。"孺子牛"，见《左传·哀公六年》，写齐景公最喜儿女，为逗孩子，他自己趴在地上，口叼绳子，让孩子牵着为乐。"偷得半联"，在清代吉洪亮《江北诗话》卷一中，说一钱姓秀才，溺爱孩子，不让他们读书，而爱在饭后嬉戏，写小诗曰"酒酣或化庄生蝶，饭饱甘为孺子牛"。鲁迅于1929年得子海婴，自嘲说"加倍服劳，为孺子牛耳"。此《自嘲》诗借"饭饱甘为孺子牛"句之半句，表达自己的舐犊情深。诚如鲁迅在《答客诮》中所说："无情未必真豪杰，怜子如何不丈夫？"展现了一个感人的慈父形象，深深打动了读者。而总要把鲁迅推向神龛的人，却将其图解成冷冰冰的政治形象而望文生义，牵强附会。况且，果真如所说，那"躲进小楼成一统，管他春夏与秋冬"，岂不与其义相悖吗？不赘。

柳亚子得鲁迅《自嘲》后，于1933年初，应鲁迅之请，回赠鲁迅诗一首，表达他对鲁迅的敬意：

附势趋炎苦未休，能标叛帜即千秋。

稽山一老终堪念，牛酪何人为汝谋。

1933年1月10日，鲁迅在给郁达夫的信中，有向柳亚子求诗的话：

字已写就，拙劣不堪，今呈上。并附奉笺纸两幅。希为写自作诗一篇，其一幅则乞于便中代请亚子先生为写一篇诗，置先生处，他日当走领也。

鲁迅 1933 年 1 月 19 日的日记中又写了此事，"下午达夫来，并交诗笺二，其一为柳亚子所写"。另一首是郁达夫赠鲁迅的诗：

> 醉眼朦胧上酒楼，彷徨呐喊两悠悠。
>
> 群氓竭尽蚍蜉力，不废江河万古流。

柳亚子（1887—1958），原名慰高，亚子为字号。江苏吴江人，清末秀才。1902 年，始读卢梭《民约论》，崇信天赋人权。少年时代从《清议报》《新民丛报》接受维新变法和资产阶级启蒙思想影响，当时，梁启超和龚自珍是他"脑中两尊偶像"（《我对于创作旧诗和新诗的感想》）。光绪二十九年（1903 年），入上海爱国学社读书，结识章太炎、邹容等，转向革命。爱国学社解散后，转入自治学社。1906 年，改入上海理化速成科学堂，学习化学，毕业前即任教于健行公学，加入同盟会、光复会，并负责主编《复报》第一期至第十一期。宣统元年（1909 年）冬，与陈去病、高旭创办南社，被举为主任，主张以文学鼓吹民族革命。1912 年 1 月，南京临时政府成立，任总统府秘书。后到上海，任《天铎报》《民声日报》《太平洋报》主笔，曾著文反对南北议和，反对袁世凯复辟和北洋军阀，坚持了激进的革命民主派立场。自 1913 年起，致力于新剧运动，出版《春航集》和《子美集》。

1913 年的柳亚子，不仅是一位年轻的革命宣传家，也是对诗界、文学界革命起到过重要推动作用的诗人、文学家。

自从梁启超在《新民丛报》号召诗歌革命，倡导诗歌"新意境"即"欧洲思想精神"以来，革命诗歌在冲决旧诗境域、开拓新诗意境方面，表现出比维新派更不受拘束的"诗界革命"的新境界、新精神、新气象。

柳亚子就是"诗界革命"的响应者和实践者。他在十六岁时，读《饮冰室诗话》及《诗界潮音集》中的诗，眼界大开，将过去写的诗作，全部付之一炬，以誓响应"诗界革命"之决心。实际上，柳亚子接受了梁氏的启蒙思想。1902年已接受卢梭的《民约论》，崇信天赋人权和响应梁启超倡导"诗界革命"的柳亚子，激情满怀，赋诗《岁暮述怀》：

> 思想界中初革命，欲凭文字播风潮。
>
> 共和民政标新谛，专制君威扫旧骄。
>
> 误国千年仇吕政，传薪一脉拜卢骚。
>
> 寒宵欲睡不成睡，起看吴儿百炼刀。

虽出自少年郎之手，此诗却有雄心壮志，有宏阔境界和革命理想。

"国仇家恨，耿耿胸臆间"的少年柳亚子，把一种新的民主主义的"国民意识"与文学联系起来，"靠着文字有灵，鼓动一世风潮"，声称"一定要打破这五浊世界，救出我庄严的祖国"，"才算不放弃国民的责任"（《胡寄尘诗序》）。历史上在国家危难之际，常有"亡国士大夫"之哀叹，而柳亚子却以"共和国民"之诗与其对立，代表了清末文学界"革命"的本质。

柳亚子于1903年所作《磨剑室诗集》中的第一首《放歌》，呈现了十七岁反封建的民主革命者的精神气象：

> 听我前致辞，血气同感伤：上言专制酷，罗网重重强。人权既蹂躏，《天演》终沦亡。众生尚酣睡，民气苦不扬。豺狼方当道，燕雀犹处堂。天骄闯然入，踞我卧榻旁。瓜分与豆剖，横议声洋洋。世界

大风潮，鬼泣神亦瞠。盘涡日以急，欲渡河无梁。沉沉四百州，尸冢遥相望。他人殖民地，何处为故乡？下言女贼盛，兰蕙黯不芳。女权痛零落，女界遭厄殃。……我思欧人种，贤哲用斗量。私心窃景仰，二圣难颉颃。卢梭第一人，铜像巍天阊。《民约》创鸿著，大义君民昌。胚胎革命军，一扫秕与糠。百年来欧陆，幸福日恢张。继者斯宾塞，女界赖一匡。平权富想象，公理方翔翔。……独笑支那士，论理魔为障。乡愿倡卫言，毒人纲与常。横流今泛滥，洪祸谁能当？安得有豪杰，重使此理彰！

该诗痛詈数千年封建专制、伦理纲常，预言其必然沦亡，热情讴歌卢梭、斯宾塞所代表的进步思想，呼唤资产阶级政治革命，表达了一个年轻的爱国革命者"新国民"的思想境界、理想世界。

此外，他的诗密切关注革命的形势，几乎所有重大的政治事件，都被他写入诗中。例如，1906 年的萍浏醴起义；1907 年徐锡麟、秋瑾策动的浙皖起义；1908 年熊成基发动的皖中起义及云南河口起义；1910 年赵声领导的广州新军起义；1911 年的辛亥革命。特别是《孤愤》一诗的"岂有沐猴能作帝，居然腐鼠亦乘时"，表达了对袁世凯称帝阴谋和"筹安会"劝进丑行的愤慨。

柳亚子以诗记事，具有那个时代一部史诗的品格。

另外，他的诗歌咏革命者的英雄气概，应是一部英雄传，如《题〈张苍水集〉》：

北望中原涕泪多，胡尘惨淡汉山河。

盲风晦雨凄其夜，起读先生正气歌。

柳亚子的诗又多写死难烈士，以歌其誓死如归的精神，悲壮慷慨，是一部英雄谱，如《题〈夏内史集〉》：

> 悲歌慷慨千秋血，文采风流一世宗。
> 我亦年华垂二九，头颅如许负英雄。

柳亚子是一位著名诗人，还是一位颇有成就的散文家。早年柳亚子的文名胜过诗名。而到中年以后，其诗名又盖过其文名。故陈去病在《高柳两君子传》中说：

> 高（旭）以诗词鸣，柳则以文。

十七岁，柳亚子始发表文章，其文受邹容、章太炎影响，革命情绪高涨，宣传爱国反帝，鼓吹排满。其文章风格与邹容、章太炎不尽相同，比邹容典雅，比章太炎晓畅。后来，有人拿柳文与梁启超之文比较，说柳文略逊梁文，却比其有气势，更意气风发。皆是实事求是之论。若讲柳亚子的文章特点，先看其文《郑成功传》《中国灭亡小史》《台湾三百年史》和《中国革命家第一人陈涉传》。都是以历史材料，引发亡国之痛，借此颂扬反抗精神，鼓动革命。其文第一个特点是善于取材，古为今用；《哀女界》《论女界之前途》等文，多是议评妇女的，关注女性命运，此为第二个特点。

在文章的形式上，柳文也有两个特点：短小精悍，多用白话文。

现录《〈清秘史〉叙》之一段：

> 呜呼！吾民族之无国，二百六十一年于兹；吾民族之无史，亦二百六十一年于兹矣。燕京破，国初亡；金陵破，国再亡；福都破，国

三亡；滇粤破，国四亡；台湾破，国五亡。洪水忽来，劫灰终烬，铜驼荆棘，披发伊川，民族末路，其如是矣。而谀臣媚子，丧心病狂，秉笔大书，必曰：我大清龙兴东土，入主中华，某年月日，全土悉平……

文中多有狭隘民族主义情绪，使文章失之偏颇。但其文以排语、短句，高度概括清兵入关之史实，揭近三百年亡国之痛楚，理明义显，发人深省。行文时，慷慨陈词，词语嘹亮，句子长短交替，音阶抑扬顿挫，意态多姿多彩，气势如江河流泻，单从艺术上看，实为散文之精品。

1903年前后，诗坛有一批青年诗人崛起，不少都是南社成员。除了上面谈的柳亚子，南社还有高旭、马君武、秋瑾、宁调元，以及陈去病。这些年轻的诗人，大都是革命者，他们的诗呈现了一种新时代的风格，即新兴阶级的朝气、热情和激烈的革命精神，他们的思想、经历、艺术风格各有特点，构成了多元的气象。他们的出现，"标志着革命诗歌的滥觞"。

这里介绍陈去病。原名庆林，字佩忍，号巢南，别署垂虹亭长，江苏吴江人。年少时"好读书，有大志"，"任侠慷慨"。早年读《史记》，被霍去病"匈奴未灭，何以家为"等语感动。遂易名去病。甲午战败，愤慨国耻，倾向维新。与同乡金天羽及柳亚子之父柳念曾等创办雪耻学会。1903年，加入中国教育会，发起同里支部。1903年春，东渡日本，探求救国之路，参加拒俄义勇队，"与诸少年喋血同盟，誓恢黄胄"。主持《江苏》笔政，并在其上发表《革命其可免乎》，鼓吹革命。归国后，先后在上海、吴江、绍兴等地一边宣传革命，一边从事教育工作，主持《警钟日报》《二十世纪大舞台》，编辑《国粹学报》及《陆沉丛书》，编写《清秘史》《五石脂》等书，同时执教过上海爱国女校等校。1906年，加入同盟会。1907年，秋瑾牺牲后，与徐自华设秋社于杭州，创办竞雄女学于上海。他是南社的创始人之一，又在绍兴创建越社，周树人曾是越社成员。辛亥革命后，积极参加二次革命、护法战争，曾任北伐军大本营宣传部长，后又任南京东南大学教授、革命博物馆馆长等职，著有《浩歌堂诗钞》《诗学纲要》《辞赋学纲要》等。

1913年，南社诗人陈去病到南京，参加二次革命，担任黄兴领导的江苏讨袁总司令部秘书。当年军中文告，多为陈去病手笔。

诗人陈去病是一位爱国主义者、民族主义者和国粹主义者。

1903年，东渡日本时，他写下《壮游集》中的长诗《东京雨后寓楼倚望》：

愁云俄翕集，流电惊飞驰。
大地迭震荡，屋摇尤不支。
…………

忽然风雨止，须臾还晴曦。
世界恍新沐，光明如琉璃。
…………

大凡物腐败，则必多弃遗。
譬如室朽坏，必拆而更治。
何者当改革，何者须迁移？
巨者或锯之，细者或鏊之。
其尤无用者，拉杂摧烧之。
循是一变置，辉煌乃合宜。

该诗借风雨奇观，写革命胸襟，于情景交融中寓新颖哲理，表现诗人的宏伟理想。

陈去病曾致力于宋末、明末文献整理研究，辑录《陆沉丛书》，其中收录《扬州十日记》等反清文章，流行一时。另与邓实刊行谢翱《晞发集》、夏完淳《存古遗集》，辑明末抗清义士的遗著，如《吴长兴伯遗集》等，以激励反清民族意识。柳亚子在为陈去病《浩歌堂诗钞》所作的序中曰：

> 先生之诗，去华返朴，屏绝雕镂，且其奋斗之精神，恢弘之器宇，皆有不可磨灭者……以海涵地负之才，值草昧贞元之世。指陈事变，所南《心史》之伦；凭吊故人，晞发《西台》之亚。

柳亚子前面指出陈去病的诗歌艺术特点，后面说其诗又有三种类型，即"指陈事变"、追咏汉族历史、凭吊故人。

所谓"指陈事变"型，多以悲歌愤切书写心志。如 1903 年所作《重九歇浦，示侯官林獬、仪真刘光汉》诗：

> 惨淡风云入九秋，海天寥廓独登楼。
> 凄迷鸾凤同罹网，浩荡沧瀛阻远游。
> 三十年华空梦幻，几行血泪付泉流。
> 国仇私怨终难了，哭尽苍生白尽头。

像很多南社诗人一样，陈诗有浓郁的排满复汉思想，此诗正是"哭尽苍生"，报"国仇私怨"。

所谓追咏汉族历史，便是缅怀宋、明遗民和抗清英雄，以寄托排满之志。以《题明孝陵图》为例：

> 燕云一夕悲笳多，匹夫濠上挥金戈。
> 怨捉胡儿大声唾，咄尔胡兮久居汉土将云何……

尔何不闻我汉自有轩羲之种族，蔓延纠结如藤萝……

即今展卷忆前事，令人涕泪挥滂沱。

吁嗟乎，玄武湖中生白荷，故宫魑魅逼人过。

凄凉尽属悲秋况，凭吊空怜壮志磨。

消磨壮志气奈何，起舞横刀发浩歌。

西望墓门三叹息，几时还我旧山河。

所谓凭吊故人，指伤悼烈士之作。如，1913 年，宋教仁被刺杀，陈去病作《哭遯初》，吊革命党人，讨伐袁世凯，有仇恨，亦有对民国前途的忧虑：

柳残花谢宛三秋，雨阁云低风撼楼。

…… ……

只恐中朝元气尽，极天烽火掩神州。

1918 年，陈去病追随孙中山到广州，筹谋北伐。1922 年，孙中山在广东韶关誓师北伐，他任负责宣传的官员。1933 年，病故。

陈去病一生，"超然异于流俗"，"事虽颠踬而志实恢宏"，没有作为诗人通常闲暇放逸的生活。柏文蔚、于右任等在《为陈佩忍先生五秩征文启》中，称陈去病的诗歌可反映出他丰富的精神面貌、文化人格：

短小精悍如郭解，纵横捭阖如苏秦，滑稽突梯如方朔。而高文典册、飞书驰檄，则又兼相如、枚叔之长。

据其弟子徐蕴华说，陈去病"生平所作，略得三千余首，顾不自收拾，或经乱散佚"，太过可惜。

陈去病之政治思想，不如高旭、柳亚子先进，论其诗才，亦不如高、柳。但他的诗，不赖以天赋，而苦于锤炼，仍可"铁板大江东，关西将"（吴梅《南吕·满江红》），苍健有力，而鲜明生动不足。

宁调元是南社重要诗人之一，又是反袁斗争中牺牲的烈士。其从 1903 年开始革命活动，到 1913 年为革命壮烈牺牲。十年革命，四处奔波，出生入死，六次被捕，二次入监牢，终不改革命之志，表现出革命者无私无畏的献身精神。

宁调元第一次被捕，身陷囹圄，是 1907 年 1 月至 1909 年 11 月。

1905 年，宁调元以优等生被湖南选派赴日本留学。途经武昌时，湖广总督张之洞设宴饯行。有人暗示，留学生应行跪拜礼答谢，有一生慷慨曰："挽回国运，当从提倡气节始，吾辈正当求学之日，即奴颜婢膝，以曲顺当道，将来宁有冀耶？"

听者莫不惊骇，望之，乃一美俊少年，眉间有英气，宁调元也。

到了日本，宁入早稻田大学学法科，后由黄兴介绍，入同盟会。从此"一意于党，每作一事，辄为同辈先，踔厉直前，不计成败，学诸子尝笑君为滔天之荒唐，呼为'滔公'"。归国后，宁与禹之谟领导长沙公葬陈天华、姚宏业二烈士活动。那日，全长沙学生高举白旗，穿白衣，两万余众整队渡河，其场面宏大，民气高涨，悲壮感人。毛泽东曾在《湘江评论》发表文章，称公葬陈、姚二烈士活动为"惊天动地可纪的一桩事"。

此惊天动地的公葬，令当道者惊惧，于是拟对宁调元施以抓捕，宁逃至上海。在沪仍继续搞革命的宁调元，又遭通缉，遂逃亡日本。未久，国内萍浏醴爆发起义，令在日本的革命党人异常兴奋，他们召开大会，研究策应，于是黄兴派宁调元、杨卓林等潜回国内，联络指挥。

不幸的是，宁调元等刚到长沙，萍浏醴起义已告失败。据刘谦之《宁调元先生事略》记载，宁一到长沙，遇到潘昭，急急告之起义已失败，劝其速速躲避。同时从所带的包中，取出所赠的匕首和其他信函，问："焉用是贾祸为者？"

宁调元笑曰："以为怯。"

宁调元非但未及时逃走脱险，还冒死潜入血雨腥风中的浏醴，先从株洲到岳阳，再改乘小火轮，途中遭遇清兵水上巡逻船，被截获。时在极严寒的冬季，1907 年 1 月 28 日。

宁调元在该年 2 月 22 日的笔记中，记曰：

> 大丈夫冻死则冻死，饿死则饿死，方能堂堂立天地间。凤昔诵此言不置……今二十有三矣，较之汪锜，不为不寿；较之村儒不出户庭一步者，不为不幸。己亥之春，学塾毁坏，几死于瓦石中。癸卯之秋，旅居长沙，几一痢以死。然竟不死于痢，不死于瓦。假我数年，得洞悉世变，阅历人情，研究科学，遂游万里，乃触吏议以死，侥幸多矣。摇尾何为耶？乞怜何为耶？故曰："君子视死如归！"

此乃面对生死抉择之际，宁调元交的一份答卷：坦然面对，视死如归。

正是在生与死的炼狱中，宁调元从大义凛然、气贯长虹地求死，转到求生继续奋斗，思想和人生得到升华，完成了一次涅槃。请看《岳州被逮时，口占十截》，刚被捕，从容赋诗，拟以速死而求成仁。

其三曰：

> 旧游万里记瀛洲，今日钟期系楚丘。
>
> 不信洞庭湖上望，断头台近岳阳楼。

其十曰：

　　幸不垂头终户牖，只缘热血在中原。
　　人心死尽钧天醉，风雨何人吊国魂。

到了监狱，宁调元认为必死无疑，笑对死亡。公堂之上，他"但坐地，不屈膝也"，面对审讯，他"箕坐抗辩，旁若无人"，令审者大愕。

果然，与宁调元同时被捕的同党欧阳兰山和张福全，遭到杀害。但二人之死，表现迥异。欧阳兰山"自分不免于祸，纵酒高歌，日以为常"。就义之前，他还托人将三块龙洋汇给老母，然后大笑赴法场。而张福全，为了苟活，向清廷请求，"专充眼线，反噬同侪"，"立功赎罪"。但还是因"罪"而与欧阳兰山一起被杀。对此，宁调元在《南幽杂俎》卷《同狱中之斩决者》一文中慨曰：

　　呜呼！死一也，而泰山鸿毛大有别异！君子可不固守哉？

宁调元之未被杀头，是得力于同党刘泽湘、汪文博等人的尽力营救，这里自然有战友间的友谊情深，但也与宁调元在革命队伍中，身居要职，组织极力用功不无关系。

入狱前，宁调元革命勇气有余，而谨慎智谋不足，但在狱中，行坚忍，养锐气，蓄胆识，修韬晦之计，"植莫测之才，成就经天纬地之大业"。监狱成为"最良之学校，竟前日之志"。

宁调元在狱中，并未与外界断绝联系。1908 年，柳亚子、陈去病、高旭三公在东南酝酿组建南社时，宁在狱中擘画参与，为南社之纲领，付出了智慧和心血。

1909 年 11 月，宁调元出狱后，即积极筹划新闻报刊事业，以宣传革命，他鼓动湘人参加南社，为南社的发展做出贡献。前面介绍南社时讲过，1910 年秋，南社在上海张家花园第三次雅集，改选成员时，宁调元被推为文选编辑员，柳亚子在这之前还曾请宁出任南社社长。其时，尚在北方的宁调元以"学力毋以肩比"推辞了。

1911 年秋，北京报界公推宁调元附赴东亚实业团去日本考察。刚到上海，武昌起义爆发，湖南宣布独立，宁调元立即离沪，回湘任谭延闿秘书，不久被任命为湘驻上海特派员。得此之便，1912 年在上海参与创立民社，并任民社机关报《民声日报》主编。因后来民社与统一党合并为共和党，与同盟会对立，宁调元即宣布退出民社，且带动不少人脱离民社。

1912 年春，宁调元受谭延闿委任为广东三佛铁路总办，惩治腐败，"不数月，积弊一空"。从 1912 年到 1913 年 6 月，因全力支持江西都督李烈钧的反袁立场，宁调元参与七省联合讨袁计划。被李烈钧聘为都督府名义顾问。宁广泛联系粤、湘国民党人及都督，说服孙中山、黄兴同意武装讨袁。

袁世凯同时加紧扑灭南方各省讨袁革命势力的步伐，连续免去李烈钧等都督之后，挥师南下，力图"剿灭"反袁力量。黄兴在局势危急时刻，密令宁调元策动武汉三镇起事。孰料，起兵之前，消息泄露，起义被镇压于襁褓之中，宁调元再次被捕。

此次被捕，在辛亥革命推翻清朝，建立民国之后，宁调元百感交集，凄厉哀愤：

一局残棋尚未终，纷纷铁骑下东蒙。

可怜五族共和史，容易昙花一现中。

又赋《武昌狱中书感》，抒发为国牺牲、死不足畏之浩然之气，生动表达那一代清流、革命者誓死复仇、视死如归的高尚精神面貌，且引其中一首：

拒狼进虎亦何忙，奔走十年此下场！

吉网罗钳新伎俩，牛头马面旧跳梁。

烂羊满地都如梦，纸虎横空暂任狂。

（此句后改为"死如嫉恶当为厉，生不逢时甘作殇"）

偶倚明窗一凝睇，水光山色剧凄凉。

1913年，南社的另一成员黄节闷闷不乐地北上北京，到铁路局去供职。

清末民初，黄节与苏曼殊齐名，被称为"岭南双星"。

这两位辉耀后世的文化巨星，身世、家庭殊异，其命运也各有不同。苏曼殊原籍广东香山人，其父为旅日华侨中的富豪，在横滨一家英办的"万隆茶行"当买办。黄节虽为广东顺德人，父亲却是本分的富商。他必须靠读书应试，为官入仕，光宗耀祖。而苏曼殊任性随意地求学，举凡译文、小说、诗歌、散文、绘画、音乐，皆有涉猎。其作品充满浪漫主义色彩，充满异国风情和佛味禅风，天赋非凡，但学浅艺博。黄节自幼聪敏好学，师从简朝亮，治学颇为传统谨严，在思想和学术建树上较为正统和经世致用，是个典型的经院派，富有现实主义风格的老练深刻的作家和学者。

1901年，黄节在广州与志同道合者创办群书学社，以期劝学励行，启迪民智。次年到上海，与邓实创办《政艺通报》，介绍西方文明，宣传强国思想。1905年，黄节变卖产业，倾其所有，与章太炎、陈去病、刘师培等创办国学保存会，接着再创办《国粹学报》，其宗旨为"保种、爱国、存学"，阐扬中国传统文化，宣传灭清革命。1909年，黄节移香港，加入中国同盟会，又过一年，成为南社一员。

辛亥革命之后，黄节出任广东省高等学堂监督时，对革命仍抱积极乐观态度，替广东都督胡汉民草拟《改元剪辫文告》《誓师北伐文》，为革命发展造舆论。黄节还与谢英伯、潘达微等组建天民社，创办《天民日报》，倡导发扬民主，伸张民权，痛斥贪官污吏。

但辛亥革命具有不彻底性，其执政问题不断暴露，浴血奋战换来的江山，仍积弊甚深，民生艰难。和许多革命志士一样，一直怀抱理想的黄节日渐不满与失望。到了北京，常常与梁启超等人诗酒唱酬，真的如鲁迅所说的"寂然无声"了。

但文人大多有士之遗风，袁世凯策划"君主立宪"，倒行逆施之际，黄节又挺身而出，频频发表檄文，猛烈抨击。袁氏恨之入骨，拟对其痛下杀手，黄节一度乘车逃往天津，躲进租界，干脆放弃舆论宣传，专心致力于学术研究和教育事业。黄节的选择颇有代表性。自古文人与职业革命家不同，非常时期参与一下，但一生还是以著书立说、教书育人为己任。黄节正是代表，作为老同盟会员，虽一度流连于混乱污秽之政坛，但一直没有失去知识分子的风骨与清高，故成民国之清流。多年以后，章太炎荐举他去当阎锡山的教育部长，他坚辞不就；1922年，北洋政府诚邀他出任国务院秘书长，他仍拒而推之；次年，孙中山在广州委以其大元帅府秘书长之职，作为同盟会员，不能辞拒，只能赴任，但到广州后，见军纪混乱，政令难行，乃辞职回北京。四年之后，1928年，被李济深之诚意打动，到粤去当教育厅厅长兼通志馆馆长，不参与政事又可发挥其长，上任后召开全省教育行政会议，提出"一方宜重视德育教育，一方宜发展职业教育"之"救身之道"。粤地"学风遂变，由嚣哗归于敦肃"，成绩显著，后再辞。

1932年，国难当头，汪精卫电邀黄节参加"国难会议"，黄未出席。黄节说过，"大好河山要收拾，未应长做读书人"，但自己不懂政治，为国建业立功之处，他认定不是在政坛和军界，而在学界和诗坛。那才是他的人生舞台。

　　黄节，字晦闻，广东顺德人。教育家，诗人。出身一富商之家，自幼聪明勤奋。自己说"八岁我爱书，夜窗灯如晦。我读辄不忘，母命再促睡"。志向远大，少年时，鄙夷同宗变节丑行，易名为"节"，以明立德蹈义之志，也看不起"四书五经之徒"。后聆听同邑理学大师简朝亮的讲课，为其渊博学识所折服，遂于二十二岁时拜简朝亮为师，入其读书草堂学艺。不足两年，"熟史工诗，流派自开"。此时广交朋友，结识邓实等友人，离开草堂之后，又进广州花地云林寺、六榕寺苦读，"闭门十年壮乃出"。此期间，黄节饱读经典诗书，广购图书，其最感兴趣者，乃《史记》及宋明遗民典籍，家国观念已萌芽。1900年后，他走出书斋，漫游各地，眼界大开，广交朋友。1901年，回到广州，与谢英伯等人创办群学书社，不久改名"南武公学会"，购置大量中外报刊，供人阅览。

　　次年的顺天乡试，是其人生的转折点。他从广东到洛阳参加乡试，在策论中他力陈同仇御侮方略，其见识与文采，令考官袁季九大为赞赏，便多方联络十八房考官商议，合力推荐黄节为解元。但是，主考官陆润庠并不接受黄节策论中的观点，黄节最终科场落第。对清王朝甚为失望。

　　落第后，黄节转赴上海，创办中国国内最早讨论时政、宣传西学、探求救国图存道路的综合性刊物《政艺通报》，并在其上发表不少介绍西方文明、宣扬强国思想的文章。《国粹保存主义》是最著名的一篇。还乡后变卖祖产，返回上海，始与章太炎、邓实、马叙伦、刘师培等进步文人交好，创立国学保存会。搜集明、清禁书并编辑出版，创办"谈革命而兼学术"之《国粹学报》，宣传忠义节烈爱国英雄人物，以激发反清思想。撰稿人有王国维、陈去病、郑孝胥等五十多人，几乎囊括了当时所有清流高士、国学大家。故该刊在当时广为流传，与在日本的章太炎所创《民报》，遥相呼应，为当时资产阶级两大舆论阵地。

黄节三十二岁时，在广州主编《广州旬报》，曾揭露华工在美受压迫的实情，为国内反美之先声。1907年，黄节参加了革命文学社团南社的筹建工作，两年后在香港成为同盟会员。

黄节参加辛亥革命，也遭到一些人的劝阻和反对，他的恩师简朝亮读过黄节一些宣传革命的诗文后，大光其火，曾致函规劝批评。黄节不像章太炎、周作人等人因见解不同，有"谢本师"之举，他只是不遵从师命，"持论如故"。恩师病逝，他痛哭数日，绝食断水，可见他对老师是深爱的。两江总督端方为阻止黄节借经史大义之名传播反满言论，煽动革命，企图以重金收买他，但黄节不是刘师培，不会为名利而变节投敌，辱没清流的风骨，黄节恪守了文人的操守，严词拒绝。

有人说黄节在其生命后期，思想趋于保守，比如他在北京大学任教时，不大同意校长蔡元培实行的一些改革，在广东任教育厅长期间，推行男女分校制等，但这是黄节受儒学思想影响太深之故，并非有政治诉求在其内。与其说黄节思想保守，莫若说是他文化上的保守。

黄节是一位具有爱国心和正义感的民国清流志士，是一位学识渊博、学术界负有盛名的学者，又是一位有成就的诗人。作为"岭南近代四家"中的佼佼者，他与诸宗元成为南社诗人中的两大巨擘。时人对其诗倍加推崇，有"章（太炎）文黄诗"之说。

黄节诗学陈师道，但不是简单模仿，而能入能出。他在《寒夜读白石道人集题后》曰：

> 每从闲处深思得，讵向前人强学来。
> 今日江西说宗派，嗟卑愁老恐非材。

他的诗，得到同光体诗人陈衍、陈三立赞扬，但其诗的内容与同光体诗并不同。所谓同光体，是活动于清末和辛亥革命后一段时期的一个诗派。代表诗人有陈三立、陈衍、沈曾植等，作品模仿江西诗派，忌熟避俗，流于隐晦艰涩。思想上对民主革命流露不满情绪，陈衍在《石遗室诗话》中，把同治、光绪以来"诗人不专宗盛唐者"称"同光体"，后遂为这一诗派的名称。

黄节的诗，博采众长，"唐面宋骨"，得其精神，而于诗坛独树一帜。既有陈后山诗的峭拔瘦硬、李义山的凄怨缠绵，又有杜少陵的苍凉沉郁、屈翁山的兀傲悲愤，形成清壮幽远、刚柔并济的美学风格。

黄节以《我诗》一首，总结了自己一生的诗歌创作：

> 亡国之音怨有思，我诗如此殆天为。
>
> 欲穷世事传他日，难写人间尽短诗。
>
> 习苦蓼虫惟不徙，食肥芦雁得无危？
>
> 伤心群贼言经国，孰谓诗能见我悲！

《我诗》哀国家民族之多艰，抒以诗报国之情怀，有"浓郁的家国之感"（黄裳语）。笔意深远，格律精严。

陈三立在《蒹葭楼诗序》中，推崇黄节的诗：

> 格澹（淡）而奇，趣新而妙，造意铸语，冥辟群界，自成孤诣。

黄节于 1935 年在北平病逝，北平、南京和广州都举行了追悼会，陈树人致祭文，国民政府明令表彰。

按黄节生前之遗愿，运柩回广州，安葬于白云山上的御书阁。下葬那天，登山送行者千人，章太炎为其撰写墓志铭，并亲书挽联。

黄节诗作收在《蒹葭楼诗》(二卷本)里，此外著有《诗学》《诗律》《诗旨纂辞》《变雅》《汉魏乐府风笺》《魏文帝魏武帝诗注》《曹子建诗注》等。斯人已逝，把诗歌留在人间。黄节任广东教育厅厅长之时，为当时的运动会写的会歌歌词，在全国广为流传，现录下，纪念黄节：

> 懿我百粤古雄风，东海之南东亚东，惟兹嘉日节气融，四方学子千里来会同，来会同。较武艺，角奇功，秋高天野空。矫若猿，捷若熊，逸奔马，追飞鸿。号律严且肃，金鼓声隆隆。
>
> 吁嗟夫！振我华夏，扬我国雄，德智体并重，仁义勇齐同，掀天揭地，挟海超华嵩，掀天揭地，挟海超华嵩。

高旭是南社三位发起人之一。1909年，他与柳亚子、陈去病正式创立南社。在第一次"雅集"的十七人中，参加同盟会者，有十四人。高旭于1903年创办《觉民》月刊。1904年，高旭东渡日本，入日本东京政法大学，结识孙中山。1905年，加入中国同盟会。1906年，回到上海创办健行公学，从事革命宣传与组织活动，为中国同盟会江苏支部部长。是年，陈去病发起组织神交社，后酝酿发起南社，高旭都积极参与。而据资料证明，神交社"七夕"在上海愚园举行第一次雅集，南社于1909年11月在苏州虎丘举行第一次雅会，作为当时处于秘密活动中的同盟会负责人之一的高旭，都没有参加。

陈去病在1908年作《有怀刘三（季平）、钝剑（高旭）、安如（柳亚子）并苦念西狩、无畏》诗，云高旭：

> 其二有渐离，生来耻帝秦。

报仇志不遂，往往多哀呻。

要我结南社，谓可张一军。

再早，高旭于1906年10月17日，在《民吁日报》发表《南社启》，曾宣称："今者不揣鄙陋，与陈子巢南、柳子亚卢有南社之结。"两诗可以证明高旭是南社重要缔造者之一。

作为革命者的高旭，是以余事做诗人者，他在《题所爱诵之书五首》中说：

放出毫端五色霞，国民主义始萌芽。

史公岂仅文章祖，政治家兼哲学家。

诗人通过题咏《史记》，抒发自己的期许。辛亥革命前，高旭经常在国内外著名报刊上，发表谈政治、论哲理的文章。辛亥革命后，高旭视自己为政治家、思想家，总要对时政发表言论。如1911年，他即在《天铎报》上，发表有政治眼光的振聋发聩的文章，指出最足为共和新中国之梗者，实为袁世凯也。

与鲁迅在1912年所说的"说起民元的事来，那时确是光明得多，当时我也在南京教育部，觉得中国将来很有希望"，要清醒深刻得多。

1913年，南社重要成员宁调元被捕，高旭积极营救，他在众议院发起二十二参议员联名致电武昌，希望释放宁调元。

高旭在辛亥革命后任众议院议员，于1917年曾两次南下，参加非常国会，帮助孙中山在广州"护法"。但他因在北京做官日久，与旧官僚往来密切，诗酒唱和，贪求享乐，政治意识渐消退，甚至沉沦。他在《次韵示君武》诗中曰：

绝好江山叹式微，不成民谊不成师。

祝宗祈死真吾愿，大不如前洒泪时。

和他写的"一曲清歌两行泪，可能唤醒国人无"，"风雨飘摇同此感，可能词笔挽沧桑"一样，表达了他颓唐失意的情绪。特别是到了1923年，因接受曹锟贿选总统之贿金，为国人所不齿，成了南社的罪人。不久悻悻然归乡，郁郁而终。南社诸公，不再提高旭。高旭晚年颇不光彩，为世所诟，但他前期革命的成就，是不能因此而抹杀的。

作为政治家，高旭的思想充满矛盾，但深刻、新颖，他系统地学习过中西政治思想史，对于儒、墨、佛家和西方先进思想，都进行过深入研究。他对资产阶级民主思想，对当时世界的形势，尤其对袁世凯的认识，都比南社其他成员清醒。

作为诗人的高旭，早年即愤慨于"伪韩伪杜""吟花弄鸟"的闲适腐朽的诗风。他吸取"诗界革命"的进步因素，创作了许多鼓动革命的诗歌，如《女子唱歌》《爱祖国歌》《军国民歌》《光复歌》《国史纪念歌十六首》等。他的长诗，更是充满奔放浩荡的革命热情，传诵甚广。如《杂感》之"鼓吹欧潮脑力坚，民权与我有前缘"，如《题所爱诵之书五首》之"放出毫端无色霞，民国主义始萌芽"，这些诗篇渗透了高适的民主意识。《海上大风潮起作歌》最为突出，诗云：

亡国惨状不堪说，奔走海上狂呼号。非种未锄气益奋，雄心郁勃胸中烧。拟将大网罗天鹏，安得阔斧斫海鳌……相期创造新世界，簸山荡海吼蒲牢。沐日浴月热潮涌，鱼鳌瑟缩魍魉逃。自由钟铸声初发，独夫台上风萧萧。当头殷殷飞霹雳，鲁易十四心旌摇。何来咄咄此妖孽，助桀为虐狐狸骄。文明有例购以血，愿戴我头试汝刀。有倡之者

必有继，掷万髑髅剑花飘。中夏侠风太冷落，自此激出千卢骚。要使
民权大发达，独立独立呼声嚣。作人牛马不如死，漓淋血灌自由苗……
鼙鼙法鼓震东南，横跨中原昆仑高。

鲜明的"党民"意识，是高旭诗学观的一个特点，读其早期诗作，如
《自题诗魂》中就有"驱策同向庄严途，激起黄民热血濡"句，以"觉民"
宗旨，贯穿其诗歌创作。《〈觉民〉发刊词》，主张用诗"大声疾呼，思改
新中国"。

他在《路亡国亡歌》中歌曰：

诸公知否，欧风美雨横渡太平洋，帝国侵略主义其势日扩张。
二十世纪大恐怖，疾雷掩耳不及防。

倘使我民一心一身一脑一胆团结与之竞，彼虽狡焉思启难逞强
权强。

《题所编〈法制讲义〉，即以留别本科诸同学》又云：

古人仿周官，用以覆邦国。
今人饭法政，用以灭种族。

高旭是有反对帝国主义列强意识的，甚至把帝国主义列强视为一群贪
婪的野兽，"俄鹫英狮日蟒蛇，一齐攫啖到中华"（《游东三省动物园》）。
他没有孤立地思考中国问题，而是将之放在整个世界范畴来观察、理解，
这就触及中国问题的本质。在反映帝国主义列强对中国的侵略和瓜分的问
题上，高旭远比当时南社甚至诗界排满意识重于反帝意识和民主意识者，

清醒深刻得多。

高旭的诗还有浓郁的英雄主义色彩，如《读谭壮飞先生传感赋》：

> 砍头便砍头，男儿保国休。
>
> 无魂人尽死，有血我须流。

又如《盼捷》：

> 龙蟠虎踞闹英雄，似听登台唱大风。
>
> 炸弹光中觅天国，头颅飞舞血流红。

诗中充溢英雄浩气的诗人，多有英雄情怀，崇拜英雄。

他对岳飞、文天祥、朱元璋特别是洪秀全、石达开等创造历史奇迹的"英雄豪杰"，格外尊崇。他在《创天国》一诗中，歌颂曰："长发军，虎啸创天国。"为了张扬辛亥革命也创新"天国"，高旭竟在上海伪造石达开遗诗二十首。1902 年在《新民丛报》上，也登载了石达开遗诗五首。这五首伪造诗，多说为梁启超所为，笔者看其诗的笔触气韵，觉得皆是高旭之伪作无疑。

高旭将"石达开"凡十七题二十五首遗诗，编成《石达开遗诗》，署"残山剩水楼主人刊"付印。还为之作跋，其中称颂其诗"慷慨激烈，喷血而出"。

说实在的，这二十五首"遗诗"境界高迈，瑰奇雄丽，一介草莽英雄是写不出来的。

如《极目》：

极目楚氛恶，狂风著意吹。

荒凉唐日月，惨澹（淡）汉旌旗。

北地春花笑，南朝秋叶垂。

楼头景萧瑟，客子怕吟诗。

如《再答涤生一首》：

支撑天柱费辛艰，垓下雌雄决一韩。

试看欃枪天上扫，夜深惨澹（淡）斗牛寒。

二诗荒凉悲慨，却喷薄英雄之气，震撼心魄，发人深省。《石达开遗诗》，妙在诗与太平天国历史及石达开命运身世融为一体，写的都是英雄豪气和末路的悲叹，很是迷惑了一众读者，让人信以为真。可笑的是，那些学富五车、很有识力的诗界达人、编辑界专家竟也被骗，纷纷将伪诗选入《无生诗话》《龙潭室诗话》《说元室述闻》《石达开诗钞》等有声望的书籍中。对宣传革命，"激发民气"，或起到过作用，但对文学史，却是一个十足骗局，应该像有声望的胡适批评钱玄同、刘半农演出的那出批判林纾的"双簧"极不严肃一样，予以谴责。文坛应该是慷慨磊落者的清白之地。更让人不解的是，柳亚子和阿英（钱杏村）却认为"天梅造的石诗，比他自己的好"（柳亚子1940年11月19日致阿英信）。笔者曾写过《胡适感谢串通作伪的高鹗》（载于《北京晚报》2010年9月27日）一文，那里讲的是别样的作伪。感兴趣的读者，不妨一阅。

高旭在《题所编〈皇汉诗鉴〉》中云：

惟有诗界魂，枪炮轰不死。

奋声吹法螺，鞭策睡狮起。

高旭在《愿无尽庐诗话》中说，"鼓吹人权，排斥专制，唤起人民独立思想，增进人民种族观念"，联系其很早在《新民丛报·文界潮音集》发表诗作，说"世界日新，文界诗界当造出一新天地"来看，高旭所持的"觉民"诗学观，是将思想启蒙运动与新的传媒结合起来的，是具有近代观念的做法，区别于传统"自道性情"的创作态度。

高旭的"觉民诗"，意在唤起"民魂""国魂""兵魂"，即"喇叭声呜呜，顿唤兵魂起。中华大帝国，雄飞廿世纪"。着重内容，着重宣传鼓舞，是高旭诗的特色。黄履平在《天梅遗集·悲莫悲》一诗所附识语中说，高旭"此种笔墨，原为当时鼓吹革命而作，故力求浅显，冀动多数国民之心，固不必征文引典"。

此类诗，题材广阔，形式自由，感情激越，格调高昂，奔放恣肆，文字晓畅上口。融当时政治新名词，有狂呼呐喊气势。有三言、四言、五言、七言，又有文白相间，宜于歌唱，对中国诗歌形式的多样化，富有积极意义。

从艺术风格方面着眼，高旭的诗继承了庄、骚的浪漫主义文学传统是显而易见的。其诗自由奔放，横行纵放，天马行空，写得瑰奇雄丽。他对龚自珍十分倾倒，有《题〈红薇感旧集〉》之"萧心剑气两徘徊"，《自题花前说剑图》之"花魂剑魂两相从"等句，前期诗歌多"剑气"，晚来赋诗多"萧心""花魂"。又如《登富士山放歌》：

荒鸡喔喔着耳啼催晓，壁间铿铿刚报三下钟。

火云烧天天色变为赤，朱霞片片飞散光熊熊。

六鳌扬鬐怒触霹雳斧，血花万缕喷吐五色虹。

瞭望微茫一发白齿齿，海波照眼摇荡珊瑚红。

游人大笑齐拍手，云是旭日涌出天之东……

狂来更倾斗酒倚绝壁，下览赤县盲云充塞鼾睡浓。

警叫一声中华大帝国，天声隆隆震动轩辕宫。

无奈偌大睡狮沉醉颓卧终不醒，垂头丧气爪牙脱落双耳聋。

何来奔流飞瀑锵然到耳偏激荡，疑是上界仙子调笙镛……

富士山处旭日喷薄而出之壮丽，落笔于"警叫"中华"睡狮"苏醒，其奇景深意，便足谓"新意境"。傅熊湘有《天梅遗集》题评："大叶粗枝，奇气横溢，一时无与敌手。"陈去病《高柳两君子传》中，对高旭诗的艺术成就，评曰"高以诗词鸣，柳则以文"。当时，诗界公认高诗在柳亚子、陈去病之上。但缺乏洗伐凝练，芜词累句在所难免。辛亥革命失败后，他的失意情绪已不可控制，曾发出"风雨飘摇同此感，可能词笔挽沧桑"之叹，怀疑起自己过去写过的革命诗。

更可惜，这位充满矛盾的诗人，在政治上半途而废，在诗词创作上也未能善终。

6. 大名鼎鼎的"布衣"林纾"带领我进了一个新天地"(钱锺书语)

1913 年，已是大名鼎鼎，天下无人不识，执京师大学堂教席的林纾，作《送大学（京师大学堂）文科毕业诸学士序》，郑重号召"诸君力延长古文之一线，使不至于颠坠"，"中华数千年文字之光气，得不暗然而熸"，并以"笃老之身"与之共勉。

林纾一生，经历了晚清戊戌变法、辛亥革命至民国初建、五四运动漫长而复杂的历史时期。经历的丰富，赋予他复杂而保守的文化人格。他没有纵横政治舞台的机遇和才能，抑或说他不屑于参政入仕，忍把浮名，换了浅酌低唱。他的存身之地，便只有文坛和讲坛。中国文学史上，只有文学艺术的林纾。那些把林纾视为"尊孔复古的逆流"，对抗新文化运动的"选学妖孽、桐城谬种"的"卫道"来批判，并由此提出"颠孔孟，铲伦常"，否定文化传统的激烈观点的人，看起来革命得很。但历史证明，否定文化传统，往往把民族推向愚昧。

冷静地看，对传统采取猛烈攻打的决绝的五四运动，是缺少理性精神而狂热偏激的。五四激进派批判旧文化的武器是从西方直接舶来的，作为整体性歧化选择，企图以此取代和摒弃中国传统文化。这种全盘欧化的做法，使五四运动一开始就打破了继承、借鉴、发展的不对称。

说林纾反对新文化运动，似缺乏根据。林纾在甲午战后，北上京师，支持和上书参加维新变法运动。1895 年，日本强占我辽东、台、澎国土，林纾上书朝廷，敦请抗争，后又与高凤岐等到御史台上书，论德国强占即墨之事，请林纾最崇敬的光绪帝下诏罪己。他写的《闽中新乐府》，抨击清廷弊政败俗，鼓吹维新思想，受到新文化运动的旗手赞扬，"表明他文学观念的变迁"。他决心"日为叫旦之鸡"，努力翻译外国文学作品，介绍西方民主思想，宣传爱国主义。

民国初建，林纾的朋友吴家琼在《林琴南生平及其思想》（《福建文史资料》第五集）一文中介绍说，民国成立，林纾认为"弊政已除，新政伊始"，而自己"生平弗仕，不算为满洲遗民，将来仍自食其力，扶杖为共和国老民足矣"。此话或可当真，却与林纾自己死前写的《御书记》中的"死必表于道曰：'清处士林纾墓'，示臣之死生，固与吾清相终始也"相悖。后来，他又以"卫道匡时"自任，不赞同白话文，反对"颠孔孟，铲伦常"，十一次谒崇陵。这只能说一介书生林纾文化人格的复杂。我们尚未发现他有系统地反对新文化运动的理论。如果我们真的认真读读他1919年在《文艺丛刊》发表的《论古文白话之相消长》一文，就会发现林纾没有全盘否定白话文，而是以心平气和地探究学理的态度，试图从"古文白话之相消长"之既成现实出发，指出提倡白话文切莫全盘摒弃文言文的思想及美学价值。林纾在探讨白话文与文言文存废问题的态度上，比起一些新文化先驱者的片面和激进，是科学的、辩证的。可惜，我们的文学史家往往对不利于自己观点的东西熟视无睹，或恶意歪曲。倒退一万步，即便是一个被封建文化所化之人，坚持文学传统，墨守成规，不思进步，也不至于把人家打成反动派，肆无忌惮地攻伐吧。强者往往不尊重弱者，此一例也。

一个清醒的论者，应该看到林纾的一生，他始终是一位接受了一些新思想的爱国士大夫，他根本就不是一位革命的文学家，他和大多数那个时代的士大夫一样，他们的爱国之心，实乃系于大清王朝。林纾一方面"力翻可以警觉世士之书，以振吾国人果毅之气"，一方面又"于学堂中倡明圣学，以挽人心"（《上谢枚如师》）。作为清流，林纾自 1901 年到北京，大师吴汝纶很赏识他的古文，吴汝纶自感衰老，将复兴桐城派古文的重任交给林纾，林纾并未推辞，此正合自承之意。多年后，林纾作《赠马通伯（马其昶）先生序》，文中说"古文之系垂泯，余力不足继其危"，"今得通伯，则私庆续之者有人也"。似在说，我无力挽桐城古文之危颓，可喜有继承者马通伯，可以放心了。但笔锋一转曰："当世之能古文者，承方、姚道脉而且见淑于吴公，今乃皆私余。"此夫子自道，其自信、自傲，跃然纸上。

于是才有了 1913 年他所写的《送大学文科毕业诸学士序》。

就是从这年起，没有受到清廷多少恩惠的林纾，在大清灭亡之后，却以"清处士"之名，开始了十一次谒光绪崇陵的漫长之旅，以表"固与吾清相终始"之志。

1913 年 4 月 12 日（农历三月初六），林纾首次谒崇陵。

崇陵远在河北易县，林纾雇了一辆骡车，在桃红柳绿的乡野，行了两天。遥见光绪陵墓，六十二岁的拖着花白长辫的老人，便慌忙跳下车，躬身而行，至陵前，伏地恸哭。其声悲天怆地，在田野回荡，引得守陵人惶惶不安。归后，作谒陵诗一首，对光绪的不幸遭遇深表伤感。

是年 11 月 16 日，大雪纷飞，林纾再次冒雪谒崇陵。归京后卅日，清废帝溥仪闻之，书"四季平安"春条一幅，颁赐林纾，林感激涕零，特绘《谒陵图》，又撰《谒陵图记》，称颂先皇及皇后。

甲寅十月十一日（1914 年 12 月 7 日），辞去京师大学堂教席，已出版自著小说《金陵秋》，又被清史馆聘为名誉纂修的林纾，除了"长日闭户，浇花作画"，再著小说《劫外昙花》，又出版《韩柳文研究法》一书，心情很不错。又与梁鼎芬、温肃结伴同谒崇陵。

丙辰（1916 年）清明（4 月 5 日），林纾四谒崇陵。作《丙辰清明四谒崇陵礼成志悲》《宿葵霜阁赠梁节庵》两诗。对于袁世凯称帝表示愤怒，对为其抬轿子者流予以嘲讽。

是年6月，国务总理段祺瑞亲赴林纾绒线胡同宅第。苍然老者，自称"布衣骄人"的林纾忙迎至四合院二门之前。段祺瑞认真打量眼前写一手桐城古文，又翻译了大量欧美小说的文坛耆宿，心里生了些敬意。卫兵立于门外，宾主落座后，段祺瑞开门见山，表示前来荣请林先生为国务院顾问。林纾对小自己三十多岁的段婉拒说，老夫六十又五，老迈，干不动了，另请高明吧。

10月，陈宝琛将林纾所撰《左传撷华》呈给弟子废帝溥仪。溥仪读后，向老师问了一些林纾的情况，知其工画，有羡慕之意。陈宝琛转告林纾，"布衣骄人"遂精心画了两个扇面，托老师献给废帝。溥仪见之，甚喜，特书"烟云供养"春条赐林纾。溥仪善解人意，常把紫禁城皇宫里所藏历代名画让陈宝琛拿给林纾，供其观览借鉴。这令林纾狂喜，以为此系"三公不与易"，于是命其楼为"烟云楼"，还赋诗记之。

11月16日，林纾在寒风凛冽的冬季，在一片萧瑟中，五谒崇陵。

这一年，林纾著名的文学理论《春觉斋论文》由北京都门印书局印行。

丁巳（1917年），是林纾注定被历史注意的年份。1月1日，由陈独秀搬到北京的《新青年》第二卷上，发表了胡适的《文学改良刍议》，文章从文学进化论的角度出发，认为文言文作为一种文学工具已经丧失活力，中国文学欲适应现代社会，必须废文言文而倡白话文，进行语体革命。2月号的《新青年》上，陈独秀发表《文学革命论》，坚决支持胡适提出的文学革命立场。胡、陈二公成为文学革命的先驱者，拉开了一个崭新文学时代的伟大序幕，以文学革命为发端的新文化运动，本质上是企求中国现代的思想启蒙的运动。

而最先站出来正面迎击文学革命大潮的，正是在晚清坚持桐城古文立场，曾用桐城美文翻译过大量外国小说，影响甚大的"布衣骄人"林纾者也。从这一点上看，林纾真是一个悲剧角色，一个充当"卫道"的悲剧角色。

胡、陈两篇论文学革命的文章甫一发表，林纾即在 2 月 1 日的天津《大公报》和 8 日的上海《民国日报》发表《论古文之不宜废》。后又发表《论古文白话之相消长》《致蔡鹤卿太史书》等文，对白话文运动大加挞伐，同时还对集中到北京大学的一批主张文学革命的新派人物，以"颠孔孟，铲伦常"，"尽反常轨，侈为不径之谈"进行丑化攻击。为此，笔者在《民国清流 1：那些远去的大师们》一书中，专有一章叙述。此处不赘。

更可悲的是，林纾们所代表的守旧派，保护中国文学的传统并无过错，错就错在不准变革，错在反攻缺乏理论力度，且陷入政治要挟和人身攻击的层面。而纵观以后的文学革命，如鲁迅全面否定中国文学传统，在《青年必读书》（《鲁迅全集》第三卷，12 页）一文中，公开号召青年"要少——或者竟不——看中国书，多看外国书"。这种对中国传统文学的态度，也不恰当。

倒是疯狂反对白话文的林纾，在 1917 年坦陈：

吾识其理，乃不能道其所以然，此则嗜古者之痼也。

从此语中，我们透过一张严肃而好斗的面孔，看到林纾态度上的坦诚和友善。

笔者在《民国清流 1：那些远去的大师们》太过批评林纾的保守性，而未现其对文化坚守的豪气诚恳的文化人格。特别是没有认真读懂他的《论古文白话文之相消长》，这篇文章实际上提出一个很科学的语言观，即不能全盘否认文言文的价值，认为二者应取长补短。

是年岁尾，林纾六谒崇陵，作诗记其谒，志其哀。

戊午（1918 年）三月，国会期间，有议员提议裁减优待清室条件。林纾闻之，给参众两院议员写信，为溥仪复辟之说予以解释，希望"百凡如旧，一切从优"。

己未（1919 年），林纾与《新青年》胡、陈及北京大学校长蔡元培争斗甚惨烈。两方檄文如箭互发。林纾不逞英雄，知自己有错，坦然写《林琴南再致（答）蔡鹤卿书》，对自己丑化人家人格，表示道歉。轰动全国的"林蔡大战"遂告一段落，林纾之举，也算光明磊落。而被胡适视为不正当的钱玄同、刘半农玩的那出攻击林纾的"双簧戏"，事后反而未见表示歉意，在道义上输了一招。

不久，因五四运动爆发，林纾与胡、陈、蔡的争议被新的政治时局冲淡。

又是岁尾，林纾八谒崇陵，那时，他已感到身心疲惫。回京后，绘大屏巨幛山水画数十轴。让自己的心绪宁静下来，"出入山樵、梅花道人间"。得《烟云楼卧游诗》四首，摆脱繁复世俗，寄情于山水画间，自娱自乐。

庚申（1920 年）夏，闽侯县发水灾，林纾捐钱救灾，写《哀闽》诗，对天灾人祸予以谴责：

去年闽海啸，浊浪高于屋。
草舍若渔舟，伏地受怒瀑。
砰磅声一贲，猝死不及哭。
平洼无坡陀，摧峻陷坟麓。
……　……

今复得噩耗，凄然泪相续。
斥我卖画钱，百金宁所蓄。
殚我望乡心，祈天作巫祝。
衔哀告大府，御患谋在夙。
大水毒匪深，毒深在民牧。
但能去壅蔽，尤为斯民福。

该诗通过诗人的见闻经历，写出灾民的疾苦，抒发了自己的悲悯之情。特别是诗的最后，将锋芒对准了只知争权夺利，置百姓之死活于不顾的军阀与官僚，指出人祸大于天灾。其拳拳爱民之心与不惧权贵的精神，跃然纸上。

犹记林纾在甲午战争失败之后，痛感中国"国势颓弱，兵权利权悉落敌手，将来大有波兰印度之惧"（《上谢枚如师》），赋《国仇》诗，"奋念国仇"，激发同胞振作精神奋力抗争、抵御外侮。其诗剖心哭告、忧心忡忡，血泪交集，其强烈爱国情感，深深地打动读者，让人唏嘘又振奋：

国仇国仇在何方？英俄德法偕东洋。
东洋发难仁川口，舟师全覆东洋手。
高升船破英不仇，英人已与日人厚。
沙侯袖手看亚洲，旅顺烽火连金州。
俄人柄亚得关楗，执言仗义排日本。
法德联兵同比俄，英人始悔着棋晚。
东洋仅仅得台湾，俄已回旋山海关。
……　……

> 剖心哭告诸元老，老谋无若练兵好。
>
> 须求洋将练陆兵，三十万人堪背城。
>
> 我念国仇泣成血，敢有妄言天地灭。
>
> 诸君目笑听我言，言如不验刭吾舌。

是年冬，林纾九谒崇陵，赋三首诗及《九谒崇陵记》文。

辛酉（1921年），林纾七十岁，作自寿诗二十首，述生平，说人生感悟，如：

> 金台讲席就神京，老友承恩晋六卿。
>
> 我不弹冠为贡禹，公先具疏荐祢衡。
>
> 伧荒那办官中事，萧瑟将为海上行。
>
> 多谢尚书为毁草，食贫转得遂余生。

诗中所叙的是1901年，他初到北京，以教书为生。同乡郭曾炘已是礼部尚书，想帮他谋个官职，林纾写信婉拒。次年，邮电部尚书陈璧，又荐其为郎中士，也被拒绝。林纾多次科考，想凭自己的学识入仕。不第，绝不走捷径入官场，他能做到"君子有所为，有所不为"，有自己的人格和操守。所以，郑振铎在《林琴南先生》一文中，赞誉道：

> 他是一个最劳苦的自食其力的人。他的朋友及后辈，显贵者极多，但他却绝不去做什么不劳而获的事，或去取什么不必做事而可得的金钱。在这一点上，他实在是最可令人佩服的清介之学者。

林纾最后一次，亦即第十一次谒崇陵，是在壬戌（1922年）清明节。那时七十一岁的林纾，是抱病谒陵的。细密的春雨中，苍茫的原野上，骡车孤独地嗒嗒前行。林纾倚着车篷，不断地咳嗽着，那张消瘦清癯的脸是蜡黄的，或许他即将可与光绪倾诉心曲了，所以目光炯炯。来到陵前，他久久地跪在湿漉漉的冰凉的石阶上，将头深深地垂下去。此次他不像往常号啕痛哭，甚至脸上还浮起一丝微笑，那笑仿佛在说：皇上，你的子民就要去侍奉您了……

回京不久，林纾因病住进医院，二十天后方出院。农历十月，清逊帝溥仪大婚。这之前，林纾挣扎着绘四镜屏，作为贺礼呈进紫禁城。溥仪大悦，书"贞不绝俗"匾额回赐林纾，另送上乘丝绸袍、褂衣料。林纾见之，两行老泪，流在枯槁的脸上。旋挥笔特作《御书记》记此事，文曰：

> 呜呼，布衣之荣，至此云极。一日不死，一日不忘大清。死必表于道曰"清处士林纾墓"，示臣之死生，固与吾清相终始也。

甲子七月二十八日（1924年8月28日），林纾在病榻上，以板承笺，留下绝笔：

> 清举人林纾，于甲子　月　日死。长子珪，以母命嗣仲弟泉。今以珪长子大颖，为次子钧后，发丧。临命书此，与京中及海内至交，并及门诸子为别。林纾绝笔。

九月十一日（10月9日）丑时，林纾逝世，享年七十三岁。百日后，朱羲胄等林氏弟子在龙泉寺，尊古例拟私谥，经商议，决定私谥其师号为

"贞文"。次年，妻杨道郁及子林琮，扶柩归葬于闽侯县北五十里之白鸽笼。一代文豪，长眠于此，凭后人评说。

林纾以一介书生洁身独守，是作为一种文化的象征而存在的，有太多的东西被我们过去简单地一笔勾销了。重新认识林纾，不是为他个人翻案，而是对中国文化传统的尊重。

让我们听听先贤是怎么评价林纾的。

严复的《甲辰出都呈同里诸公》：

> 孤山处士音琅琅，皂袍演说常登堂。
>
> 可怜一卷《茶花女》，断尽支那荡子肠。

康有为的《琴南先生写万木草堂图，题诗见赠，赋谢》：

> 译才并世数严林，百部虞初救世心。
>
> 喜剩灵光经历劫，谁伤正则日行吟。
>
> ……　……

胡适的《林琴南先生的白话诗》（《胡适文存二集》）：

> 林先生的《新乐府》不但可以表明他文学观念的变迁，而且可以使我们知道，五六年前的反动领袖在三十年前也曾做过社会改革的事业。我们这一辈的少年人只认得守旧的林琴南，而不知道当日的维新党林琴南。只听得林琴南老年反对白话文学，而不知道林琴南壮年时曾作过很通俗的白话诗——这算不得公平的舆论。

周作人的《林琴南与罗振玉》(《语丝》1924 年第三期)：

老实说，我们几乎都因了林译才知道外国有小说，引起一点对于外国文学的兴味，我个人还曾经很模仿过他的译文，他所译的百余种小说中当然玉石混淆，有许多是无价值的作品，但世界名著实也不少。

"文学革命"以后，人人都有了骂林先生的权利，但有没有人像他那样的尽力于介绍外国文学，译过几本世界的名著？

我们回想头脑陈旧，文笔古怪，又是不懂原文的林先生，在过去二十几年中竟译出了好好丑丑这百余种小说，回头一看我们趾高气扬而懒惰的青年，真正惭愧煞人！林先生不懂什么文学和主义，只是他这种忠于他的工作的精神，终是我们的师，这个我不惜承认，虽然有时也有爱真理过于爱吾师的时候。

鲁迅的《致蒋抑卮》(《鲁迅全集》第十一卷，329 页)：

昨忽由任君克任寄至《黑奴吁天录》一部及所手录之《释人》一篇，乃大欢喜，穷日读之，竟毕。拳拳盛意，感莫可言。树人到仙台后，离中国主人翁颇遥，所恨尚有怪事奇闻由新闻纸以触我目。曼思故国，来日方长，载悲黑奴前车如是，弥益感喟。

当然，鲁迅看人，往往是多变的，到了 1919 年，他在《什么话》(《新青年》第六期) 一文中，变着法儿，嘲讽、否定了林纾。再后来，在《论照相之类》(《语丝》1925 年第九期) 一文中写道：

林琴南翁负了那么大的文名，而天下也似乎不甚有热心于"识荆"

的人，我虽然曾在一个药房的仿单上见过他的玉照，但那是代表了他的"如夫人"函谢丸药的功效，所以印上的，并不因为他的文章……

而与鲁迅同时代的著名学者如姚永概、臧荫松、郭曾炘、梦旦（高凤谦）、郑振铎、郭沫若、沈禹锺、钱基博、钱锺书、章太炎、陈衍、陈炳堃、苏雪琳、寒光等都理性而客观地肯定了林纾在诗文、书画、翻译方面的卓越成就，二十世纪五六十年代以后至今，又有更多的学者，给予林纾高度评价。

一个耕耘学问，教书育人，率先翻译欧美小说，热爱民族，心系苍生，警醒社会，争理卫道，又有几分侠胆与愚忠的民国清流林纾，早已矗立于中国文坛，受到后人的尊敬。

林纾，翻译家，原名群玉，字琴南，号畏庐，福建闽县（今福州和闽侯县的一部分。1912 年，闽县、侯官县合并为闽侯县）人。别署冷红生、六桥补柳翁等。生于一小商人之家，后父亲林国铨生意破产，只身赴台湾谋生。林家陷入穷困，林纾一度被寄养外祖母家。外祖母教育他："孺子不患无美食，而患无大志。"遂发愤力学。八岁时，将母给他买饼饵之钱，购破残《汉生》，曾画棺于墙壁自勉："读书则生，不则入棺。"他又从叔父林静庵那里找出《毛诗》《尚书》《左传》《史记》等书，尤喜《史记》，昼夜读览。但其叔父却说："虽善读，顾燥烈不能容人，吾知汝不胜官也。"

十一岁，师从塾师薛某学欧阳修古文和杜甫诗。林纾见塾师家境困难，悄然从并不富裕的家里取米，装进父亲的袜子里，送给塾师。塾师大怒，斥林纾道："若年十一，竟行窃邪？若将归，当请杖于若母！"

十三岁至二十岁，林纾校阅省钱购买的残破古书，竟达两千卷，为乡里称奇。

十九岁，祖父、父亲、祖母相继去世，林纾仍刻苦读书，每夜在母亲和姐姐刺绣灯前读书，直到读完方肯就寝。后始写诗，有了文名，与林崧祁和另一林某，被闽县人称为该县"三狂生"。

二十一岁，在岳父资助下，师从陈蓉圃。又两年，师从陈文台学绘画，长达二十五年之久，遂成绘画大师。

二十一岁，光绪八年（1882 年）壬午秋，与郑孝胥、陈衍同榜中举。但后来林纾六次进京应试，皆名落孙山。

1884 年 7 月，停泊在闽县马尾港之法国军舰突然开炮，击沉中国军舰十多艘，官兵阵亡七百余人。10 月，林纾与好友周长庚，将到福州督办军务的左宗棠拦于道中，上状控告当初主持军务之官，谎报军情，致使十多艘军舰沉没，后又掩盖真相。林周二人相约"不胜，则赴诏狱死耳"。

1885 年，师从清光绪丁丑进士，后官至内阁中书的谢章铤学习经学，有志于通洽汉学和宋学。

1887 年，好友王灼三病卒，其妻悲痛关门自缢，林纾闻之，速去破窗入屋，救活友妻，又筹措"四百金"供其度日，同时把王灼三长子带回家，抚养十二年，直到其成人娶妻。

1888 年，至福州龙潭精舍，与徐祖莆讲诵程朱理学。三年后，又广泛阅读中国古籍，对于唐宋小说，博览无遗，为后来写小说和翻译小说，奠定了坚实基础。

1895 年春，《马关条约》签订，康有为等举子，在京组织"公车上书"，以示抗议清廷卖国投降罪行。林纾也在京参加会试，与陈衍、高凤岐等也上书清廷，抗议日本侵略我辽东半岛、台、澎等国土。

是年底，其母陈蓉病逝。病重期间，林纾每夜"必四鼓起，热香稽颡于庭。而出，沿道拜祷，至越王山天坛上，请削科名之籍，乞母终养"，一连九天如是。其母殁，他又守丧六十日，"夜必哭祭而归苦"，几次晕倒，可见母子情深。

1897 年春，夫人刘琼病逝，与闽侯人孙葆晋，将旧房改建成"苍霞精舍"。这是一座新式学堂，看看学生每天学习的内容便知："晨受英文及算学，日中温经，逾午治通鉴，适夜燃烛复治算学。"林纾为此校汉文总教习，授课《毛诗》《史记》。

"苍霞精舍"便是当今之福建工程学院校址，其校之历史沿革，处处皆看到林纾往昔的存在。其校名"福建工程学院"及校训"真诚勤勇"，皆集林纾书法所制，散发书香之气。校园矗立林纾塑像，有斯人神采。北区图书馆大厅，将林纾之《苍霞精舍后轩记》等名篇镌刻墙上，桐城气韵，字字珠玑，其伤往怀旧之情跃然其间：

建溪之水，直趋南港，始分二支，其一下洪山，而中洲适当水冲，洲上下联二桥，水穿桥抱洲而过，始汇于马江。苍霞洲在江南桥右偏，江水之所经也。

洲上居民百家，咸面江而门。余家洲之北，湫溢苦水，乃谋适爽垲，即今所谓苍霞精舍者。屋五楹，前轩种竹数十竿，微飔略振，秋气满于窗户，母宜人生时之所常过也。后轩则余与宜人联楹而居，其下为治庖之所。宜人病，常思珍味，得则余自治之。亡妻纳薪于灶，满则苦烈，抽之又莫适于火候，亡妻笑。母宜人谓曰："尔夫妇呶呶何为也？我食能几，何事求精，尔烹饪岂亦有古法耶？"一家相传以为笑。

宜人既逝，余始通二轩为一，每从夜归，妻疲不能起。余即灯下教女雪诵杜诗，尽七八首始寝，亡妻病革，屋适易主，乃命舆至轩下，藉藉舆中，扶掖以去。至新居，十日卒。

孙幼毂太守、力香雨孝廉即余旧居为苍霞精舍，聚生徒课西学，延余讲《毛诗》《史记》，授诸生古文，间五日一至。栏楯楼轩，一一如旧，斜阳满窗，帘幔四垂，乌雀下集，庭墀阒无人声。余微步廊庑，犹谓太宜人昼寝于轩中也。轩后严密之处，双扉阖焉。残针一，已锈矣，和线犹注扉上，则亡妻之所遗也。呜呼！

前后二年，此轩景物已再变矣。余非木石人，宁能不悲！归而作后轩记。

读之，令人泫然欲泣。钱基博《现代中国文学史》论及林纾此类精妙散文时，评曰：

每于闲漫细琐之处，追叙及母，音吐凄梗，令人不忍卒读。盖文章通于性情，不尽关功力也。

林纾散文多通过细节描写和气氛渲染，表现人物的心理情感。此文迴步旧居，睹物悼亡，情深韵永，酸恻动人。他的《湖心泛月记》《赵聋子传》《冷红生传》《先妣事略》等文"都不以写事与理，而以写人与情胜"。其文描摹真切，刻画细微和以形、景烘托写人物，写自己。不囿桐城，在古文艺术类的创造上，别出一格。

林纾丧偶，牢愁寡欢。此时，好友王寿昌便邀林纾翻译法国小仲马之《茶花女遗事》，以解林纾之丧偶孤苦。他们二人开创一种合译形式，即由通晓法文之王寿昌口述故事，林纾以桐城美文笔录。王寿昌当时在马江船政局任职，曾留学法国。两年后的 2 月，该译书以"巴黎茶花女遗事"名，在福州印刷发行。书末有"福州吴玉田镌字"字样，乃林氏篆刻本。林纾署名冷红生，王寿昌以晓斋主人署名。此书一出版，立刻风行全国各地，成为当时文坛一大新闻，严复以《甲辰出都呈同里诸公》诗赞该书影响之大："孤山处士音琅琅，皂袍演说常登堂。可怜一卷《茶花女》，断尽支那荡子肠。"严复亦是翻译家，曾翻译过丁尼生长诗《尤利西斯》中的"挂帆沧海，风波茫茫。或沦无底，或达仙乡"。在他的名著《天演论》中，还翻译过英国 18 世纪诗人朴伯的长诗《人道篇》："元宰有秘机，斯人特未悟，世事岂偶然，彼苍审措注……"译笔精练，意亦显豁。得到严复的肯定，林纾自然欣喜。就这样，林纾鬼使神差地走上了他从未想过的翻译之路，而且获得同样未想到的巨大成功。

1898 年春，林纾再次抵京参加会试，结识倡导变法后在戊戌政变中遇害的"六君子"之一林旭。5 月，林纾与高凤岐等到御史台再次上书，抗议德国强占我胶州湾，要求光绪帝下诏罪己，以谢天下，并献筹饷、练兵、外交、内治四策，以挽救败国势。三次到御史台，均被驳回。

林纾于光绪二十七年（1901 年）春，由杭州举家迁往北京。自 1899 年至 1901 年初，林纾曾在杭州林氏家塾任教师，成为福建闽侯人林长民的老师。三年时间，二人结下师生之谊。林长民之父孝恂字伯颖，前清翰林，在杭州陆官巷林宅设家塾，分国学、新学两斋，教育子侄。延林纾讲国学，林白水讲新学。林长民于 1906 年赴日留学。不久回杭，入杭州东文学校，毕业后复赴日本专攻政法，毕业于早稻田大学。1910 年，回国后与留日同学刘崇佑创办福州私立法政学堂，林长民任校长。辛亥革命后，林长民曾任国务院参议、司法总长、国宪起草委员会委员长等职。为民初立宪派名人。1919 年，在任徐世昌总统特别顾问、外交委员会事务长期间，林长民在《晨报》发表《外交警报敬告国人》一文，沉痛宣告：

胶州亡矣，山东亡矣，国不国矣……此霆耗，前两日，仆即闻之。

正是这一文章，给五四运动添了一把薪柴。五年后，他那"美艳如花"的女儿林徽因降生。

林纾离别弟子林长民时，写《赠林长民序》给弟子。序者，有书序、赠序两种。序曰：

　　事有充，吾力以赴之，功有所止，且得美酬，虽恒人亦往往能之。功有所止，则可永释吾终身之劳；凭盛年之力，席易为之势，故亦不能限恒人以不至者，有美酬以为鹄也。治制举之学，而鹄于科名，千数百年以来，虽韩、柳、欧、曾，匪不颠倒于是，然亦敛其鸿笔，俯就有司之绳墨，而后可得。既得而始归宿于古作者之言。而其先疲神殚精取决于庸俗之眼，求幸于蒙昧之获，于向道之心不为无间也。

　　纾来杭州，恒用是言以语其徒，而长民林生独未尝为制举之学，然则长民固不愿取决于庸俗之眼，求幸于蒙昧之获，宜可肆力自进于古之立言者矣。夫人世岁月附于处常者之身，百年犹不得其半。何者？外无所希，内复匪所不足，夷犹从容。岁月之流失走逝，捷如风飘，既觉而追逐之，固已老矣。长民果能效恒人之凑于科名者，变其道以复古，安知无其美酬者在欤？世变日滋，长民独知几而不见窘于制举，长民可语也。天下定无名为知机而自纵其岁月，令其后不可追逐者也。长民又必自知之，而吾之恳恳于长民为多事矣。长民与余旦晚且相见，因先赠此以速来。

此赠序，实为老师以商榷的口吻向学生谈自己对学习和科举的看法及心得。他认为，继承中华传统文化命脉是道统，是学习的高境界，而只为科举及第，迎合制举之学，是"庸俗之眼"，是心智"蒙昧"之举。他对弟子林长民无意科举，而致力于学习纯粹的古文的态度予以惊喜认同和期许。他一生都在苦苦参与科考，老来臧否鲜明。今人应以为镜，反思类似科举的应试教育的弊端。他对古文挚爱，面对白话文的洪流时，表现出义无反顾的抵抗，可以理解。一种文化值衰落之时，为这种文化所化之人，必将痛苦。

回过头来，我们再看多年苦苦修习经学，已经学富五车、满腹经纶的林纾到了北京的情况。他先担任金台书院讲习。后又受聘五城学堂为总教习，授修身、国文课。时会见当时著名桐城派古文大家吴汝纶，纵论古文，畅议《史记》，谈笑甚欢。吴汝纶赞林纾古文乃"遏抑掩蔽，能伏其光气者"。据林纾自己说，吴氏曾对他感叹：

> 自憾其老，恐桐城光焰自是而熠。

林纾心中颇是受用，却很自谦，"谓叔节（姚永概）必能继其盛"（《送姚叔节归桐城序》）。其实，林纾自信自己即可传桐城之盛。他于1911年作《赠马通伯先生序》中说：

> 古文之系垂泯，余力不足继其危……今得通伯，则私庆续之者有人也……当世之能古文者，承方、姚道脉而且见淑于吴公，今乃皆私余。

读上文，则可清楚表明，林纾自己要承叙吴汝纶的地位，且信心十足，遂有《送大学文科毕业诸学士序》中那番共勉之壮语。

林纾到京那年，清廷诏开经济特科，命部院大臣推荐各方人才赴试。礼部侍郎郭春榆推荐了林纾，林纾遂作《上郭春榆侍郎辞特科不赴书》，拒绝赴试：

> 今纾行不加修，而业益荒落，奈何贪美名，觊殊赏，冒进以负朝廷，而并以负公也。

光绪壬寅二十八年（1902年）十二月，邮传部尚书陈璧要向清廷上书，荐擢林纾为郎中。林纾闻之，仍坚辞不允，说：

> 疏果朝上，吾夕出都也，后此勿复相见。

说起科举赴试，林纾自1882年中举后，先后七次到北京参加会试，均名落孙山。悲愤之余，也造成独特心史，由追求功名而渐绝意仕途。他说："生平冷癖，提起作官二字，如同恶病来侵。"

林纾在1901年底，与魏易合作，译了美国作家斯托的《黑奴吁天录》（后译为《汤姆叔叔的小屋》），由林纾作的序，其中表示希望从此书能"儆醒"国人，序中说：

> 其中累述黑奴惨状，非巧于叙悲，亦就其原书所著录者，触黄种之将亡，因而愈生其悲怀耳。

该书只用了六十六天就译完，以"武林魏氏"（即魏易）刻本印行，甫一问世，发行量颇高，书作者署名林纾。次年，林纾又与严复之子严璩合作翻译希腊名著《伊索寓言》，同样受到社会欢迎。

到了1903年，教学之余，林纾还在当时全国唯一的高等学校京师大学堂兼任译书局笔述一职。

是年，他再次与魏易合译德国哈伯兰的学术著作《民种学》及英国学者阿纳乐德的历史著作《布匿第二次战纪》。二书皆由京师大学堂官书局出版。

追溯林纾翻译外国小说，应起于1897年，就是本文中所介绍的，与王寿昌合作的法国小仲马的《巴黎茶花女遗事》。这类题材为中国读者所鲜见，再加上林纾文笔凄婉，亲切又有情致，故受到读者追捧而风行全国。这无心插柳柳成荫的意外成功，给林纾以莫大惊喜与鼓舞，也为其开辟一施展才华的广阔天地。从此乐此不疲，终生不辍。他执笔共译外国作品有一百八十余种，为翻译史之最，被誉为"林译小说"，载入文学史册。

林纾不懂一门外语，也未曾出国门游历过任何一国。他翻译小说，系用一最原始方法：由精通外文的合作者口述原文大意，再由他变成文字，笔录下来。林纾实际上是一被动者，口译者或缺乏文学眼光，漏掉原著许多生动的细节，或用极简单的叙述方式粗线条讲述，或并未读懂原文，按自己的理解传递错误信息，林纾只能听凭口译者的意思被动笔录，所以译文虽是清一水儿的桐城美文，但内容瑕瑜互见。再加上林纾译书时"运笔如风落霓转"，信手记下，"不加窜点，脱手成篇"，质量也难以保证。钱锺书之《林纾的翻译》一文中，就切中肯綮地指出：有时造句松懈，用字冗赘，文字别扭，以至脱漏错误。另外，钱锺书还指出其另一缺点，即作为一个古文家，往往不自觉地把自己的某些审美情趣带入译文，"往往捐助自己的'谐虐'，为迭更司的幽默加油加酱"，"认为原文美中不足"，便"这里补充一下，那里润饰一下"，有时，"在译文里有节制地掺进点评家所谓'顿荡''波澜''画龙点睛''颊上添毫'之笔，使作品更符合'古文义法'"，实为不尊重原著。

林纾译文按自己的意愿，任意对原著删节增补的毛病，实是他头脑里的封建思想作怪使然。他在《蠡叟丛谈·李蒖》一文中，直言不讳地说：

吾笔述西文多矣，其中岂无背逆语，余则宛转其词出之，盖不欲质言之，使愚昧者引之为据，酿成泯夏滔天之举动。

林纾译文的缺点，比起其成就而言，是瑕不掩瑜的。林纾从事翻译外国小说，不只介绍了世界文学名著，更为开启中西文化交流大门，起到不可磨灭的作用。诚如钱锺书所说：

　　　　（《林译小说丛书》）带领我进了一个新天地，一个在《水浒传》《西游记》《聊斋志异》以外另辟的世界……接触了林译，我才知道西洋小说会那么迷人。（《林纾的翻译》）

　　张恨水也是通过林译小说，看到灿烂的外国文学经典，得到创作经验的，他在《写作生涯回忆》中说：

　　　　在这些译品上，我知道了许多的描写手法，尤其心理方面，这是中国小说所寡有的。

　　林纾翻译的一百八十多种文学作品中，至少有四五十种是世界文学的经典作品。例如《巴黎茶花女遗事》《黑奴吁天录》《伊索寓言》《迦茵小传》等，传输了资产阶级民主思想，宣扬了爱国主义精神，皆有很高的文学价值。在客观上，不仅提升了翻译小说的地位，还滋养了中国小说。林氏自由活泼的语言，促进了语言和文体变革，又哺育了一批中国文学新人。

　　到了 1906 年，林纾受京师大学堂校长李家驹的聘请，到该校任预科和师范馆的经学教员，同时，他并没放弃五城学堂总教习之职。在京师大学堂任教期间，诠释讲解孙奇逢《理学宗传》中诸理学家语录，三年编成《修身讲义》，十年后由商务印书馆发行。直到 1909 年，林纾才改教京师大学堂大学经文科。

1907 年正月，大学堂师范馆学生毕业，一直研究并讲授经学的林纾，向学生提出：要救国则必须务学，不仅要坚持中国传统国学的学习，还要"治新学"。他说：

> 顾不治新学，徒慎守其门户，而将以祛客，客将愈求进而无艺。

学生离校之日，林纾绘图以记其事，并撰文勉励学生"念国勿安其私"。

值得多说几句的，是林纾应高梦旦的请求，开始编选《中国国文读本》。全书共十卷，分别为清朝文，明、元、宋朝文，唐朝文，周、秦、汉、魏文。全书由近代上溯至古代，是有历史以来，较为系统且抓住经典的古文选读本。林纾还逐篇加以解读评议。此读本于 1908 年始用，至 1910 年末，在全国使用，对提高教学质量，提供了很好的范本。现在重读，仍有参考价值。

1911 年，林纾六十岁，与樊增祥、罗惇曧等结为诗社。每次集会，皆在风景名胜地，诗友赋诗，林纾绘画。是年初，辛亥革命爆发，心情复杂的林纾携家眷避难于天津租界时，补作《夕照寺为冒巢民先生作生日记》，从文中可见其对辛亥革命后时局的忧虑。

1912 年，林纾面对动荡的时局，思想仍处于矛盾之中，最终，他效法明末遗民孙奇逢，以清举人终其身。他不与"共和新政"合作，但也不对抗，诗文中时有对所见所闻的讽刺。年底，梁启超在天津创办《庸言》，曾邀林纾为《庸言》主要撰述人。这年，康有为曾向林纾索画，林纾绘《万木草堂图》一幅，上题诗一首，乃赞康氏保皇的功业。

从辛亥之前到"五四"以后，林纾出版了《畏庐文集》《畏庐文集续集》，《畏庐文集三集》。撰写《春觉斋论文》，内有述旨、流别论、应知八则、论文十六忌、用笔八则和用字四法，旨在维护古文的正统和纯洁性。编选多种古文读本，开办古文讲习会，内容是"恢复和强调古文的规范性，以与新文体抗衡；阐扬和讲求古文的艺术性，以与新文体争胜"。

林纾坚守桐城古文，而且有所发展，其《春觉斋论文》反对"束缚于成法"，不为桐城派古文所囿。故钱基博说，"当清之际，士大夫言文章者，必以纾为师法"（《现代中国文学史》）。

但太可惜了，在新文化运动的声讨声中，以林纾为继承者，曾辉煌一时的桐城古文渐渐被淹没了。一代古文和国画大师、翻译外国小说的巨匠林纾，也悲剧性地退出了动荡的文坛，留下了丰厚的文化遗产。

第三章

民国三年

（1914年）

袁世凯政府颁行《报纸条例》控制舆论；严复站到早年鼓吹的民主思想对立面；李大钊支持章士钊的"调和论"

本年伊始，袁世凯为独揽大权，公然下令停止全体议员职务，每人发旅费五百银圆，饬令回籍，国会被强行解散，以他去年年底策划的"政治议会"取而代之。国会解散后，袁氏成立"筹办国会事务局"，接收参议院和众议院，为组织由他掌控的新国会做准备。

2月，直隶都督赵秉钧被人下药暗杀。此公因策划刺杀宋教仁而遭舆论抨击，被迫辞去国务总理之职，调任直隶都督。赵秉钧暴亡，系袁世凯为掩其刺宋主谋证据而为，反暴露自己是元凶的真相。遂有曾经拥袁反孙的章太炎大闹总统府，被袁世凯软禁一幕。

4月，袁世凯为控制舆论，让北京政府公布《报纸条例》，实行报禁。在袁氏统治间，共有七十一家报馆被查封，四十九家受审，九家被军警捣毁，二十四位报人被杀，六十位报人被捕入狱。名记者黄远生发出"顾其自由不及前清远甚"的浩叹。

此条例一经公布，即遭到全国报界强烈反对。《京报》发表社论，斥责这一"专职苛酷"的报律等于"以监督报馆之权，完全委之警察"，"将中国公民言论出版自由之权，剥夺殆尽也"。报界闻人史量才，在《申报》发表时评，指出"报纸天职有闻必录，取缔过严非尊重舆论之道，故应取宽大主义"。反对《报纸条例》是该条新闻的重大声音。

7月，为重建共和，孙中山在日本组建中华革命党，二次革命失败后，孙中山认为，失败"非战之罪"，亦"非袁氏兵力之强"，而是"同党人之心涣散"，由多党组合而成的国民党，"既无团结自治之精神，复无奉令敬奉之美德，致党魁有似于傀儡，党员有类于散沙"。因此，与胡汉民、陈其美等人积极筹建了新党。后又在东京集会，定青天白日满地红为中华民国国旗。是年10月25日，孙中山与他的秘书宋庆龄在东京上野举行婚礼。

9月，日本陆军第十八师团两千余人，突然强行在山东龙口登陆。第一次世界大战爆发后，日军欲抢占德国的胶州湾租界。中国政府宣布"局外中立"，并应日本要求，将潍县以东，海庙口、掖县、平度、古岘以西划为交战区，借道给日军进攻德军。但日军不理会中国的声明，亦不满足于中国的妥协，悍然登陆龙口。年底，日英联军攻破青岛，德守军投降。

国土被日本强占，袁世凯却在年底举行祀天典礼。欲以"天意"压民意，袁氏重演"君权神授"把戏，亲往天坛祀天。此日，新华门至天坛一路戒严，黄土垫道。袁氏到天坛后，头戴爵弁，身穿云团大礼服，下着印有千山纹的紫缎裙，率文武官员登上天坛祭天，一切礼仪完全模仿往时帝王的拜祭仪式，只是把三拜九叩改为多次鞠躬。其要当皇帝之心，已昭然若揭。四天后，根据北京政府新订的币制，天津造币厂开始铸造一元"袁大头"银币。

文学按照自身规律前行着，与袁世凯在政治上倒行逆施的黑暗局面，形成鲜明的对照。康有为有诗说"译才并世数严林"，前面先介绍了林纾，此章将写"文界革命"前后的新体散文家："现代中国自由主义之父"严复及异军突起之章士钊。此外，民初的小说也是要重点评述的。民初的小说不同于以往任何一个时代的小说，它具有独特的复杂性，"离开了它，就无法说清楚中国的小说是怎样从晚清小说发展到'五四新文学'的"。

1. 将西学引入中国的先驱者严复

近代"文界革命"，是应时代和社会需求，适合文学自身发展规律的必然产物。梁启超最先提出"文界革命"，经那个时代作家的艰苦探索和创作实践，新文体逐渐定型。

钱基博在《现代中国文学史》中客观地概述道，"三十年来国内政治学术之剧变，罔不以有为为前驱。而文章之革新，亦自有为启其机括焉"，"而发为文章，则糅经语、子史语，旁及外国佛语、耶教语，以至声光化电诸科学语，而治以一炉，利于排偶。桐城义法，至有为乃残破无余，恣纵不傥，厥为后来梁启超新民体之所由昉"。康有为曾为"思想革新者之前驱"，但辛亥革命之后，鼓吹复辟，站到时代潮流的对立面，虽也多有美文问世，但在总体上，已没有领导思潮的力量，梁启超取代了他在"文界革命"的地位。又后来，文坛相继出现一批后起之秀，赋予"文界革命"更丰富的内涵，形成百花齐放的局面。

正如吴其昌在《梁启超》一书中说，"当时一班青年文豪，各自推行着各自的文体改革运动，如寒风凛冽中，红梅、蜡梅、苍松、翠竹、山茶、水仙"，在文体改革的大背景中百花竞放，各有各的色彩和芬芳、各有各的风格和长短。

严复，是维新变法运动积极的参加者和宣传者，是近代中国著名的资产阶级启蒙思想家，他以文章为武器，抨击清廷，干预时政。他的文章独具一格，其最重要贡献是将维新变法运动，引向变革制度、变革思想文化的深层，从而使当时的革命者逐渐意识到，要拯救民族危亡，建设现代国家，必须处理好思想文化变革、制度变革与经济变革的辩证关系。同时注意改造国民性，增强国民的主体意识。震耸一时，影响社会，他与章太炎、章士钊等被誉为"文界革命"的异军。

作为一名学贯中西的文化巨子，严复首先是个诚挚的爱国者。他在《论世变之亟》中道：

> 呜呼！观今日之世变，盖自秦以来，未有若斯之亟也……即如今日之中倭之构难，究所由来，夫岂一朝一夕之故也哉！

他又在《救亡决论》中奋笔疾书：

> 天下之理之最明而势所必至者，如今日中国不变法则必亡是已。

严复广博的知识以及对国家、对民族的强烈忧患意识，使他以强烈的爱国激情，揭发世变，呼吁变法强国，旗帜鲜明地批判封建制度，反对专制，提倡民主。他曾在《辟韩》一文中严厉斥责自"秦以来之为君，正所谓大盗窃国者耳，国谁窃？转相窃之于民而已"。严复撰《辟韩》，借批评韩愈"知有一人，而不知有亿兆也"，来强调"民之自由，天之所畀也"。在文章结尾云：

> 既已窃之矣，又惴惴然恐其主之或觉而复之也，于是其法与令猬毛而起，质而论之，其十八九皆所以坏民之才，散民之力，漓民之德者也。斯民也，固斯天下之真主也，必弱而愚之，使其常不觉，常不

足以有为，而后吾可以长保所窃而永世。嗟乎！夫谁知患常出于所虑之外也哉？此庄周所以有胠箧之说也。是故西洋之言治者曰："国者，斯民之公产也。王侯将相者，通国之公仆隶也。"而中国之尊王者曰："天子富有四海，臣妾亿兆。"臣妾者，其文之故训犹奴虏也。夫如是，则西洋之民，其尊且贵也，过于王侯将相；而我中国之民，其卑且贱，皆奴产子也。设有战斗之事，彼其民为公产公利自为斗也，而中国则奴为其主斗耳。夫驱奴虏以斗贵人，固何所往而不败！

《辟韩》是中国近代较早也较深刻反专制、倡民主的文章。严复之先进的民主思想、爱国热情皆寓于其中，其文作风平实、不事夸饰，而反复申述，颇有说服力量。后来才有谭嗣同之《仁学》、梁启超之《中国积弱溯源论》等文章出现。细品，其观点乃至语势，无不有严复的影子。

有的文史学者，认为严复是将西学引入中国的先驱者，这是不错的。但对严复一方面译介宣传西学，一方面批评西学的某些观念而形成自己独特的西学观则不甚了了。植根于中国传统价值观基础，有条件地部分接受西学，是梁启超等人的主张，即他自称"来源浅觳，汲而易竭"（《清代学术概论》）。而严复毕生努力的目标，却是思索、解决中学和西学的异同及其互相关系。他主张在结合中西之前，要明了中西文明之歧异，站稳脚跟，吸融新说。《中华文学通史》（第五卷第十五章）则云"严复则是先西后中"，"真知灼见地鼓吹西学"。理由是"他自少年接受西式教育，后又留学英国，接触西方社会，研究西方学术，其中学知识反而是回国后自己补习的，所以其言西，倒似信手拈来，取之不尽"。西学知识之多少，与如何融会贯通地学习西学，似不是一回事儿。

尽管严复"自少年接受西式教育"，中学知识"是回国后自己补习的"，但这并不证明严复中学基础不博大精深。严复善用周秦文翻译作品，梁启

173

超说他"文笔太务渊雅","非多读古书之人，一翻殆难索解"，说他译书"正以待多读中国古书之人"。他的政论文写得典雅文气，有古风。这些反而证明严复是一位饱读经书、国学造诣甚深之士。说他西学强于中学，是站不住脚的。

严复的主张与中体西用论和全盘西化均不相同，台湾学者黄可武在《严复的终极追寻：自由主义与文化交融》一文，做出这样的结论：他不但强调先秦学说的意义，而且主张中国有关内在世界（伦理与形而上智慧）的知识，与西方有关外在世界（主要是科学与民主）的知识结合起来，同时外在世界还要维系中国五伦的秩序，而内在世界也要肯定西方"所以存我"，"开明自营"等精神。黄克武先生的意见，对了解严复关于中西学的独特见解很有参考价值。起初，黄先生的结论不是简单化的。

严复对中西学皆相知甚深，故其关于中西文化的融会也深刻。其《论世变之亟》中云：

夫士生今日，不睹西洋富强之效者，无目者也。谓不讲富强，而中国自可以安；谓不用西洋之术，而富强自可致；谓用西洋之术，无俟于通达时务之真人才，皆非狂易失心之人不为此。

又在《救亡决论》中曰：

总之，驱夷之论既为天之所废而不可行，则不容不通知外国事。欲通知外国事，自不容不以西学为要图。此理不明，丧心而已。救亡之道在此，自强之谋亦在此。早一日变计，早一日转机，若尚因循，行将无及。

两文强调学习借鉴西学之重要，鼓吹西学之切。何为西学？严复也有自己的理解。他认为所谓西学：

> 苟扼要而谈，不外于学术则黜伪而崇真，于刑政则为屈私以为公而已。

王栻在《严复集·前言》中，对严复上面的话，做了这样的解释：

> 所说"于学术则黜伪而崇真"，就是指科学；"于刑政则屈私以为公"，就是指民主。"五四"时期所提倡的资产阶级思想文化的两个法宝——民主与科学，严复在这个时候，便已开始抓到并加以提倡了。

严复反对中体西用、全盘西化之说，认为这些人对西方文化"其人既不通科学，则其政论必多不根"，坚决反对无根的移植。他曾在《与〈外交报〉主人书》中，用了一个非常生动的比喻，说明这种移植不仅对本身无益，甚至有害，比喻曰：

> 取骥之四蹄，以附牛之项领，从而责千里焉，固不可得，而田垄之功，又以废也。

严复独特的借他山之石攻自家之玉的思想，形成了他独特的诗词文章风格。他的诗不多，在戊戌变法失败之后所写的《戊戌八月感事》《哭林晚翠》《古意》等，揭露清王朝的腐败黑暗，痛惜维新"六君子"喋血菜市口，词不迫切，但真挚动人，很有进步意义。

严复关于时政的文章，好征引并纵论，特别善引外国史事，海外习俗。谈天演之学，以物理释政理，所涉事物，皆言之有据、信而有征。另外，他精研西方哲学、逻辑学，故文章文理密察、合乎逻辑。钱基博后来的逻辑文"导前路于严复"，严复系逻辑文之先行者。

严复古文功底深，论文也写得典雅，但这不影响他为适应读书之需，又可将政论文和译文写得明白晓畅、通俗易懂。如他在《国闻报缘起》一文中说："阅报之人，亦略可分为二类：大抵阅日报者在，则商贾百执事之人为多，而上焉者或嫌其陈述之琐屑；阅旬报者，则士大夫读书之人为多，而下焉者或病其文字之艰深。"他是根据读者不同而或典雅或通俗的。他在《道学外传》中云：

> 自明以八股文取士，而义必限以朱注，迄于今日，六百余年，遂至无论何乡，试游其地，必有面戴大圆眼镜，手持长杆烟筒，头蓄半寸之发，颈积不沐之泥，徐行偻背，阔颌扁鼻，欲言不言，时复冷笑，而号为"先生""长者"其人者。

此文极形象生动地说明，读者对象的变化，亦"文界革命"势所必至的根源之一。不管你喜欢不喜欢，自觉不自觉，都要适应这个变化。正所谓"文变染乎世情，兴废系乎时序"（《文心雕龙·时序》）。

严复以译著闻名于世，翻译、宣传西学，使他和林纾成为中国近代向西方寻求真理、介绍文学的代表人物。故康有为有诗说，"译才并世数严林"。西学输入，中西文化的撞击、融合，是清末民初思想文化史、近代文学史的重要特点之一，翻译书籍则是中国人获得西学知识，特别是接触西方文学的重要渠道。

"林译小说"已介绍过，现在说"严译名著"。严复在近代政治史、思想史、文化史和翻译史中，占有重要地位。他或许是比较系统、原原本本把西方资产阶级的政治制度、学术思想介绍到中国来，成就最为突出者；他又能将西方的社会科学，译成别具一格的散文，无出其右者。

自1895年至1908年，十四年间，严复先后翻译了当时西方最有影响的社会科学名著，人称"严译八大名著"：《天演论》《原富》《群学肄言》《群己权界论》《穆勒名学》《社会通诠》《法意》《名学浅说》。其意义和影响最大者，《天演论》《原富》《法意》《穆勒名学》四部。这些书系统地向国人介绍了进化论、唯物论和经验论，以及资产阶级古典政治经济学和政治理论。另外还介绍了西方哲学思想与方法论，连自然科学的新成就也一并介绍给国人。更重要的是将西方的一种资产阶级世界观带给寻求变革的中国知识分子，在中国近代思想史上开辟了一个新的纪元。说严复是一位启蒙思想家，实至名归。

这种启蒙影响了那时的年轻爱国者和革命家，陈独秀、胡适、鲁迅、毛泽东都认真阅读过严复的译著，培植了高昂的爱国热情和自由民主思想。

严复对西学相知甚深，又多年在欧洲生活，为他选择西方近代学术的经典及原汁原味地翻译这些经典，提供了方便条件。在翻译这些作品时，严复又以严谨而充满活力的古文风格，使之成为优雅的散文。如赫胥黎的《天演论·察变第一》开头云：

赫胥黎独处一室之中，在英伦之南，背山而面野，槛外诸境，历历如在几下。乃悬想二千年前，当罗马大将军恺彻未到时，此间有何景物？计惟有天造草昧，人功未施，其借征人境者，不过几处荒坟，散见坡陀起伏间；而灌木丛林，蒙茸山麓，未经删治如今日者，则无疑也。怒生之草，交加之藤，势如争长相雄。各据一抔壤土，夏与畏日争，冬与严霜争，四时之内，飘风怒吹，或西发西洋，或东起北海，旁午交扇，无时而息。上有鸟兽之践啄，下有蚁蠓之啮伤，憔悴孤虚，旋生旋灭，菀枯顷刻，莫可究详。是离离者亦各尽天能，以自存种族而已。数亩之内，战事炽然，强者后亡，弱者先绝，年年岁岁，偏有留遗。未知始自何年，更不知止于何代。苟人事不施于其间，则荓荓榛榛，长此互相吞并，混逐蔓延而已，而诘之者谁耶？

这显然是意译，把原文的一节扩充成一篇，"用诸子旧例，随篇标目"，内容全新，文字古雅。在当时文坛上，确实让人有耳目一新之感。用他自己的话，翻译"精理微言，用汉以前字法句法，则为达易；用近世利俗文字，则求达难"。的确，原文里的欧文复合长句在译文中变成了平列短句，读起来抑扬顿挫，朗朗上口，第一人称变成第三人称，比原文更戏剧化，因而更有文学性和可读性。

当时，桐城派古文家吴汝纶，在《天演论·序》中说：

今西书虽多新学，顾吾之士以其时文、公牍、说部之间词译而传之，有识者方鄙夷而不知顾，民智之瀹何由？此无他，文不足焉故也。文如几道，可与言译书矣……今赫胥黎氏之道……严子一文之，而其书乃骎骎与晚周诸子相上下。然则文顾不重耶？

严复译精理微言，往往模仿先秦、周诸子文体，吴汝纶很推崇。但胡适不以为然，他在《五十年来中国之文学》中说：

严复用古文译书，正如前清官僚戴着红顶子演说，很能抬高译书的身价……若用白话，便没有人读了。

胡适此言，似是而非，清末白话文尚未使用，以精湛的先秦文体来翻译，赋学术论文以散文外形，已非常可贵了。况且，严复之译西书，目的虽是"开民智"，但即时之民国学底子很薄，所谓"民智"，系指当时的知识分子，即"多读中国古书之人"。

这些守旧的知识分子，格于形式，保守成性，对外来文化有天然疑惧、抵制之心。严复选择以先秦典雅古文翻译西方经典，博这些士大夫一些好感，增强阅读西学兴趣，也不失为一种无奈却有效之举。当然，有时也会带来一些弊端，梁启超在《介绍新书〈原富〉》一文中指出：

> 文笔太务渊雅，刻意摩（模）仿先秦文体，非多读古书之人，一翻殆难索解……况此等学理邃赜之书，非以流畅锐达之笔行之，安能使学童受其益乎？著译之业，将以播文明思想于国民也，非为藏山不朽之名誉也。

梁启超之评，有些道理，但严复之模仿先秦文体，并不是死板照搬，而是有改造地借鉴，有所发明，有所创新。从某种程度上讲，严复已将先秦文体改造成有自己特点的新文体，故张嘉森在《最近之五十年》一书中对此评道：

> 侯官严复以我之古文家言，译西人哲理之书，名词句调皆出独创……其于学术界有不刊之功，无俟深论。

就其输入西学的广泛性和普及性而言，梁氏的影响的确高于严复，但从翻译西书的透彻性、深刻性、严密性、系统性论之，梁氏是远不如严复的。

严复（1854—1921），原名传初，曾改名宗光，字又陵，又字几道，晚年号瘉壄老人，福建侯官（今福建闽侯县）人。幼年即聪颖。十三岁以第一名考入马尾船厂附设船政学堂。学习英文、数理、天文及航海。毕业后被派到军舰上实习五年。曾至新加坡、槟榔屿及日本各地。1874年，日、美侵扰台湾期间，又随福建船政大臣沈葆桢至台，测量海口，筹备海防。1877年，赴英留学，入格林尼治海军大学。学余，自学理论学、天演学、社会法律诸学，曾亲身观察英国社会制度，研究资产阶级社会政治学说，曾与驻英使节郭嵩焘讨论辨析"西学"与"中学"之异同。是留西学生中自觉关心社会问题的第一人。

1879年，学成归国，任福州船政学堂教习，次年被李鸿章调至天津北洋水师学堂任总教习，迭升会办、总办。执教达二十年。中日甲午海战后，严复痛恨清政府腐败无能，主张变法维新。在天津《直报》先后发表《论世变之亟》《原强》《救亡决论》《辟韩》等政论文章，斥历代帝王为"大盗贼国者"，反对顽固守旧，提倡向西方学习，实行改良，认为培养民力、民智、民德，是使中国富强的根本之策。其具体方案为：禁止鸦片与缠足，而崇尚武精神，废除八股而提倡西学，废除专制政治而实行君主立宪。着手译赫胥黎《天演论》（今译《进化论与伦理学》）。以"物竞天择，适者生存"的进化论观点，唤醒国人救亡图存，对当时思想界、文化界影响很大。

1897年，在天津同夏曾佑等一起主编《国闻报》，成为维新派的重要喉舌之一。百日维新期间，受清帝光绪召见，被询问办理海军及办学堂之策，问之甚细，答之甚详。戊戌政变后，翻译《原富》《法意》诸书，较为系统介绍和传播西方资本主义政治、文化。1900年，在上海参加唐才常倡组的"中国国会"，被推为副会长。1905年，在上海协助马相伯创办复旦公学。曾短期任复旦公学校长之职。辛亥革命后，政治上反对孙中山的反清革命，民国初建的 1912 年，被袁世凯任命为京师大学堂总监督（校长），后又任总统府顾问、参议院参议、宪法起草委员会委员等职。1913 年，列名发起孔教会。1915 年，袁世凯欲称帝，严复成为鼓吹帝制、成立"筹安会"的六个发起人之一，堕落为封建复辟派，但让人疑惑不解的是，他始终不莅"筹安会"。严复晚年，反对民主，厌倦科学，站到自己曾鼓吹的民主思想对立面。五四运动爆发，他极力诋毁新文化运动，让我们看到一个受到西方资产阶级政治浸染的中国士大夫的复杂性格和矛盾的文化人格。

他留给我们的文化遗产是《侯官严氏丛刊》《严译名著丛刊》等。

2. 李大钊在《调和之法则》一文中，支持章士钊的"调和论"

1914 年，办过《苏报》的章士钊，在日本东京创办《甲寅》月刊，寅年属虎，封面上"甲寅"二字下，画一猛虎，所刊文字又有虎气，所以《甲寅》亦被称为"老虎报"。

就在 1914 年 5 月的《甲寅》第一号上，章士钊发表了著名的文字《政本》。他认为中国传统政治恶性循环之内在原因是治者之"好同恶异"，甚至连革命党也不能避免此病，"且挟其成见，出其全力，以强人同己，使天下人才尽出己党而后快"，所以导致失败。

章士钊既反对袁世凯大权独揽，遭到袁氏的迫害，同时因政治立场不同，又受到过同盟会激进派的排斥。是因为，他主张必须有多元政治力量的存在和彼此宽容，即"国人共矢其天良，同排其客气，无新无旧，无高无下，无老无壮，无贤无不肖，悉出其聪明才智之量，投之总货栈"，才能有健康的政党政治和共和宪政。这种照搬西方政治家的理论为同盟会激进派和独裁者袁世凯所不能接受，是可以理解的。

《政本》一文，证明章士钊是将西方不同政治势力之间共存、相容和制衡，以求彼此之间调和这一自由主义政治理念，介绍到中国的第一人。

是年《甲寅》第一卷第四期上，章士钊又发表《调和立国论》，其中有：

愚言调和，论其理也，未著其方也。吾惟问调和之理是否可通，并不问调和之方将于何出。前者逻辑之事，后者医术之事，愚此论乃慕倍根，并不自称扁鹊也。吾惟问调和之道，于今为宜，并不谓调和之机，即今已熟。前者乃学者之事，后者乃政家之事。

《调和立国论》之出，章士钊以西方政治学说为理论基础的政治"调和论"，渐现端倪。面对民国之初以来的政治乱象，章士钊认为，只有"调和论"能除其弊，治其乱。但他是个较清醒者，他知道在袁世凯独裁专政和革命党也谋求执政的政治情势下，将"调和论"提升为治国之道，并付诸实施，条件并不成熟。他只能无奈地宣传"调和论"学理，而不闻其实践。

章士钊鼓吹西方政治理念的"调和论"的文章在日本陆续发表，即刻引起国内知识界的广泛关注。中国人一贯奉行的中庸之道、儒家文化体系的人生哲学和方法论，为中华民族价值取向的基本所在。中庸保证了中国文化的稳定性。中庸之道与西方的政治理念"调和论"并不冲突。

在二十世纪六七十年代发生的"文化大革命"的激烈社会动乱中，章士钊出版了当时全中国唯一一部学术著作《柳文指要》。毛泽东阅后，给予了他的这位老朋友鼓励。这在当时，也是一件惊天动地的大事。章士钊在《柳文指要》一书中，专门辟出一节，讨论"明章大中"，包括"中庸"等。重申了他在"五四"时的观点，即所谓"新概念"与"新思想"，在一定程度上其实乃是东西方新旧知识的混合体。

1914年之后，章士钊发表一系列专论"调和论"的文章，在当时引起很大的反响。同时，在高调狂飙突进的革命风暴和低沉的袁世凯独裁的政治空气中，这一种理性的声音徘徊其间，因而赢得知识分子的格外关注，不难理解。

常乃惪在《中国思想小史》中说：

《甲寅》也是谈政治的刊物，但是他的谈政治和当时一般的刊物不同，他是有一贯的主张，而且是理想的主张，而且是用严格的理性态度去鼓吹的。这种态度确是当时的一付救时良药。

说是"救时良药"，有些溢美，但章士钊一贯理性的主张和理性的知识输入，使他拥有大批理性读者。李大钊在《调和之法则》一文中，支持了章士钊的"调和论"。他说：

> 政理所在，不可或违，违则败亡立见。盖遵调和之道以进者，随处皆是生机，背调和之道以行者，随处皆是死路也……调和之目的，在存我而不在媚人，亦在容人而不在毁我，自他两存之事，非牺牲自我之事。抗行竞进之事，非敷衍粉饰之事……须知新旧之质性，本非绝异也……言调和者，须知各势力中之各个分子，当尽备调和之德也……不专己以排人，不挟同以强异……

李大钊在此文中，提出了调和的原则和方法，后李大钊又撰《辟伪调和》，廓清社会对"调和论"的误解，是对章士钊之"调和论"的补充。也可视为二次革命之后，政治"调和论"因应动荡政局而做出的一些调整。李大钊在《调和之美》一文中，阐述了美是调和的产物，"爱美者，当先爱调和"的观点。

1919 年 11 月，章士钊在《东方杂志》发表《新时代之青年》一文，再次指出新时代并非什么都是崭新的，而是与旧时代相联系的新时代，"决非无中生有天外飞来之物，而为世世相承连绵不断，有可断言。既约世世相承，连绵不断，是历史为活动的整片的，如电影然，动动相续，演成一出整剧，从而指定一点曰，此某时代也，此某时代与某时代之所由分也，是皆权宜之词，于理论未为精当"。章士钊还说：

> 宇宙之进步，如两圆合体，逐渐分离，乃移行的而非超越的。既
> 曰移行，则今日占新面一分，蜕旧面亦只一分。蜕之若干年之久，从
> 其后而观之，则最后之新社会，与最初者相衡，或厘然为二物，而当
> 其乍占乍蜕之时，固仍是新旧杂糅也，此之谓调和。调和者，社会进
> 化之精义也。社会无日不在进化之中，即社会上之利益希望，情感嗜
> 好，无日不在调和之中。故今日之为青年者，无论政治方面、学术或
> 道德方面，亦尽心于调和之道而已。

这些话，之所以在当时引起轩然大波，是因为新文化运动的前驱者和
思想界领袖，从中嗅出章士钊对新文化运动咄咄逼人的批判。现在看来，
章士钊之"调和论"带有浓厚的妥协性、调协性，阻碍了事物的进化和发
展。但对当时全盘西化、反对继承传统文化的错误倾向，倒不失为一种善
意的警告。

不可否认的是，"调和论"虽然最后被迫退出了历史舞台，但无论是
政治策略还是文化观念，都在民国初年的中国思想界和文化界产生过重要
而广泛的影响。直到现在，章士钊和他的"调和论"仍是学术界研究的
课题。证明章士钊在他那个时代所产生的影响，是不小的。诚如张君劢在
1939 年写的《〈逻辑指要〉序》中，认为章士钊是当时中国"能贯穴中西
以贡献于学术者"，并说：

> 其治学之方，不若任公之包揽一切，而以专精一二学科为己
> 任……故埋首于现代学科之研究者久……其传播欧洲学说，能发明奇
> 趣，使读者超然心悟，又何殊向秀，即其文格言之，岂不直追魏晋，

而与时下文章之粗厉鄙俗者，何可同日语哉。

在张君劢看来，在学术史地位上，与章太炎、王国维、严复、梁启超、胡适和向秀等比，章士钊并不逊色。

钱基博在《现代中国文学史》一书中说：

> 自衡政操论者习为梁启超排比堆砌之新民体，读者既稍稍厌之矣；于斯时也，有异军突起，而痛刮磨湔洗，不与启超为同者，长沙章士钊也。大抵启超之文，辞气滂沛，而丰于情感；而士钊之文，则文理密察，而衷以逻辑。

到民国以后，不同流派的新体散文，又有了新的变化发展，章士钊的逻辑文之出现，就是其一。

所谓逻辑文，胡适在《五十年来中国之文学》说：

> 自一九〇五年到一九一五年，这十年是政论文章的发达时期。这一个时代的代表作家是章士钊……他的文章的长处在于文法谨严，论理完足……他的文章有章炳麟的谨严与修饰，而没有他的古僻；条理可比梁启超，而没有他的堆砌。

逻辑文既有完备的境界，以文体论则无"华夷文学"的自大心，又无"策士文学"的浮泛气。在文字的组织上格外精密。章士钊之文，借鉴西洋文法，衷以逻辑，他在《文论》中说：

> 斟酌乎俯仰多少张弛之度，恰如其分以予之……凡式之未慊于意

者，勿著于篇；凡字之未明其用者，勿厕于句。力戒模糊，鞭辟入里，洞然有见于文境意境，是一是二，如观游涧之鱼，一清见底；如察当檐之蛛，丝络分明……文中不著不了之语，命意遣词，所定腕下必遵之律令，不轻滑过。

章士钊所论，对推动当时新体散文的发展，无疑是有指导意义的，即便对现在的散文创作，仍不乏借鉴作用。

但因章士钊的文章多论政理、法理，说透彻又得长篇大论，对一般读者来说，难免有枯燥沉闷、难以理解之感，而对于政界、学界的读者而言，却不乏淋漓新鲜、为之一惊的快感。如同读楚辞，今之读者，很难读懂，难享受楚辞之思想艺术之美，而有学养之人读之，会陶然于其中，如听天籁，如饮天醪。而因此就说章士钊"坚守古文阵地，则毋宁说是一种倒退，并且埋下了他以后反对新文化运动的种子"，则失之偏颇，根据不足。写《柳文指要》一书，章士钊并未改其逻辑文风格，完成了这部有创见的学术著作。

章士钊（1881—1973），字行严，湖南长沙人。青少年时好文章，慕"桐有直德"，自号"青桐"。1901年二十岁时，求学于武昌两湖书院，结识黄兴。次年入南京陆师学堂，受学堂总办俞明震的赏识。1903年，拒俄运动在全国各地蓬勃发展，因参加学潮被学校开除。章士钊率同学三十余人赴上海，加入爱国学社，与章太炎结识并受其器重。

不久，章太炎牵头，与章士钊、张继、邹容四人互换兰帖，结为兄弟。

一日，年纪最轻而志气最凌厉的邹容问章士钊："大哥为《驳康有为书》，我为《革命军》，博泉（张继）为《无政府主义》，子何作？"

章士钊颇尴尬自惭，无言以对。后据日本人宫崎寅藏所著《三十三年落花梦》为蓝本，乃撰写《孙逸仙》小册子，并在该书的序中云：

> 孙逸仙者，近今谈革命者之初祖，实行革命者之北辰……有孙逸仙而中国始可为，则孙逸仙者，实为中国过渡虚悬无薄之隐针。

可贵的是，章士钊在该小书振聋发聩地指出，孙逸仙举革命大旗出现，并非孤立的个人现象，而是适应时代呼唤和需求而产生的革命者，是时代造就的英雄。该书一出，轰动日本。当时，国内知孙中山者寥寥，而在日本暴得大名，章士钊功莫大焉。此时，章士钊在国内编著《黄帝魂》《沈荩》等宣传革命。

1903年5月27日，在章太炎的举荐下，陈范聘年轻的章士钊主持上海的《苏报》，章士钊接手后，大胆革新，力图将《苏报》办成一个开放的公共论坛。

5月底，少年邹容的《革命军》由上海大同书局出版。6月9日，章士钊创作《读〈革命军〉》，发表在《苏报》上，并在"新书介绍"栏，刊出《革命军》广告。次日，又刊出章太炎写的《〈革命军〉序》。一个月内，《苏报》连续发表大量革命言论。《中国日报》等纷纷转载，使舆论界热闹起来，《苏报》的影响，让名垂全国的上海老牌《申报》，黯然失色。

章士钊被章太炎推荐主持《苏报》后，宣称：

> 吾将大索天下之所谓健将者，相与鏖战公敌，以放一线光明于昏天黑地之中。

从6月1日至7月7日，他共发谈论革命的来稿四十余篇。6月24日，被《苏报》革命言论吓坏了的两江总督魏光焘，与湖广总督端方紧急通电，决定查禁《苏报》。两天后，江苏候补道、南京陆师学堂总办俞明震奉命赶到上海，协助上海道台袁树勋同僚查禁上海爱国学社和《苏报》事宜。

6 月 29 日，不知清廷已张开一张大网内情的章士钊，在《苏报》头条，刊出章太炎《康有为与觉罗君之关系》，此文节选自《驳康有为论革命书》。章太炎之文，饱含政治激情地歌颂革命，将批判锋芒直指保皇派康有为和他的主子。直呼光绪之名，曰"载湉小丑，未辨菽麦"。这在当时，不啻炸响了一声惊雷。

惊雷刚过，租界之部局应清廷的要求，经多次谋划，终于发出对章太炎、邹容、龙积之等人的拘捕令。

7 月 1 日，除《苏报》老板陈范外，名列拘捕的五人全部被拘捕。邹容是从容投案的。此即轰动上海滩乃至全国，被载入舆论史的"《苏报》案"。

"《苏报》案"发，举国震惊，舆论大哗。7 月 1 日，《中外日报》发表社论《近事慨言》，抗议当局"与言者为难"。更令人感动的是，《中外日报》与《苏报》在革命和改良问题上，一直存在尖锐的分歧，势如水火，但"《苏报》案"发，《中外日报》却为捍卫言论自由，挺身而出，向当局发难。接着，上海英文《字林西报》也发表社论，反对查禁《苏报》。

"《苏报》案"没有吓倒章士钊，他不畏牢狱之灾，坚持出版《苏报》，公开了《密拿新党连志》的消息。发表章太炎"相延入狱，志在流血"的文章。7 月 7 日，《苏报》被强行查封。两天后，《上海泰晤士报》连续两天发表社论，反对"未断案而先封馆"。

接下来，围绕着章太炎、邹容等案人的引渡问题，清廷与租界也展开了堪与好莱坞大片媲美的艰难交涉剧情。《笔底波澜》（作者傅国涌）对此写道："台前幕后，数不清的算计和密谋，上海、南京、武汉、北京之间，要员、坐探（如志赞希、赵竹君）、密友（如《新闻报》的福开森）之间电文交驰，仅收入故宫档案的往来电文就有近一百九十封，但引渡最终没有成功。"

整整半年时间，上海租界会审公廨多次开庭公审"《苏报》案"，因各种力量的作用，直到是年底，"《苏报》案"仍无结局。但《申报》一直追踪报道"《苏报》案"，给此案留下了可信的历史记录。另，《申报》凛然拒绝清政府要其为引渡章、邹给清廷而制造舆论，表现出报人的正气和思想独立的风骨。

8月7日，章士钊、陈独秀等在上海创办《国民日日报》。青年的陈独秀曾在安徽筹办《爱国新报》，不顺，遂到上海又与章士钊合作。《国民日日报》提倡言论自由，甫一创报，就发表章太炎狱中写的诗，被报界誉为"小苏报"。可惜两个月后，也被清廷查禁，上海知县汪瑶庭，在报上发表禁卖《国民日日报》的告示，几乎同时，两江总督魏光焘也发出禁售该报的命令。章、陈二人一直坚持到年底，《国民日日报》因内部分歧，才宣告停报，共出一百一十八期。

在"《苏报》案"发生不久，发生了因报道中俄偷偷签订丧权辱国的密约，北京"报馆访事"沈荩被秘密逮捕，后被杀害的惨案。沈荩于7月19日被抓，正赶上慈禧太后"万寿月"，按清律不能斩杀，于是下令"毙杖下"。

刑部领命，特制了行刑大木板，将一介文弱书生沈荩拖至堂下。五大三粗的差役抢起大板便打，不多时，沈荩被打得"血肉飞裂"，"骨已如粉"，让行刑者大惊失色的是，沈荩却"始终未出一声"，更让刽子手魂飞魄散的是，他们以为已被杖死的沈荩突然发出轻蔑之声道："何以还不死，速用绳绞我。"行刑者无奈，真的用绳子将其勒死。《大公报》报道了此惨案，并发表沈荩四首绝命词，"西人闻之胆寒"，北京公使夫人联合向慈禧太后施压。

在上海狱中得知此讯的章太炎，写下追悼诗，以"文章总断魂"来悼祭这位中国历史上第一个被杀的新闻记者。8月23日，上海各届于愚园开沈荩追悼会，参会者数百人。章太炎在狱中写充满浩然之气的悼文，由友人代诵，追悼会成声讨清廷大会。

章士钊为纪念这位报界名人，编写《沈荩》一书，由章太炎作序，一时畅销于上海滩。"《苏报》案"后，他编辑《苏报案纪实》（一名《癸卯大狱记》），对揭露清廷、宣传革命起到了重要作用。

章士钊于 1904 年初，《国民日日报》停刊后，回到长沙，参与黄兴、陈天华等筹建的华兴会活动。在准备武装起义时，因消息泄露，未能成功，被迫流亡日本。

赴日后，因革命多次受阻，章士钊有些消极。同盟会成立，章士钊无动于衷，章太炎等苦苦相劝，甚至动怒强逼，他也不为所动，坚决不参加同盟会。1908 年，对革命心灰意冷的章士钊，告别老朋友，只身西渡，去英国伦敦大学学习法律，读逻辑。

几年苦读后，1911 年，章士钊以优异的成绩学成归国。是年，正是武昌首举革命大旗之时。于右任发表《长江上游之血水》，热情地呼唤辛亥革命，曰：

秋风起兮马肥，兵刃接兮血飞。蜀鹃啼血兮鬼哭神愁，黄鹤楼头兮忽树革命旗！

辛亥革命的烈火，并没有消融章士钊对革命的冷漠，宋教仁、张继、于右任、黄兴一干老友纷纷登门拜访刚刚回国，已成为通政情、明宪法之士的章士钊，殷殷相邀其入同盟会和国民党，为完成革命大业而助力。章士钊只叙友情，述离愁，却婉拒其相邀。南北议和之后，曾任北京大学校长。

于右任恳请章士钊主持《民立报》，章士钊念友情从之。但因与国民党人意见不合，观念相异，遭到攻击排挤，章士钊愤而拂袖而去。那正春风得意的袁世凯闻之，急于罗致章士钊，诱以高官厚禄。章士钊早就洞悉其独裁专政、阴谋复辟的本性，更是凛然不就，急乘火车避之上海。到沪后，与黄兴一起，参与二次革命。失败后，再次流亡日本。办《甲寅》月刊，抨击袁世凯专制。主要作品有《政本》《学理上之联邦论》《共和平议》《复辟平议》《帝政驳议》《国民本计论》《时局痛言》等重要论文。其论文也，皆欲揭露和制约袁世凯的帝制阴谋。如在《复辟平议》云：

> 今复辟说之所由起者何也？此在稍明时势之人，可以一言断之曰，伪共和也。伪共和者何也？帝政其质，而共和其皮者也。

又如在《国家与责任》中说：

> "以总揽统治权属之国家元首，以重大总统之权，而又不能无所限制也。于是有对于全体国民负责之规定。"……吾闻又行权无限者，而最后必有所以限之，其权亦与之为无限……路易之头所以斫，查尔士之首所以悬，桀、纣、幽、厉经历朝以迄前清之所以死，所以流，所以灭，所以亡也。

章士钊这些经典文章，与紧锣密鼓准备让袁世凯黄袍加身的舆论鼓噪，针锋相对，并为袁世凯倒行逆施称帝敲响了丧钟。历史验证了章士钊的预言，袁氏登基不久，在众叛亲离、国人声讨的巨浪中一命呜呼。

3. 和晚清小说相比，民初的《断鸿零雁记》《玉梨魂》等政治意识明显衰退

民国初建，仍是乱世。与动荡混乱的世道相比，民初的小说依然保持了晚清小说的繁荣局面，只是政治意识有明显的衰退。

民初小说，带有晚清小说"文以载道""文以治国"的深深烙印。不少民初的小说家是在传统小说耳濡目染中成长起来的，晚清小说的影响已经形成心理定式。

另有一些小说家，并不认同以小说改良社会的文学理念，但他们没有从表现人生的意义上理解小说，确定其独立地位，而是常常按照市场需求，炮制"媚俗"的通俗小说。一旦小说畅销，读者便趋之若鹜，作家和报刊自然财源滚滚而来。李定夷不足十年，写出四十多种长篇小说。李涵秋十五年创作了一千多万字的小说，让晚清创作小说最多的吴趼人相形见绌。这种"茶酒余闲，只供清谈资料"的小说，哪里管什么"改良社会"的大任。

而民初还有一部分作家，接受梁启超之"中国今日之社会，几若为小说所铸造也"，又接受王国维论《红楼梦》"历举人世种种苦痛，研究其原因，而求其解免之方法为宗旨"的理论，他们的小说创作趋向雅化，已进入反映生活，表现人的生活层面，逐渐在艺术上确立小说的地位。在一定程度上，为五四新文学的到来做了准备。

"新小说"新在何处？首先，无论是反映现实生活的小说，还是历史

小说乃至武侠小说等传统题材小说，几乎都与救亡图存、变法维新、反清革命密切相关。如吴趼人的《恨海》，主人公的爱情悲剧就是政治风云造成的。其次，"新小说"题材广阔，有揭露时弊，抨击政府，谴责社会黑暗的谴责小说；有开拓了的传统题材，如言情、历史、公案、武侠等小说。最后，在继承中国传统小说形态的同时，又师法西方和日本小说的叙事结构、心理描写等表现手法，大大丰富了小说的形态。与王国维力图让中国小说优秀传统与西方近代文学观念相结合的主张相吻合。

当然，清末民初的"新小说"，受那时的小说理论，推崇小说的社会作用和西方小说文本的影响，也存在着泛政治化、泛革命化、泛西方日本化、泛教科书化、泛新闻化等倾向，影响了"新小说"的质量。如缺乏经典巨著，缺乏表现人生的深度和人性的广度，也缺乏鲜活的"这一个"。

但因此全盘否定为五四白话小说铺石垫路的清末民初"新小说"的成就，也是不公允的。

作为小说界革命的产物，晚清至民国初的历史小说中，《孽海花》当属"新小说"范畴。《孽海花》的作者曾朴（1871—1935），字孟朴，笔名东亚病夫，江苏常熟人。1891年中举，四年后入同文馆学习法文，早年受西方思想文化影响，翻译过雨果等人的作品。1897年，拟在上海办实业，与谭嗣同、林旭、唐才常等人交往密切，参加康、梁维新变法运动。秋瑾被清杀害时，曾联名抗议。1904年，创办小说林书店，开始《孽海花》的创作。后期，政治上日趋保守，在江浙一带搞过"预备立宪会"，辛亥革命前夕，曾做了两江总督端方的幕宾，与刘师培夫妇一样为端方鹰犬。在北洋军阀混战期间，曾朴又在孙传芳、卢永祥、张宗昌等军阀间周旋。大革命失败后，重操旧业，在上海开办书店。其小说《孽海花》就在这期间断断续续写完。

《孽海花》，共三十五回。前六回原由金松岑（天翮）开篇撰写，1903年，在《江苏》杂志第八期刊出前两回，反响不俗。但创作小说对金松岑来说，只是玩玩票，"以小说非余所喜"，故转请好友写小说已有成就的曾朴续写。二人商议后，曾朴以小说家之眼光，以前几回为基础，重新结构。原本拟将《孽海花》写六十回。分"旧学时代""甲午时代""政变时代""庚子时代"和"革新时代和海外运动"五个时代。但出于政局和个人的原因，写写停停，时时中断，并未完成六十回。直到1927年，曾朴又继续完成后十一回。到1931年，真美善书店出版三十回本，1959年出版三十五回本。

《孽海花》初印本署名很有趣，为"爱自由者发起，东亚病夫编述"。"爱自由者"即吴江金松岑，"东亚病夫"为曾朴。曾朴特意署上"爱自由者发起"，表示他对老友的尊重，不以全是自己执笔创作，而贪功掠美，也让人敬佩。

《孽海花》以金雯青和傅彩云的故事贯穿全书，同时全景式地展示当时京城内外官僚名士、封建文人的思想生活、社会风气、精神状态和生存状态，并让读者看到，清末的政治、经济、外交和社会腐朽窳败的图景。尽管几经修改，艺术上有所提高，删去了不少批判性的内容，削弱了原本的思想内容，该作还是对旧社会予以深刻的揭露和批判。与其他小说之不同处，在于书中人物，无不有所影射。

《孽海花》因"揭发伏藏""纠弹时政"，曾与《官场现形记》《二十年目睹之怪现象》《老残游记》合称清末民初四大"谴责小说"。但《孽海花》自有其文本特点，诚如它初版时所标"历史小说"，当属历史小说，而不该纳入"谴责小说"范畴。

所谓谴责小说，见于鲁迅《中国小说史略》，其指出"命意在于匡世"，"多欲索祸患之由，责其罪人以自快"。实则，大凡批判现实主义小说，本身就在于对黑暗社会进行猛烈的批判，另立"谴责小说"，本无必要。《孽海花》描述了清末同治初年到甲午战争之后三十年间上层社会生活，展示了这一时期中国政治、外交、文化等各方面的社会状态，在描述历史的过程中，深刻批判了清王朝的黑暗腐败，何须"谴责"二字冠之。曾朴之《修改后要说的几句话》，说得很清楚，此书"作五十年来之政治小说"，反映的是"中国由旧到新的一个大转关"，以及"文化的推移""政治的变动"，"一幕一幕展现，印象上不啻目击了大事的全景一般"。《孽海花》是一部小说，岂能对所有历史用力着墨，却在历史的大背景下，以"细节"展示社会生活、刻画人物，但历史的风云变幻、政治变革的轨迹，清晰可见。用"谴责小说"来框《孽海花》，如同将大山搬进房屋般荒谬。

《孽海花》写了两百多个人物，如前所说，都以实有的历史人物为原型，无一编造者。小说就是以这二百多个人物，演绎了"三十年旧事，写来都是血痕；四百兆同胞，顾尔早登觉岸"，以至于奴乐岛"直沉向孽海中去"。小说不只是谴责批判，而是全面地反映了近代史上新旧力量的兴替与斗争，完成了小说的基本主题和创作目的。

小说的基本审美范畴，是塑造鲜明的人物。《孽海花》中不少人物，刻画得相当成功，使其成为"陌生的""这一个"。如主人公妓女傅彩云，她由妓女成为男主人公金雯青的小妾。傅彩云既风情万种、有情有义，又放荡不羁；既温顺贤良，又泼辣任性。其性格是她的特殊人生经历造成的。只要傅彩云出场，或温婉动人，或神采飞扬，一颦一笑，总是有声有色。

《孽海花》在揭露清廷时，将笔墨集中到以慈禧为代表的统治集团，形象而非抽象地刻画这些人物的腐朽昏聩、误国亡国的嘴脸，构成一幅专制跋扈、骄奢佚乐的百丑图。而小说中写得最生动深刻的，则是一批自命知诗书、虚骄自大、身居要职的士大夫。如小说的主人公，状元出身的外交使节金雯青，以深谙历史舆论之学自居，花八百马克购得一幅中俄地图，

196

便狂妄地声称："一来可以整理整理国界，叫外人不能占踞我国的寸土尺地，也不枉皇上差我出洋一番；二来我数十年心血做成的一部《元史补证》，从此都有了确实证据，成了千秋不刊之业。"孰料，此中俄地图乃一幅俄人故意作假之图，便让金雯青将八百里帕米尔土地白白送给俄人。曾朴在写"朝廷柱石"、股肱重臣式的士大夫时，不脸谱化、不丑化、不极端化，而是揭示和讽刺其腐儒之愚昧，视为忧国救国之悲剧行为，比起将此类士大夫刻画成"衣冠禽兽""凶煞恶魔"，要有力量得多。

《孽海花》，还刻画了一批维新改良和革命派志士，如常怀"救国之心"的戴胜佛，有"两道如炬的目光"，洞穿"上下千古的气概"，而写孙汶，为"一位眉宇轩爽、神情活泼的伟大人物"。将这些志士刻画得"个个精神焕发、神采飞扬"，作为小说人物，尚显单薄，不够丰满，但曾朴是倾注了自己的热情于笔端，描写这些被他视为社会和政治理想的人物的。

《孽海花》在艺术上，特别是在结构上，颇有特点。作为历史小说，而非什么谴责小说，《孽海花》是历时性与共时性纵横交错的连缀。曾朴在《修改后要说的几句话》中说得很清楚：

> 《孽海花》和《儒林外史》虽然同是联（连）缀多数短篇成长篇的方式，然组织法彼此不同。譬如穿珠，《儒林外史》等是直穿的，拿着一根线，穿一颗算一颗，一直穿到底，是一根珠链。我是蟠曲回旋着穿的，时收时放，东西交错，不离中心，是一朵珠花。譬如植物学里说的花序。《儒林外史》等，是上升花序或下降花序。从头开去，谢了一朵，再开一朵，开到末一朵为止。我是伞形花序，从中心干部一层一层的（地）推展出各种形色来，互相连结（接），开成一朵球一般的大花。

在曾朴手上，《孽海花》叙事按时间顺序进行，每一时段对横向展开不同场景和故事，井然有序，开阖有度，其操纵自如，令人惊叹。但可惜的是，小说的两位主人公金雯青与傅彩云，在"一朵球一般的大花"中，并未处于中心位置，就难以引出一部五十年的中国历史。于是我们看到的是，小说将金、傅的浪漫，达官名流的逸事，政坛要人的活动编织在一起，游离出连缀结构，内容就显得庞杂。

瑕不掩瑜，最后，我们看看擅长于刻画作态名士的曾朴，在小说第十九回，是怎样活灵活现地写名士李纯客的：

> 小燕一笑。进门一个影壁，绕影壁而东，朝北三间倒厅，沿倒厅廊下一直进去，一个秋叶式的洞门。洞门里面，方方一个小院落。庭前一架紫藤，绿叶森森。满院种着木芙蓉，红艳娇酣，正是开花时候。三间静室，垂着湘帘，悄无人声。那当儿恰似一阵微风，小燕觉得在帘缝里透出一股药烟，清香沁鼻。掀帘进去，却见一个椎髻小童，正拿着把破蒲扇，在中堂东壁边煮药哩。见小燕进来，正要立起，只听房里高吟道："淡墨罗巾灯畔字，小风铃佩梦中人。"小燕一脚跨进去笑道："梦中人是谁呢？"一面说，一面看。只见纯客穿着件半旧熟罗半截衫，踏着草鞋，本来好好儿一手捋着短须，坐在一张旧竹榻上看书。看见小燕进来，连忙和身倒下，伏在一部破书上发喘，颤声说："呀！怎么小燕翁来了。老夫病体，竟不能起迓，怎好？"小燕道："纯老清恙几时起的？怎么兄弟连影儿也不知？"纯客道："就是诸公定议替老夫做寿那天起的。可见老夫福薄，不克当诸公盛意。云卧园一集，只怕今天去不成了。"小燕道："风寒小疾，服药后当可小瘥，还望先生速驾，以慰诸君渴望。"小燕说话时，却把眼偷瞧，只见榻上枕边，拖出一幅长笺，满纸都是抬头。那抬头却奇怪，不是阁下台端，也非长者左右，一叠连三全是"妄人"两字……

这段堪称经典的段落，写众人为士大夫李纯客做寿，他故作矫情，装病不起，后听说有人愿以两千金为寿，便突然从榻上爬起，欣然前往。这些描写，甚见功力，鲁迅在《中国小说史略》中云"写当时达官名士模样，亦极淋漓"。林琴南在《红礁画桨录·译余剩语》中则称"其中描写名士之狂态，语语投我心坎"。

民国初年问世的《断鸿零雁记》《玉梨魂》《孽冤镜》《过渡镜》《补过》等长篇小说，堪称民初小说的佼佼者。

《断鸿零雁记》是曾与陈独秀合译《悲惨世界》（雨果）的苏曼殊，于1912年，因"逃官"，从上海到日本，在幽静的海滨，倾尽了全部心血，激情创作的小说。小说于该年5月12日至8月7日在《太平洋报》上连载。不久，即译成英文、俄文。与他后来创作的《天涯红泪记》《绛纱记》《焚剑记》《碎簪记》《非梦记》一样，读者甚众，不断再版，十分畅销，其版本达七十八种。在当时文坛出现了一股"曼殊热"。

《断鸿零雁记》为中篇小说，共二十七章，四万余字，小说写出，先由南洋群岛一家日报刊载，而后才在上海《太平洋报》连载。苏曼殊的六部小说，都是苏曼殊自己粉墨登场，自悼自怆，专注地表现自我，带有明显的自叙传的色彩。

《断鸿零雁记》中，那位因"家运式微"而出家受了"三戒"的和尚三郎，便是作者的化身，他从乳母口中知道自己的生母尚在日本，以未婚妻雪梅的赠金，买舟东渡日本，寻到了母亲。小说写道：

> 扫叶焚香，送我流年，亦复何憾？如是思维，不觉堕泪，叹曰："人皆谓我无母，我岂真无母耶？否，否。余自养父见背，虽茕茕一身，然常于风动树梢，零雨连绵，百静之中，隐约微闻慈母唤我之声。

顾声从何来，余心且不自明，恒结辖凝想耳。"继又叹曰："吾母生我，胡弗使我一见？亦知儿身世飘零，至于斯极耶？"

思母之情，殷切、哀痛、凄楚，让人动容，一俟写到在樱山村与母亲相会，更是令人断肠：

> 甫推屏，即见吾母斑发垂垂，据榻而坐，以面迎余微笑。余心知慈母此笑，较之恸哭尤为酸辛万倍。余即趋前俯伏吾母膝下，口不能言，惟泪如潮涌，遽湿棉墩。此时但闻慈母咽声言曰："吾儿无恙，谢上苍垂悯！三郎，尔且拭泪面余。余此病几殆，年迈人固如风前之烛。今得见吾儿，吾病已觉霍然脱体，尔勿悲切……"

后，三郎又为在日的表姐静子所深爱，自己已入佛门，不愿再入尘世，沉于爱情的磨难，所以留书给有苗条身材、苍白美丽脸庞的心有怨恨的静子，悄然归国。书中写道：

> 少选，侍者持一邮筒，跪上余母。余母发函申纸，少选，观竟，嘱余言曰："三郎，此尔姊来笺也，言明日莅此……此子亦大可怜。"……
>
> 越日，余姊果来，见余不多言……
>
> 翌朝，余始知姊氏今日归去……遂与余姊别……余姊行后，忽忽又三日矣。

文字虽简洁，却写出因"以情入道"而招致的心灵的巨大矛盾与痛楚，即他不能不爱，又不能不守戒律，理性上要恪守戒律，感情上又割不断情丝。同时，又写出静子以身相许的柔情万种，更令恋爱的和尚在欲守戒律却情丝难断的感情纠葛中难以自拔。

三郎回国之后，得知曾经深爱过他的雪梅因抗拒父母逼她另嫁而绝食殉命，便长途跋涉去其墓凭吊，但在荒草萋萋、斜阳残照中，寻不到雪梅的葬身之地。

小说以三郎无法摆脱情天欲海，又勉力要做清净无为的和尚的出世与入世间的感情矛盾，表现出其人性的复杂，也表现出曼殊的复杂性格。小说更显示了"人"的意识与朦胧觉醒。这比晚清的言情小说前进了一大步。周作人在《答芸深先生》一文中说，苏曼殊的小说，在当时的小说界"可以当得起大师的名号。却如儒教里的孔仲尼，给他的徒弟们带累了，容易被埋没了他的本色"。

苏曼殊擅长写男女情感题材，又多写一男二女的模式，主人公不是死就是"出家"的悲剧结局，揭露封建宗法制的父母之命、媒妁之言造成两性的痛苦悲剧。小说中，几乎所有老人（《断鸿零雁记》中的母亲除外）都成了不是嫌贫爱富，就是受礼教驱使，扼杀了年轻儿女的恋情，把他们逼上悬崖，而被其鞭挞的对象。似有些绝对化而违背生活的真实。另外，苏曼殊的小说又都强调恪守礼教的戒律。

民国初年的小说，是晚清小说与传统小说的调和体。小说家的作品清晰地显示出他们的思想上"提倡新政制，保守旧道德"之矛盾和小说"开智觉民之利器"与"茶余酒后之助谈"之矛盾，徐枕亚在《小说丛报》发刊词中说：

　　原夫小说者，俳优下技，难言经世文章；茶酒余闲，只供清谈资料。

又在《枕亚浪墨·答友书论小说之益》中，声称：

> 小说之势力，最足以普及于社会，小说之思想，最足以感动夫人心，得千百名师益友，不如得一二有益身心之小说。

在《玉梨魂》中，则表现了徐枕亚情与礼的矛盾。

1913年由民权出版社出版的《玉梨魂》，也是民初一部重要的小说。《玉梨魂》原连载于《民权报》，甫一问世，便轰动文坛，读者争相传阅。重版多次尚无法满足市场需求，于是盗版书乘虚而入，大行其道。其印刷数量之巨，远在苏曼殊的《断鸿零雁记》之上，成为民初最为畅销的小说。

1908年，林纾就敏锐地发现"小说之足以动人者，无若男女之情"（《〈不如归〉序》）。林纾翻译的大部分西方小说，如《茶花女》《迦茵小传》多是男欢女爱的言情小说，为中国小说家提供了一种新的价值模式。其出于纯真的爱恋，尽管违背流行的伦理观念，仍然是高尚而值得赞赏的形象，这比我国唐宋传奇以来写受礼教束缚男女之情的小说，的确前进了一大步。

《玉梨魂》写的正是寡妇恋爱——当时不为礼教所容的恋爱。阅读中国古代小说，似并无以充满同情的笔触，书写不能克制自己心理的和生理的欲望，大胆冲破礼教、世俗束缚，追求自己的感情的寡妇。《玉梨魂》当然也难以免俗，不敢理直气壮地表现寡妇对爱情的大胆追求，于是写了一个悲怆凄美的悲剧故事。

《玉梨魂》的故事并不复杂，写的是寡妇梨娘爱上了儿子的老师何梦霞。梨娘与客居自家的年轻的梦霞相识后，被其学识风采吸引，渐生爱慕之情，于是主动向其倾诉表白爱情。他们鱼雁传书，互诉衷情。但是，寡妇梨娘的心里又充满了矛盾，她常常为自己深爱梦霞而有深深的罪恶感，而且很看重寡妇的"名节"。在这种心态下，梨娘并不情愿地策划了让自己小姑子筠倩与梦霞订婚，以便可以日后经常见到梦霞的一出戏。不料梦霞深爱梨娘，岂能移情别恋，不能就范。而小姑子也为嫂子包办婚姻而苦恼。梨娘在既无法割舍对梦霞的爱恋，又深感对不起死去的丈夫的愧疚中，抛下八岁儿子自杀而亡。小姑子也自感对不起嫂子，寻了短见。那七尺男儿梦霞本想为痴心爱己而死的梨娘殉情，但想到大丈夫当为国家效力，应死于国事，便收拾破碎心情，出国留学，归国后真的喋血于武昌起义。

《玉梨魂》写爱情与礼教的冲突中，梨娘被迫自杀而死，显示了"人"的意识朦胧觉醒，其对传统小说的突破，是显而易见的。但小说的局限也清清楚楚，作者自己尚将传统礼教看成是至高无上的权威，并未认识其"吃人"的本质，放在叙述中，对梨娘与梦霞彼此大胆坦露爱恋，怀有一种违逆礼法的罪恶感，在表现他们的爱情时，时时不忘"未亡人不能割断情爱守节抚孤"的忏悔。终于不敢跨越、冲破礼教的藩篱，推开幸福之门，而且从梨娘不得不选择以死殉情的悲剧中，我们还可感到作者在表现压抑人性、服从礼教的自觉性和光荣感，这真让人唏嘘叹息。

我们得认识一下《玉梨魂》的作者。徐枕亚（1889—1937），名觉，江苏常熟人，与《孽海花》的作者曾朴、《孽冤镜》的作者吴双热是同乡，曾就读于虞南师范学校，毕业后在小学任教，后做了报刊编辑。1912 年开始创作小说，第一部小说就是《玉梨魂》。

《玉梨魂》取材于徐枕亚自己的经历。他追求爱情的经历与他虔诚地恪守礼教戒律，形成巨大矛盾冲突。陷入深深苦闷的徐枕亚，便通过创作，宣泄自己的矛盾和苦闷。

与徐枕亚亲如兄弟的吴双热，任《民权报》编辑，也是 1912 年开始写小说《孽冤镜》，与《玉梨魂》隔日在《民权报》连载，相映成趣。吴双热在《孽冤镜·自序》中说，写此书的目的，就是要"普救普天下之多情儿女耳；欲为普天下之多情儿女，向其父母之前乞怜请命耳；欲鼓吹真确的自由结婚，从而淘汰情世界种种之痛苦，消释男女间种种之罪恶耳"。他在《孽冤镜》中不仅描写了青年男女相爱，因被家长破坏而不能喜结良缘的悲剧，而且深刻揭露封建包办婚姻的罪恶。我们可视为是为同乡同窗徐枕亚不幸恋爱的一种控诉，对他的一种道义声援。可惜，吴双热于20世纪20年代便退出小说界。

《断鸿零雁记》与《玉梨魂》《孽冤镜》开写爱情悲剧之风气，作家争相效仿，使民初以悲剧结局的悲情小说兴盛一时，整个小说领域充满"哀情"气氛。

1936年，徐枕亚在《余之妻》中说：

> 所贵乎夫妇者，固以爱情为结合之元素……吾国婚制不良，多数少年男女婉转屈服于老人专制权力之下，因心理之反对，演出种种悲剧，而夫妻之道苦。

徐枕亚这种对爱情为基础的婚姻的赞美，已蕴含新的"人"的意识，比《玉梨魂》中提供的梨娘形象深刻，在客观上已经触及寡妇在情与礼上的冲突及人性的躁动，大大进步了。

徐枕亚在1912年创作《玉梨魂》时，有意识地模仿《茶花女》，在小说中大胆地穿插了梨娘小姑子筠倩的日记，以表现她内心世界的痛苦。而这一成功的尝试，鼓励徐枕亚创作了日记体小说《雪鸿泪史》。小说假托找到何梦霞的日记。徐枕亚在《雪鸿泪史·例言》中说，"就其事而易其文"。即是《雪鸿泪史》以日记体重写《玉梨魂》。《玉梨魂》已畅销大江南北，读者已逾千万，闻何梦霞再度登场，且以日记真真切切地记其事，大大吊起阅读兴趣，再度掀起热潮，从而带动了一批日记体小说的流行。民国初年，包天笑用书信体创作了小说《冥鸿》，没有故事情节，而是以未亡人给亡夫的八封信连缀而成为小说。尽管在艺术上未能很好地把握住情绪脉落，把八封信融为一体准确呈现主题，但我们欣喜地看到中国小说已从故事情节为本位的老传统，转变为以表现情绪为主的叙事。小说是人学，刻画人物形象，开掘人性的深度和广度是衡量小说的唯一标准，但从讲故事到写情绪，无疑丰富了小说的表现形式和艺术手法，是可喜的。

4. 与"新小说"双雄并峙的翻译文学作品也大行其道

中国近代思想文化史和近代文学史的特点之一，便是西学的输入，西学与中学的碰撞、融合。而国人获得西学知识，特别是接触西方文学艺术的最直接、最主要的渠道，无疑就是翻译书籍。

早在"洋务运动"时期，为了适应外交和其他洋务活动之需要，1862年就在北京设立同文馆，培养翻译人员。接着在上海、广州也分别设立了类似机构。翻译馆所主要译应用技术和自然科学方面的书，这些书对近代思想界和文学界产生了很大影响。康有为、梁启超、谭嗣同、章太炎、蔡元培等，都从江南制造局的译书中，获得营养，开阔了眼界，更新了知识结构。这些译书为他们的诗文小说创作提供了乳汁。

中国人翻译的英国第一首英文诗歌，竟然是1864年英国使臣威托玛用汉文翻译的美国诗人朗费罗的《人生颂》。威托玛并不通汉语，翻译得既似懂非懂，又无章无韵，只好求助于董恂修改。

董恂，扬州府甘泉县人，曾官居户部尚书。1861年，清廷设总理各国事务衙门，他是官员之一。董恂深谙诗词之道，据钱锺书之《汉译第一首英语诗〈人生颂〉及有关二三事》介绍，董恂将威托玛译文改写成绝句九首。钱锺书这样评价：

> 董恂不过译了一首英语诗，译笔又不好，但是我们只得承认——尽管已经忘记——他是具体介绍近代西洋文学的第一人。

第二个翻译外国诗歌者，是王韬，他译的《普法战纪》中，连带译了《法国国歌》和德国的《祖国歌》。《法国国歌》又称马赛曲，鲁日·德·里斯尔原作于 1792 年奥、普武装干涉法国革命之时，该歌充分表达法国人民在危急时刻争民主、反暴政的革命意志和爱国热情。《祖国歌》被蔡锷放入《军国民篇》，发表于《新民丛报》。梁启超在所译《佳人奇遇》中全文借用了《法国国歌》，后收入自己的《饮冰室诗话》，并写评曰：

（德国、法国国歌各一篇）皆彼中名家之作，于两国立国精神大有关系者，王氏译笔亦尚能传其神韵。

严复曾在译《天演论》时，译了英国 18 世纪诗人朴伯的长诗《人道篇》中著名的一章：

元宰有秘机，斯人特未悟。
世事岂偶然，彼苍审措注。
乍疑乐律乖，庸知各得所。
虽有偏沴灾，终则其利溥。
寄语傲慢徒，慎勿轻毁诅。
一理今分明，造化原无过。

王佐良在《严复的用心》一文中是这样评论这诗的，"他的译文是颇见功力的"，"译文很有原文那种肯定、自信的口气，连蒲伯的教训人的神情也传达过来了"。

严复还以精练的译笔、显豁的意境，翻译过丁尼生长诗《尤利西斯》中的几句：

挂帆沧海，风波茫茫。

或沦无底，或达仙乡。

二者何择，将然未然。

时乎时乎，吾奋吾力。

不竦不戁，丈夫之必。

有人说，1903 年周树人继翻译《法国嚣俄》，凡尔纳《月界旅行》《地底旅行》等之后，又于 1907 年与周作人合译《红星佚史》中的诗十六首。查 1907 年 11 月上海商务印书馆版《红星佚史》，见译者署名周逴，即周作人。与周树人并无干系。只有 1909 年的《镫台守》译诗，是周氏兄弟合译的。据周作人说，这诗由他口译，由其兄笔述。该诗多用骚体，貌似"文采斐然"，但"艰涩古奥"，丧失了诗的魅力，该诗如下：

余故园烈忒跂兮，猗尔其若康豫也。

彼康豫之为嘉祥兮，顾非郁悒者不之悟也。

览汝美又何无伦比兮，繁饰纷其备具也。

托毫素而陈词兮，惟余心之汝慕也。

神后具能智兮，骞多跂赖以允臧。

曜大明于阿思拖罗波罗摩兮，猗赫赫其辉光。

相下民之贞信兮，守诺革洛兑之旧疆。

昔余母陨涕其淋浪兮，余则罿枯目以视昊天。

感大神之重竺以生兮，仰帝阍而趋前。

惟尔昔既归余以康豫兮——

又胡不垂威灵以返我于故乡也？

傍林皋而依绿野兮，导神魂以翱翔也。

较之周氏兄弟的译诗，梁启超在其著作中嵌入的外国诗歌，译得要漂亮得多，他在《新中国未来记》中，引用了拜伦诗剧《唐璜》中的《哀希腊》两节，其一是：

[沉醉东风] 咳！希腊啊！希腊啊！你本是和平时代的爱娇，你本是战争时代的天骄！撒芷波歌声高，女诗人热情好，更有那德罗士、菲波士（两神名）荣光常照。此地是艺文旧垒，技术中潮。即今在否？算除却太阳光线，万般没了！

梁启超译得平白如话，押韵上口，只是不得要领。后来，苏曼殊、马君武也各将《哀希腊》十六章皆译成汉语。马君武说："拜伦哀希腊，今吾方自哀之不暇尔。"现将苏曼殊和马君武所译，与梁启超所译那节比较一下。

苏曼殊译诗是：

巍巍希腊都，生长奢浮好。
情文何斐亹，荼辐思灵保。
征伐和亲策，陵夷不自葆。
长夏尚滔滔，颓阳照空岛。
…… ……

马君武的译诗是：

希腊岛，希腊岛，诗人沙浮安在哉？爱国之诗传最早。
战争平和万千术，其术皆自希腊出。
德娄、飞布两英雄，溯源皆是希腊族。

吁嗟乎！漫说年年夏日长，万般消歇剩斜阳……

梁、苏、马三家译诗，苏、马要好许多。苏曼殊译拜伦的诗最多，编有《拜伦诗选》，内有他译的《赞大海》《去国行》《哀希腊》《星耶峰耶俱无生》和《答美人赠束发缡带歌》五首，他还译过彭斯、师梨（雪莱）、瞿德（歌德）等人的诗歌。马君武则译过拜伦的《哀希腊》，歌德的《米丽容》《阿明临海岸哭女诗》及英国虎特的《缝衣歌》。

辜鸿铭于1905年翻译了英国诗人威廉·科珀的长诗《布贩约翰·基尔平的趣事》，以书名"华英合璧：痴汉骑马歌"在商务印书馆刊行。该书为五言体，全诗长六十三节，每节四句。辜鸿铭国学和英文功底深厚，其诗翻译得轻松活泼，通俗诙谐，善能传神，深受读者欢迎。

纵观清末民初所译西方诗歌，数量尚不多，又因多以文言文翻译，其诗歌格律、模式，是中国传统的格式，西方诗歌美学的东西几乎淹没其中。其影响主要是观念和精神层面的，故西方诗歌艺术上影响甚小。

晚清，特别是维新运动之后，是中国小说崛起的时代。到了民初，小说创作空前繁荣。几乎与此同时，近代小说翻译也大行其道，形成中国小说与翻译西方小说双雄并峙的文学景观。最值得注意的是，清末民初的中国小说与翻译的西方小说，与当时中国的思想启蒙运动有着重要关系。抑或说，与中国的精英分子利用中外小说启蒙国民密不可分。

清末民初的翻译小说尽管文学口味不高，其翻译的随意性很强，多不忠于原著，改译删译之风严重，鲜有经典之译，但对当时中国政治思想和小说的美学观念、艺术结构，产生了较大影响，这是毋庸置疑的。

根据一些史家的描述，清末民初的西方小说翻译，只是一些粗俗东西，一堆垃圾而已。同时清末民初涌现的包天笑、李涵秋、恽铁樵、周瘦鹃、徐枕亚、严独鹤、陈蝶仙、程小青、朱瘦菊等一批有成就的翻译者，也被文学史遗忘或者受到不公平的评价。我们应将其放入历史语境和中国文学现代进程中来重新思考，从头予以解读，还其本来面貌。

就现有资料看，近代翻译小说最早的一部，应是连载在 1873 年 1 月至 1875 年 1 月的文学刊物《瀛寰琐记》上的《昕夕闲谈》。《瀛寰琐记》是我国最早的一本文学期刊。

《昕夕闲谈》的原作者是英国人，姓名无可考，译者署名蠡勺居士，他在《昕夕闲谈·小序》中说，他译此小说，除要"记欧洲之风俗"，"广中土之见闻"之外，主要初衷是"启发良心，惩创逸志"。甲午惨败，外患益急，当时的有识之士如蠡勺居士竞思振拔，利用西方思想，"译书为强国第一义"，"参西法以救中国"（梁启超《变法通议·论译书》）。可惜的是，《昕夕闲谈》面世之后，影响甚微，二十年内，几再无人学步。一直到 1904 年，《昕夕闲谈》经修订，署名易为吴县藜床卧读生，书前加《重译外国小说序》，重申翻译此小说，目的在于宣扬国外民主思想，指出中国政体不变，断无强国富民之路。由文宝书局印成单行本，改头换面推向社会。

此时，《昕夕闲谈》已不再是形单影只，翻译小说已然成为风气。如梁启超译的日本柴四郎的《佳人奇遇》，周宏业译的日本矢野文雄的《经国美谈》。这两部小说，在日本自由民权运动时期，是以启发人民政治觉悟和宣传政党理想为目的的进步小说，用梁启超《饮冰室自由书·传播文明三利器》一文的话说，这类小说便是"浸润于国民脑质最有效力者"。

中国的翻译家，在当时很重视翻译对启发国人政治觉悟，促进政治革命和民族革命有益的外国政治小说，熊垓译的日本末广铁肠的《雪中梅》及续集《花间莺》，独立苍茫子译的《游侠风云录》，汤绂女士译的《旅顺双杰传》，赖子译的《政海波澜》，陈鸿璧女士译的《苏格兰独立记》等小说，陆续出现在中国图书市场，俘获了不少年轻读者的心。

几乎与《昕夕闲谈》的单行本同时问世的翻译小说，还有苏曼殊、陈独秀翻译的雨果的《悲惨世界》，于 1903 年 10 月 8 日至 12 月 1 日在上海陈独秀主编的《国民日日报》连载。

这一年，上海发生了"《苏报》案"。6 月 9 日，章士钊任主笔的《苏报》发表邹容写的《革命军》，引起两江总督魏光焘与两广总督端方的不满，准备查禁《苏报》。6 月 29 日，《苏报》在头版发表章太炎之《康有为与觉罗君之关系》，赞美革命，直呼光绪为"载湉小丑，未辨菽麦"。租界工部将章太炎、邹容等抓捕，酿成轰动一时的"《苏报》案"。8 月 7 日，陈独秀继 5 月在安徽筹办《爱国新报》之后，又在上海办《国民日日报》，发表章太炎在狱中写的"文章总断魂"等诗，抗议清廷。

陈独秀与苏曼殊联手译雨果的《悲惨世界》，放在上述背景下，其用意是很清楚的。后有人指责陈独秀，在译《悲惨世界》时，删去主人公的情感故事和家庭故事，只留下主人公的政治事迹和战斗故事，在报上连载时以"惨社会"名之，是对世界名著的践踏。但如果从陈独秀把译小说看成"启蒙民众"的手段之一，似自有道理。

请看《惨社会》中的片段，似已离开法兰西，写的是当时的大清，或可释然。请看小说中的片段，与其说是翻译法国小说，莫若说是指桑骂槐，借法兰西批清王朝：

> 我法兰西国民，乃是义侠不服压制的好汉子，不像那做惯了奴隶的支那人，怎么就好听这鸟大总统，来做个生杀予夺独断独行的大皇帝呢？
>
> 那支那的风俗，极其野蛮，人人花费许多银钱，焚化许多香纸，去崇拜那些泥塑木雕的菩萨。更有可笑的事，他们女子，将那天生的一双好脚，用白布裹起来，尖促促的好像那猪蹄子一样，连路都不能走了，你说可笑不可笑呢？

现在的读者自会觉得可笑，那 19 世纪初的雨果先生，竟然在法兰西莫名其妙地奚落痛骂远在万里之外的中国人的菩萨和三寸金莲。又如苏曼殊，1908 年在《民报》上发表译作《娑罗海滨遁迹记》，是一本印度人写的亡国之悲的笔记，可在其中竟然出现了拜伦的诗歌。这就有些不严肃，乃至荒诞了。但这在清末民初，被中国知识精英视为启蒙民众工具之翻译小说，加入与国民的政治、思想、生活启蒙有关的东西，自在情理之中，无可厚非。在提倡"文以载道"的中国，政治和意识形态影响文学是传统。据提倡小说革命的梁启超说，欧洲人也有这种政治影响小说创作的传统，他在《译印政治小说序》中，这样表述：

> 在昔欧洲各国变革之始，其魁儒硕学，仁人志士，往往以其身之所经历，及胸中所怀，政治之议论，一寄之于小说。

在梁启超看来，小说乃至文学就是仁人志士、思想启蒙家的启蒙、宣传工具。后来，在日本诞生的太阳社、创造社，干脆把文学视为"革命工具"，但不尊重原著的翻译终究是对人家文化的不尊重，是不应提倡的。当然，要论清末民初的翻译小说，有些是很有品位的。从 1915 年起，周瘦鹃开始翻译莫泊桑的小说，到 1947 年，共译三十九部小说，质量很高。民国初年，周瘦鹃将翻译的意大利、西班牙、瑞典、荷兰等十四个国家的共四十九篇短篇小说，编成《欧美名家短篇小说丛刊》，1917 年由中华书局出版。当时，在教育部主持通俗教育研究会小说股工作的周树人，与周作人共同报请教育部表彰这套译作。《教育公报》之"报告栏"，有周氏兄弟二人的推荐语：

> 所选亦多佳作，又每一篇署著者名氏，并附小像传略，用心颇为

恳挚，不仅志在娱悦俗人之耳目，足为近年来译事之光……当此淫佚
文字充塞坊肆时，得此一书，俾读者知所谓哀情、惨情之外，尚有更
纯洁之作，则固亦昏夜之微光、鸡群之鸣鹤矣。

周瘦鹃这类翻译佳作，虽未成为译界的主流，但预示了方向。

另值得关注的是，西方只有与政治小说相近的虚无小说。这与国内虚
无党推翻帝制，实施暗杀，主张用暴力革命的政治诉求相契合，催生了虚
无小说的翻译热潮。

翻译虚无党小说的代表人物叫冷血，原名陈景韩（1877—1965），江苏
松江人。青年时代曾就读于湖北武备学堂，后东渡日本留学，归国后在《时
报》《申报》和《新新小说》等报刊任编辑或主编。一生热衷于翻译，所
译侦探小说多种，如《侦探谈》《白云塔》《侠恋记》《大侠记》等。在主
编的《新新小说》杂志上发表不少翻译小说，还在《小说时报》等刊发表
过雨果的《卖解女儿》、大仲马的《赛雪儿》，还有俄国普希金的小说《俄
帝彼得》、安特莱夫的《心冷》等。

真正让冷血出名的，是1906年上海开明书店出版的虚无党小说《虚
无党》（内收《白格》《加须克夫》和《倚罗沙夫人》三个中篇）。另在《新
新小说》上，还发表过长篇小说《虚无党奇话》。在《月月小说》杂志上，
发表有短篇《女侦探》《爆烈弹》《杀人公司》等。

除了冷血之外，翻译虚无党小说的，还有金一（金天羽），他译有《自
由血》；芳草馆主人译有《虚无党真相》；杨心一译有《虚无党之女》《虚无
党飞艇》，皆载于《小说时报》。

这些虚无小说，因宣传了虚无党反对专制，主张暴力革命，很受当
时进步青年的欢迎。比较而言，冷血翻译多用白话文，译笔自然流畅，更
受读者欢迎，时称"冷血体"。

文学史上，常常出现悖论。在梁启超大唱"政治之议论，一寄之于小说"的论调之际，无关乎政治的世界之侦探小说，席卷中国，其势头之猛，令梁氏始料不及。据阿英在《晚清小说史》中说：

如果说当时翻译小说有千种，翻译侦探要占五百部以上。

1896 年，梁启超任主笔的《时务报》，甫一开创，即成为一张"颇足以震动全国青年学子"的"破天荒"的报纸。《时务报》一纸风行，发行全国十八省乃至海外，派报处多达两万多个，发行量高达一万七千份，创当时报纸发行量之最。梁启超得意地说：《时务报》"为中国有报以来所未有，举国趋之，如饮狂泉"（《中国新闻事业史文选》）。

中国最早由张坤德翻译的英国柯南·道尔的《英包探勘盗密约案》《记伛者复仇事》等，就在 1897 年刊登在《时务报》上。侦探小说，始在中国流行。

侦探小说是一种空间小说，塑造聪明过人的侦探，是其要义。所塑造的侦探应有超于常人的机智，又不能写成超人的神，而让读者心悦诚服。它常以设置悬案，然后"设谜—解谜—说谜"作为小说的情节结构，让读者被其吸引而欲罢不能。

侦探小说在中国古已有之，即武侠公案小说，舶来的侦探小说与之有许多脉搏相通之处，但中国读者之所以更爱读西人侦探小说，更多是因为其间有西方的尊重法律、尊重科学，与中国讼狱制的昏聩、黑暗、腐败形成巨大反差。在艺术上，侦探小说多以第一人称的角度叙述故事，将超常智慧的侦探破案，变成"我"的见闻和所感，有身临其境的真实、亲切。

中国作家很快就谙熟创作侦探小说之道。1903 年，有位叫周桂笙的作家，他在翻译法国鲍福的小说《毒蛇圈》后，写了《译者叙言》一文，其中有：

译者曰：我国小说体裁，往往先将书中主人翁之姓氏、来历叙述一番，然后详其事迹于后，或亦有用楔子、引子、词章，言论之属，以为之冠者。盖非如是则无下手处矣。陈陈相因，几乎千篇一律，当为读者所共知。此篇为法国小说巨子鲍福所著。乃其起笔处即就父女问答之辞，凭空落墨，恍如奇峰突兀，从天外飞来；又如燃放花炮，火星乱起。然细察之，皆有条理。自非能手，不敢出此。虽然，此亦欧西小说家之常态耳。爰照译之，以介绍于吾国小说界中，幸弗以不健全讥之！

周桂笙所谓"父女问答之辞"，即侦探小说的艺术特征。或许吴趼人也掌握了"悬念"技巧，在周桂笙此文发表之后不久，真的"凭空落墨"，以倒叙"问答"即对话形式，作为他创作的小说《九命奇冤》的开头。

周桂笙（1873—1936）是晚清民初翻译家中另辟蹊径、独树一帜的极具个性风格者，被时人称为开辟翻译新途径的先锋。其名树奎，笔名另署桂生、新庵、知新室主人等。上海南汇人。少时入上海方言馆，后入中法学堂，习法文与英文。毕业后，先在天津电报局做领班，后又至上海做英商怡太轮胎公司买办。20 世纪初跻身文坛，主要译介西方文学，宣传民主思想。民国元年在《天铎报》任译述。1915 年，反对袁世凯复辟，支持孙中山。1920 年，获四等嘉禾章，时参谋长李烈钧手书"招回国魂"条幅相赠。1936 年，病逝上海。

周桂笙于甲午战后，1900 年，为上海《采风报》翻译《一千零一夜》（《天方夜谭》），后又译《公主》等小说十五篇，在《寓言报》上发表。后辑成《新庵谐译初编》。此后译作不断，尤以侦探小说闻名，译有《毒蛇圈》，法国鲍福的《歇洛克复生侦探案》《福尔摩斯再生一至五案》《福尔摩斯再生六至十案》及后来的十一案至十三案。同时，又译虚无党小说《八宝匣》、航海小说《失舟得舟》、科学小说《飞访木星》、教育小说《含冤花》等。其翻译数量相当可观，内容十分广泛，其在翻译理论上的建树及理论同实践的结合上，也开风气之先。

周桂笙认为，"吾国开化虽早，而闭塞已久，当今之世，苟非取人之长，何足补我之短！然而环球诸国，文字不同，语言互异，欲利用其长，非广译其书不为功"。同时，他在翻译过程中，比较客观地注意到不同体裁和题材文学作品的不同思想和艺术特色。比如对侦探小说，他指出："侦探小说，为吾国所绝乏，不能不让彼独步。"他认为中国自古断案，自来动以刑求，或网罗盗窃充捕役，或利用无赖充公差，从不用侦探取证，只须动刑为屈打成招结案。而西方各国尊重人权，涉讼者例得请人为之辩护，故苟非证据确凿，不能妄入人罪。

正是因为侦探的"迭破奇案，诡秘神妙，不可思议，偶有记载，传诵一时，侦探小说即缘之而起"，所以周桂笙在《歇洛克复生侦探案·弁言》表示愿将侦探小说"介绍于吾国小说界中"。

我国最早翻译英国柯南·道尔的作品，首次在《时务报》上刊登，而将这类小说定名为侦探小说并推动其流传者，周桂笙是也。

对科技小说的译介，周桂笙也与包天笑、徐念慈、鲁迅等一起，做出了贡献。同时，周桂笙还剀切指陈当时翻译界存在的问题：一是"译书家声气不通，不相为谋"，常常出现一书多译，异名而同书；一是"今之所谓译书者，大抵皆率尔操觚，惯事直译而已；其不然者，则剿袭剽窃，敷衍满纸。译自和文者，则惟新名词是尚，译自西文者，则不免诘屈聱牙之病，而令人难解则一也"（《译书交通公会试办简章·序》）。

1907 年，觚庵即俞明霞，悟出《福尔摩斯探案》第一人称叙事之道，有了精彩的评述，发表在《小说林》，觚庵写道：

余谓其（创作）佳处，全在"华生笔记"四字。一案之破，动经时日，虽著名侦探家，必有疑所不当疑，为所不当为，令人阅之，索然寡欢者。作者乃从华生一边写来，只须福终日外出，已足了之。是谓善于趋避。且探案全恃理想规画，如何发纵，如何指示，一一明写于前，则虽犯人弋获，亦觉索然意尽。福案每于获犯后，详述其理想规画，则前此无益之理想，无益之规画，均可不叙，遂觉福尔摩斯若先知，若神圣矣。是谓善于铺叙……余故日：其佳处全在"华生笔记"四字也。

吴趼人的《二十年目睹之怪现状》，就是向柯南·道尔学习的用第一人称"我"来编织贯穿整个小说的。吴趼人是第一个使用"我"来叙事的中国作家。当时就有人评道："全书布局以'我'字为线索，是其聪明处、省力处，亦是其特别处。"（《吴趼人研究资料》）应该说，吴趼人用第一人称写小说，从"全知型"向"半知型"过渡，代表"中国小说审美形态走向现代化的重要标志，西方引进的侦探小说在其中起到了重要的作用"（引自《清末民初小说的翻译及其文学史价值》，刊于 2014 年第二期《中国现代文学研究丛刊》）。

清末民初的翻译家，风起云涌般出现在文坛，耀眼夺目，其对西方价值观和美学观的引入，对当时中国的社会进步和文化的发展起到推动作用，这是毋庸置疑的。清末民初翻译西方文学，自然有社会文化背景和倡导者自我的政治主张要求，但本国的文化背景总制约着外来文化，并要求外来文化为自我服务。这种矛盾，必然导致当时翻译文化的"水土不服"，外来文化与本土文化的碰撞、融合，就出现了后来带有浓厚本土文化色彩的五四文化运动。说到底，五四文化运动，是中国本土的新文化运动。

第四章

民国四年至
民国五年
（1915—1916年）

袁世凯复辟帝制；陈独秀创
办《青年杂志》；梁启超作《异
哉所谓国体问题者》反帝制；
"《新青年》时代"拉开帷幕

　　1915 年伊始，袁世凯图谋复辟帝制，日本政府遂提出对华"二十一条"，逼迫袁氏就范。袁氏连日开会制定策略：拖延时日，以待外援，逐步透露内容，以求国际支持。5 月 9 日，袁世凯政府接受日本政府最后通牒，承认耻辱的"二十一条"。消息传出，群情激愤，各爱国团体纷纷集会，拒不承认"二十一条"，并展开"抵制日货"等拒日活动。全国教育联合会决定，各校以每年 5 月 9 日为"国耻纪念日"。

　　袁世凯并未因此停下其紧锣密鼓的黄袍加身的步伐。8 月，袁氏操办的"筹安会"出笼，"帝制热"更加甚嚣尘上。他同时加紧对舆论控制，禁止报刊登载议论国体文章。因发文反对帝制，北京的《亚细亚报》主笔吴焘、《民主日报》总编仇亮，遭到暗杀，喋血街头。

　　血腥的杀戮，并没有让言论界屈从于袁氏的淫威。北京《亚细亚报》发表袁氏政治顾问古德诺的《共和与君主论》，传递出袁氏称帝信息，十天后，梁启超即在上海《大中华》月刊，发表了明确反对袁世凯称帝的雄文《异哉所谓国体问题者》。各大报迅速转载，全国激起强烈反对称帝的浪潮。

　　9 月 15 日，陈独秀在上海创办的《青年杂志》（第二卷改名"新青年"）横空出世。率先高举民主与科学（"德先生"和"赛先生"）两面大旗。开宗明义的《敬告读者》一文中，提出"自由的而非奴隶的，进步的而非保守的，进取的而非隐退的，世界的而非锁国的，实利的而非虚文的，科学的而非想象的"，以唤醒国民特别是青年身上沉睡的公民意识及现代人格，激励他们去实现其自我可能成为的英雄形象。

无独有偶，远在大洋彼岸的美利坚，一群怀抱科学报国理想的年轻留学生，后都成为国之栋梁的赵元任、杨杏佛、任鸿隽等人，在这一年创办了《科学》月刊，与《新青年》相呼应，投入寻求科学与民主的斗争大潮。

12月12日，袁世凯冒天下之大不韪，公然宣布称帝，其追随者弹冠相庆，其御用文人和媒体纷纷登场高唱赞歌，自称"臣记者"者，也不乏其人。这与梁启超等声讨袁氏称帝的檄文，陈独秀在《青年杂志》呼唤科学民主的震天吼声，构成百年言论史上最斑驳的色彩。

最能如实呈现这一年政治生态的，是《四川群报》主编樊孔周在"双十节"那天，在自家门框贴的那副对联：

庆祝在戒严期间，半是欢欣，半是恐惧；
言论非自由时代，一面下笔，一面留神。

1916年1月，当了皇帝的袁世凯，虽将其曾宣誓效忠的"中华民国"改为"中华帝国"，年号"洪宪"，但在蔡锷反袁，"为国民争人格"的枪声和全国舆论声讨之中，过得并不安逸。袁氏使出各种手段，查禁中外出版物九十多种，封闭报刊六十六种，但还是在一片叫骂声的怒涛席卷之下，于3月22日不得不宣布撤销帝制、废弃"洪宪"年号，全国再度恢复民国纪年。

4月，上海《中国新报》出版《护国军纪事》，支持蔡锷的反袁义举。民心所向，势若惊雷。袁氏的黄粱美梦岂能长久。

6月6日，在举国声讨形势下，西南各省宣布独立，北洋军阀内部分崩离析，众叛亲离的袁世凯气急暴亡，一命呜呼，军阀割据时代开始。9月1日，陈独秀提出：

伦理的觉醒，为吾人最后觉悟之觉悟。

陈独秀以其政治家之胆略，决心在思想、文化战线上冲锋陷阵。百年言论史上，最激荡人心的新文化运动或曰"《新青年》时代"，已拉开了汹涌澎湃的帷幕。在世局交相嬗替之际，一代大师巨子，泛溢着博大的中国文化的情怀，肩负着深远和沉重的文化承载，纷纷登上这个乱世的文化舞台，并在最后以其丰盈的文化财富和高尚鲜活的文化灵魂，给后世留下一个个扣人心扉的绝响……

1. 新文学革命与陈独秀创办的《新青年》

新文化运动特别是"新文学"运动，本质上是企求中国现代化的思想启蒙运动。受到西方现代思潮影响的先进知识分子，认真总结了晚清洋务运动，维新运动到辛亥革命历次变革的经验教训，认清了中国要向现代化转变，建立民主共和国体，必须在意识形态领域进行一场反对旧思想的启蒙运动。新一代知识精英如梁启超、陈独秀、胡适、李大钊等，更关注对精神文化的现代化追求。他们相信社会变革进化的前提是国民精神的解放。当时的历史，为这一运动提供了契机。辛亥革命后，经历了袁世凯复辟及不断的军阀混战，政权更迭频繁，统治者无暇顾及精神领域和文化事业，致使当时思想统治薄弱而松动。这一段极为珍贵的自由时期，其思想自由的氛围，为各种现代化思潮提供了滋养的土壤，拓宽了知识分子的视野，使知识分子群体成了寻求变革的积极活跃的骨干力量。毛泽东在《五四运动》一文中高度评价了当时的知识分子，他说：

在中国的民主革命运动中，知识分子是首先觉悟的成分。

从学术史看来，"新文学"意识应是"民国文学"意识的一部分。

民国以来，最先鲜明提出"人权、平等、自由"的思想，确认"人权平等之说兴"和"科学之兴"，"若舟车之有两轮"，是推进现代化的基本条件，并首先提出以民主和科学作为思想启蒙的主要武器者，是陈独秀。率先提出反对孔孟者，是李大钊，他在《自然的伦理观与孔子》一文中指出：

> 掊击孔子，非掊击孔子之本身，乃掊击孔子为历代君主所雕塑之偶像的权威也；非掊击孔子，乃掊击专制政治之灵魂也。

陈独秀、李大钊，反对封建纲常伦理，促成了个性解放的浪潮。"打倒孔家店"，一时成为青年人反传统的激进口号，新文化运动揭橥批孔孟大旗之态度决绝，矫枉过正，自然有其片面性，这是后话。

清末民初，又是知识分子身体力行，广泛引进和吸收应用西方文化，这是新文化运动在思想启蒙上做出的另一大贡献。陈独秀主张"以欧化为是"，他在《随感录》中，坚信引进吸收西方文化之必要：

> 吾人生于二十世纪之世界，取二十世纪之学说思想文化……以求真理之发见，学术之扩张。

这与胡适提出"输入学理"，鲁迅主张"拿来主义"，蔡元培倡导"兼容并包"，都是以恢宏的气度、高涨的热情、坚决的态度大力输入西方文化。最大限度地吸收西方最新的信息、最先进的思想，有益于我国追赶世界的潮流。

在文化方面，西方自文艺复兴以来各种各样的思想理论，比如人道主义、社会进化论和社会主义思潮，大量涌入，开阔了一向闭关自守的中国文化人的视野，为批判旧文化提供了各种思想武器，这对思想启蒙功不可没。但是，这种对西方文化没有选择地盲目引进，企图从此全盘取代和摒弃中国传统文化的做法，也带来消极影响。五四运动之后，其负面影响，越演越烈，这也是后话。

　　很多中国文学史研究，都把 1915 年 9 月《青年杂志》的创刊，作为新文化运动的肇始，这是不科学的。事实是从晚清到民初，随着老一代士大夫逐渐退出历史舞台，新学堂培养出的学生特别是一大批留学生纷纷登上中国的文化舞台，新的文化已在酝酿、生成、发展、壮大之中。波澜壮阔的晚清"小说界革命"，就认定"文学者，美术之一种也。小说者，又文学之一种者也"。成之在《小说丛话》（载《中华小说界》第一年第三期至第八期）中，认为"晚清开通风气，灌输知识，诚要务矣。何必牵入于文学之问题，必欲以二者相牵混？是于知识一方面，未收其功，而于文学一方面，先被破坏也"。这种认识，在一定程度上，为后来的新文学的问世，做了准备。而民初出现的大量翻译作品，就有"鼓吹新学思潮，标榜爱国主义"这一时代特色，已具有新文化运动本质精神。到 1911 年，很多报刊都致力于揭露清政府的专制黑暗，以新思想启蒙国人。如宋教仁主笔的当年最受读者欢迎的《民立报》，"昼夜印机不断"，日发行两万多份，比后来的《青年杂志》多数倍，影响也大。另外，从宏观视角对《甲寅》月刊与《青年杂志》的渊源关系上看，后者只是对前者的继承与超越。《甲寅》月刊对新文学的无意识提倡，催生了新文学，这是事实，《青年杂志》只不过较为自觉地提倡新文学而已。

　　1915 年，袁世凯处心积虑，加快了黄袍加身的步伐，在已形成雏形的新文化运动的推动下，中华大地掀起反对帝制的滔天巨浪。8 月 14 日，杨度串联孙毓筠、李燮和、胡瑛、严复、刘师培，发起组织"筹安会"，并联名通电各省，发表宣言，大力赞扬君主制度。袁世凯的宪法顾问古德诺发表《共和与君主论》鼓吹君主制，支持袁氏复辟帝制。在袁氏的支持下，

23日，"筹安会"在石驸马大街正式宣告成立。杨度、孙毓筠分别任正副理事长，严复、胡瑛、李燮和、刘师培为理事，是为"洪宪六君子"。"筹安会"发表第二次宣言，内容分"求治""拨乱"两部分，标榜"以筹一国之治安"为目的，"专以理学之是非与事实之利害"来研究"君主、民主国体二者孰适于中国"云云。次日，北京军界召开大会，北洋派军警要人雷震春、江朝宗等四十九人签名赞同君主制。26日，杨度发表《君宪救国论》，再次为袁氏复辟帝制摇旗呐喊，曾积极将西方资产阶级的政治制度、学术思想介绍到中国来的严复们，最终成了复辟帝制的吹鼓手，让人看到了人性的复杂。8月10日，梁启超在上海《大中华》月刊发表反对袁世凯称帝的檄文《异哉所谓国体问题者》，各大报转载，风行一时，在全国激起强烈反响。二十多天后，9月15日，陈独秀在上海创办《青年杂志》（第二卷起改名"新青年"），积极参加了新文化运动。

笔者曾在《民国清流1：那些远去的大师们》一书中，详尽介绍过陈独秀，这里只简介其1915年前的事迹。

陈独秀1880年出生于安徽"万里长江此封喉，吴楚分疆第一州"之怀宁（今安庆）。十七岁即考取安庆府第一名秀才，可惜次年江南乡试落第。自此，放弃科考的传统人生，走上自己的革命峥嵘岁月。早年留学日本，与章士钊、苏曼殊相识，归国后的1901年，在安庆代售宣传启蒙民智之《励学译编》，开始从事维新活动。

1903年，正在安徽筹办《爱国新报》的陈独秀，第一次匆匆到上海。时二十三岁，已是狂飙突进、能写淋漓酣畅雄文的热血青年。他是应章士钊、苏曼殊之邀，到上海参加其创办的《国民日日报》的编辑工作的，该报是著名的《苏报》被清廷查封之后，另行创办的。《国民日日报》创办伊始，如同当年《苏报》，"发刊未久，风行一时"。

当时，只有章士钊和陈独秀承担报纸的编辑、印刷、发行工作，常常彻夜工作。《国民日日报》倡言无忌，常发时评，刊登揭露清廷腐败和社会不公的文章。比如，章太炎的"文章总断魂"诗，以及悼念沈荩因报道清廷与帝俄密秘签订卖国条约而被"立毙杖下"的祭文，都发在《国民日日报》上。该报有"小苏报"之誉。后因报社内部矛盾及清廷的严酷查封而停办。

1904 年 10 月，再次应章士钊之邀，陈从芜湖重返上海。此次不再以笔为武器向清廷宣战，而是来参加东京军国民教育会暗杀团在沪的暗杀活动。此暗杀团，也称爱国协会。大清翰林，后来成为教育总长、北京大学校长的蔡元培，发展章士钊入会，章又发展陈独秀。此会主张以"暗杀救国"，很多爱国文人，加入此会。

陈独秀日复一日与这些革命党人试制炸药，随时听命刺杀敌人。但华兴会长沙起义失败，接着暗杀团至北京潜伏颐和园五个月，刺杀慈禧也未得手，暗杀团活动告停。

陈独秀回到安徽，到芜湖科学图书社找到报界闻人汪孟邹表示要办报纸，陈独秀本不认识汪孟邹，汪却早就了解眼前这位剪了辫子、披着长发、背着包袱、手拿雨伞的年轻人。他很早就读过陈独秀十八岁时写的《扬子江形势论略》。陈独秀除了因乡试到过一次南京，并不曾远游过，但仅凭行船走过长江，就把两岸地貌了解得细致入微，并提出建设江防的方略。那凌厉畅达的《扬子江形势论略》深深地印在汪的脑海里，他很欣赏此年轻人的气魄和才情。

尽管汪孟邹手头拮据，还是让陈独秀办起《安徽俗话报》。陈独秀一日吃两顿稀粥，清苦得很，却一个人包办了一张报纸的写稿、编辑、印刷、发行、邮寄工作。在他蜗居的小屋内，贴着他写的巨幅对联，那是以遒劲的笔墨写的"推倒一时豪杰，扩拓万古心胸"，当年的陈独秀，为了日夜梦想的革新大业，有气吞山河的豪气。

1909 年，陈独秀到杭州定居，在陆军小学任教。杭州历年皆是文人雅士荟萃之地。于是就有了陈独秀与沈二（沈尹默）的一段文坛趣事。一日，沈尹默到友人家吃酒，回到家里，即兴作诗五首，翌日即送到友人家，请其指教。友人将五首诗挂在墙上，正在欣赏之际，陈独秀来了，问了沈尹默何许人也。第二天，陈独秀就推开了沈尹默的大门，见到沈就大叫道："我叫陈仲甫，昨日在友人家看到你写的五首诗。诗做得很好，字却其俗入骨。"

受到棒喝的沈尹默，望着远去的陈独秀，并未生气，反倒被其率直挚诚的性格打动。从此发愤钻研书法，几年后，他们同受聘北大任教时，他已成为享誉书坛的大师。

沈尹默与陈独秀接触久了，对其也有了独到的认识。他到北京大学任教时，曾说，仲甫每到革命低潮，心情苦闷，诗就做得好，他工宋诗，很有功力。像当年在杭州时，他常以香草美人自况，有时干脆以屈子自喻。如"湘娥鼓瑟灵均泫，才子佳人共一魂"及"坎坷复踽踽，慷慨怀汨罗"。但他在革命顺利时，就放弃诗而写论文了。"我对他的评价是，诗第一，文第二，演讲最差。"

且举陈独秀一首《夜雨狂歌答沈二》诗，供读者欣赏：

黑云压地地裂口，飞龙倒海势蚴蟉。

喝日退避雷师吼，两脚踏破九州九。

九洲嚚隘聚群丑，灵琐高扃立玉狗。

烛龙老死夜深黝，伯强拍手满地走。

竹斑未灭帝朽骨，来此浮山去已久。

雪峰东奔朝岣嵝，江上狂夫碎白首。

笔底寒潮撼星斗，感君意气进君酒。

滴血写诗报良友，天雨金粟泣鬼母。

黑风吹海绝地纽，羿与康回笑握手。

蔡元培这位学贯中西的清翰林，评价陈独秀的诗说："仲甫作诗意境高绝，胎息亦厚，高傲愤世之情，非时人士流所能窥也。"

1915 年 9 月 15 日，陈独秀在上海法租界环龙路老渔阳里二号（今南昌路 100 弄 2 号）创办了《青年杂志》。

办《青年杂志》与汪孟邹有关。当年，柏文蔚任都督后，朋友纷纷找到陈独秀，觉得他应该做一番事业了。有的劝他去做知县，有的让他去当税局官，陈独秀听罢，先是呵斥他们短见，说时局会变，然后表示要到上海去开一个书店。果然，不幸被陈独秀言中，时局发生了变化，袁世凯加快称帝步伐。他决定到上海去找亚东图书馆老板汪孟邹，同他商量创办一个杂志，他对汪说："只要给我几年时间，这杂志一定会名扬天下！"

当时，汪孟邹的东亚图书馆并不景气，因承担章士钊办的《甲寅》杂志，无力再办刊物。但友情所系，再加上汪孟邹相信陈独秀的能力，于是他找到同业老友陈子沛和陈子寿兄弟帮忙，最终陈氏兄弟的群益书社承办了《青年杂志》。后因陈子寿认为《青年杂志》与《上海青年》杂志名称略同，征得陈独秀的同意，从第二卷开始，改名"新青年"。

《新青年》高扬民主、科学大旗，标志新文化运动掀起更高浪潮，陈独秀由此真正登上历史舞台，当仁不让地成为中国思想界的领袖。

《青年杂志》在中国文坛及历史舞台的出现，是当时中西方文化碰撞的结果，也是中国文化万分焦虑的结果。有偶然性，更有必然性。有些史家说："当时的中国，几千年的传统文化已经走到一个亟待更新的关口，而世界各地的外来文化也已经通过各种途径与中国本土文化构成了不可阻隔的交流之势，《新青年》顺势而出，担当了与国人共同思考文化前途与民族命运的重任。"甚至说："《新青年》扛得起这个历史重任。"（《〈新青年〉与百年中国的文化焦虑》，刊于《中国现代文学研究丛刊》2015 年第七期）。似过高地评价了《新青年》在新文化运动中的作用和地位。

事实是，《新青年》的激进态度代表新文化运动中的激进派。《新青年》对中国传统文化的批判持虚无主义立场，不仅全盘否定了滋养我们民族成长的优秀传统文化，也确实几乎毁灭了它。借用当代国画大师崔如琢关于传统文化的一句话，"文化是骨子里的东西"，"什么是传统？传统就是一个民族文化的基因，我们不拒绝营养，可以壮大基因，但不能改变基因"（《北京晚报》2016 年 8 月 12 日 17 版）。否定和破坏自己民族的文化传统，企图用舶来的文化基因取代本民族文化的基因，最后只能是一场悲剧。

2.胡适在《新青年》发表翻译小说《决斗》

胡适在《新青年》发表《文学改良刍议》，而在新文化运动中暴得大名，成为最早的以文化决绝姿态及个性意识觉醒的先驱者。

上海亚东图书馆老板汪孟邹，把胡适和《青年杂志》拉在一起，发生在 1915 年 10 月的这一历史细节，使那代知识精英得以站在时代的高地，在回眸自我的文化传统时，以金刚怒目乃至决绝的文化姿态，发出文学革命的鸣镝，掀起新文化运动的滔天巨浪。

汪孟邹在这年 10 月 20 日，把散发着油墨之香的《青年杂志》第一号，寄给大洋彼岸在美国留学的二十四岁的胡适，并代表《青年杂志》主编陈独秀，向这位青年才俊约稿。

胡适于 1910 年，参加庚子赔款官费生考试合格，有了留学美国的机会。结束了"客里残年尽，严寒透画帘"，"壮志随年逝，乡思逐岁添"的身世困顿、前途渺茫的哀愁生活。从上海登邮轮赴美国，在辽阔的太平洋上，他站在甲板上，眺望深蓝的浩瀚大海，突然忆起五个月前，他在上海的那个暗淡的夜晚。那日，他与友人夜饮大醉，归途中神志朦胧，与巡捕厮打一起，被拘禁一夜，并处以罚款。酒醒时分，愧疚交加，发誓振作。多年后，胡适在《四十自述》一书中说："我没有掉一滴泪，但我已经过了一次精神上的大转机。"

胡适又回忆起 7 月下旬的那场考试。国文题为"不以规矩不能成方圆说"。他觉得自己"做了一篇乱谈考据的短文"，竟然得了一百分。英文将将及格——六十分。第一场平均八十分，位列第十名。第二场，考各种科学。"考得很不得意"，最后在录取的七十名考生中，以"很接近榜尾"的五十五名录取。

9月，胡适走进美国纽约绮色佳城的著名学府康乃尔大学校园，选学农科。

胡适虽选学农科，但一直没有放弃对文学的坚守。刚到美不久，读《诗经》之《召南》《邶风》诸札，深感汉儒解经之谬，其即在日记中写道：

> 汉儒寻章摘句，天趣尽湮，安可言诗？而数千年来率因其说，坐令千古至文，尽成糟粕，可不痛哉？故余读诗，推翻《毛传》，唾弃《郑笺》，土苴《孔疏》，一以己意为造《今笺新注》，自信此笺果成，当令《三百篇》放大光明，永永不朽，非自夸也。

这年，胡适又乘势作《适庵说诗杂记》草稿，再斥汉儒之穿凿附会，望文生意，真趣皆失。他提出，应以20世纪的眼光，把《诗经》当诗来读，万勿当经读。遂有《诗三百篇言字解》，刊于1913年1月的《留美学生年报》。1921年收入上海亚东图书馆初版《胡适文存》。

到1912年，胡适改入康乃尔大学文学院读书，走进自己喜爱的文学世界。是年9月，胡适翻译了法国都德的小说《最后一课》（译名"割地"），刊载于上海章太炎创办的民国元年重要的报纸之一《大共和日报》上，后收入1919年由上海亚东图书馆出版的胡适译《短篇小说》第一集。

1914年1月，胡适在《留美学生年报》（第三年本）再次发表《非留学篇》（上、中、下），被研究胡适者视为主要的论文。论文对留学生的时代职责之论述颇有见地：

　　新旧二文明之相隔，乃如汪洋大海，渺不可渡。留学者，过渡之舟楫也，留学生者，篙师也，舵工也。乘风而来，张帆而渡，及于彼岸。乃采三山之神药，乞医国之金丹，然后扬帆而归，载宝而返。其责任所在，将令携来甘露，遍洒神州，海外灵芝，遍栽祖国。以他人之所长，补我之不足。庶令吾国古文明，得新生机而益发扬张大，为神州造一新旧泯合之新文明。

　　请注意，此文看似谈留学者之责任，但实际上表达了胡适对渐成气候的新文化运动的鲜明姿态，引进西方文化，目的是"庶令吾国古文明，得新生机而益发扬张大，为神州造一新旧泯合之新文明"，而与以《青年杂志》为中心的陈独秀们决绝地彻底批判中国传统古文明的激进文化姿态，有所不同。胡适代表了受中国古文化浸润，有着深厚的国学底蕴，又受西方文明的影响的那部分文化精英的理性和文化姿态。而那些对国学底蕴深厚，对西方文化知之不够的新文化运动激进者，偏偏高扬"拿来主义"，"全盘西化"，彻底否定中国古文明，其教训是显而易见的。一直以来，被视为新文化运动主导精神的"打倒孔家店"，是胡适提出来的。貌似是对胡适积极参与新文化运动的肯定，实则是对胡适对待文化遗产的理性态度的否定。对此，胡适自己在《关于〈新青年〉问题的几封信》中，做出这样明确的答复：

　　有许多人认为我是反孔非儒的。在许多方面，我对那经过长期发展的儒教的批判是很严厉的。但是就全体来说，我在我的一切著述上，对孔子和早期的"仲尼之徒"如孟子，都是相当尊崇的。

　　胡适对传统文化的批评继承，与陈独秀、鲁迅等人全盘否定传统文化的两种姿态的对峙，构成了新文化运动耐人寻味的文化冲突。二十四岁的胡适，在发表《非留学篇》（上、中、下）时，可能意识到新文化运动的涛声已经逼近。

是年夏，胡适参加了康乃尔大学毕业典礼。年底，他写的《睡美人歌》，可视为对他自己留学七年思想文化成熟的寓言式表述：

> 东方绝代姿，百年久浓睡。
> 一朝西风起，穿帏侵玉臂。
> 碧海扬洪波，红楼醒佳丽。
> 昔年时世装，长袖高螺髻。
> 可怜梦回日，一一与世戾。
> 画眉异浅深，出门受讪刺。
> 殷勤遣群侍，买珠入城市。
> 东市易宫衣，西市问新制。
> 归来奉佳人，百倍旧姝媚。
> 装成齐起舞，"主君寿万岁！"

1915 年 3 月，留美学生群情激愤，纷纷集会，抗议日本向中国提出"二十一条"。或发急电，或作长函，或痛哭而陈词，或慷慨而自杀。胡适则认为，中国学子的大患在于不肯深思远虑，"平日一无所预备，及外患之来，始惊扰无措"（3 月 3 日致张奚若信）。他在《留学日记》卷九中说：

> 纷扰无益于实际，徒乱求学之心，电函交驰。何裨国难？不如以镇静处之。

3 月 19 日，他在《致留学界公函》中，又强调"我们的职责是读书"，不能让这些纷扰耽误了读书的主要任务。

7 月，暑假，胡适始考虑转学哥伦比亚大学，师从杜威，攻读哲学博士。8 月，曾为由留学生创办的《科学》杂志作《论句读及文字符号》一文。后此文成为 1919 年《请颁行标点符号议案（修正案）》蓝本。9 月，先作诗《送梅觐庄往哈佛大学》，诗中提出"文学革命"口号。不久又写作《戏和叔永再赠诗，却寄绮城诸友》，又提出"诗国革命"的口号，此月离开康乃尔大学，转学纽约的哥伦比亚大学哲学系深造，成为实验主义大师杜威的学生。接到《青年杂志》和汪孟邹的信函前，如前所述，胡适早在 1912 年 9 月，就用流畅的白话文翻译都德的名著《最后一课》，两年后的 11 月，他又在《甲寅》杂志第一卷第四期，发表了用漂亮的文言文翻译的《柏林之围》。深谙文学的汪孟邹，早就注意到胡适的译文多是侧重于爱国主义主题的小说名著，其白话文与文言文交替使用，典雅而流畅，深深地吸引了汪，故有替《青年杂志》向胡适约稿之举。

1915 年 10 月 6 日，胡适接到《青年杂志》创刊号和约稿信。认真阅读之后，便为其开放的胸襟、兼容并包的文化策略、自觉的历史使命感所折服。其办刊宗旨之《社告》道：

> 今后时会，一举一措皆有世界关系。我国青年，虽处蛰伏研求之时，然不可不放眼以观世界。本志于各国事情、学术、思潮，尽心灌输，可备攻错。

胡适敏感地注意到，《青年杂志》已具有开放的现代意识，注意对西方文化和文学的翻译介绍，创刊号的封面融汇了很多西方元素，上面印有安德鲁·卡内基的头像。胡适对《青年杂志》之将视野拓展到了西方文化这一广袤的土地，进而实现其文化启蒙和文化重铸的目的，甚是兴奋，有了为《青年杂志》做些什么的冲动。

当时的胡适，经历了美国文化的耳濡目染，他脑子里固有的中国传统思想开始出现变化，当初崇尚老子无为而治、与世无争、超越物外的文化品格，开始向崇尚个性、张扬自我主体性转化。

1915年12月13日，汪孟邹再次致函胡适，为《青年杂志》催稿，信中称：

> 陈君望吾兄来文甚于望岁，见面时即问吾兄有文来否。

很巧，汪孟邹发出这封信的前一天，12月12日，袁世凯宣布称帝的消息，尚未广为人知。第三天，汪的信投进邮局，全国各大报纸才纷纷刊出此消息，远在大洋彼岸的胡适很快也被袁世凯公然称帝而震惊。

1916年3月，袁世凯在一片骂声中，被迫宣布撤销帝制。6月6日，众叛亲离，曾在中国历史显赫一时的袁世凯一命呜呼。曾避难日本的邵飘萍自1916年归国，被特邀成为《时事新报》主持笔政，先后发表《顺逆辩》《呜呼袁世凯》等一百三十四篇时评、三十六篇社论。他同时为《申报》《时报》执笔撰文。以犀利之笔，写下《预吊登极》等脍炙人口的评论，成为当年最负盛名的新闻达人。胡适在海外读了他的文章，甚为推崇。邵飘萍的影响，远在陈独秀和《新青年》之上。

动荡而又斑驳的1916年2月，陈独秀主办的《青年杂志》出了一卷六期之后，暂时停刊，到9月1日更名为"新青年"，继续出版，陈独秀提出：

> 伦理的觉悟，为吾人最后觉悟之觉悟。

决心在思想文化上下功夫，百年言论史上激荡人心的后人所称"《新青年》时代"，拉开了帷幕。

1916 年 9 月的《新青年》第二卷第一号上，终于刊载了千呼万唤才出炉的胡适翻译的短篇小说《决斗》。《决斗》是俄国泰来夏甫的作品。虽然胡适在留学美国期间曾发表过几篇翻译小说，但在《新青年》，这是胡适的第一篇作品。对《新青年》来说，《决斗》也是它的第一篇白话文。

乍看起来，汪孟邹出面为陈独秀办的《新青年》向胡适约稿，胡适将《决斗》交给《新青年》发表，不过是一次历史的偶然事件。但在其背后，深潜着极其隐秘的文化心理。正是因这一偶然事件，两位新文化巨人陈独秀和胡适，才有机缘在诸多"历史合力"的共同作用下，共同为新文化运动推波助澜，并成为开启新中国文化大门的旗手和领袖，同时二人又显示出不同的文化姿态，让这场文化运动呈现复杂景观。

《决斗》写的是，在一个早晨，与早年丧夫的寡母相依为命的俄国军官乌拉得米·克拉都诺夫，为了捍卫荣誉与另一军官决斗致死的故事。"克拉都诺夫把双手抱胸，手中拿着枪，正等候他的敌手放。他脸上虽没有平常的光彩，却没有一毫畏惧之色"，然后对方枪一响，克拉都诺夫倒下死了，他的朋友伊凡不知怎样将这一"死耗"告诉克拉都诺夫的母亲，当他见到这位母亲时，她正沉浸在对儿子的真爱和由此对未来的美好憧憬中。见此，伊凡犹豫再三，在矛盾纠结中，终不敢将其子已死的消息相告而悻悻转身离去。

胡适为《决斗》写的小按语，是这么介绍这篇小说的：

> 全篇写一极惨之情，而以慈母妪煦之语气出之，遂觉一片哭声，透纸背而出，传神之笔也。

胡适为了让读者深刻了解《决斗》，在小按语中还把《决斗》与梅特尔林克的《死耗》相比较："此篇用意取材，颇似梅特尔林克之《死耗》，知梅氏者，当不河汉斯言。"胡适之所以提梅氏，是因为在1915年的《青年杂志》上，陈独秀在《现代欧洲文艺史谭》一文中，对其有过介绍，说"现代欧洲文坛，第一推重者，厥唯剧本"，"比利时之梅特尔林克，皆其国之代表作家，以剧称名于世界也"。

从胡适所译《决斗》，可见其在美留学期间，通过大量阅读逐渐建构起来的外国文化基点。其对西方文学深刻的理解，比林纾等"以中化西"解读翻译的西方小说，有了大进步。胡适并不是专门从事小说创作和小说翻译的，但他一直推崇小说这一艺术形式，在这样一种文化视野下，他很重视西方小说的美学价值，并意识到其对中国文化和小说有所裨益。这也与他在1916年写的日记，表达"为祖国造新文学"的自觉意识相吻合。这一年，他在"论译书寄陈独秀"的信中说：

今日欲为祖国造新文学，宜从输入欧西名著入手，使国中人士有所取法，有所观摩，然后乃有自己创造之新文学可言也。

他还说过：

我是极想提倡短篇小说的一个人，可惜我不能创作，只能介绍几篇名著给后来的新文人作参考的资料。

胡适一直把以"文学革命"来创造一种新的白话民族文学，作为一生的奋斗目标。他一生的一系列理论阐释中，都清晰而坚决地贯穿这一精神体系。

　　《决斗》所写的决斗，在中国侠文化中，多有表现。在西方，特别是俄罗斯文学中，尤有更多表现。俄国诗人普希金和莱蒙托夫都死于决斗。决斗也是俄国文学中常见的题材，普希金的中篇小说《射击》和长篇小说《叶甫盖尼·奥涅金》、莱蒙托夫的长篇《当代英雄》、列夫·托尔斯泰的长篇小说《战争与和平》等堪称世界经典小说，都以重要的篇幅写决斗。

　　在新文化运动渐渐勃起的文化语境下，为爱情或荣誉或祖国的进步而拔剑奋起决斗，正是对当时文化精英的一种文化姿态的写照，起码表现了胡适的文化决绝姿态和精神象征。

　　在留学国外的青年学生的话语权开始受到中国社会高度重视之时，胡适刻意地以《决斗》暗喻他的"修身治国之道"。这与陈独秀及《新青年》以开放胸襟，兼容并包改造中国传统文化的策略，不谋而合，为《决斗》登陆《新青年》和后来二人联手发动文学革命提供了契机。

　　《决斗》堂而皇之登上《新青年》，表现一代年轻知识精英的一种文化决绝姿态以及个性意识的觉醒，这似乎是毋庸置疑的。但是，直到今天，还是有些学者对《决斗》另有说辞。有的把《决斗》归纳为"孤儿寡母"的题材。指出，"孤儿寡母相似的人生经历，不仅使胡适对《决斗》产生了情感的共鸣，而且还构成了其自我人生隐喻的一种形式"。其根据是胡适五岁时丧父，由寡母拉扯兄弟长大。克拉都诺夫的母亲对其寄托的无限希望，恰与胡适母亲对其寄托的无限期望具有某种相似处。但，"孤儿寡母""极惨之情"，在小说中已淹没在"决斗"的悲壮感之中。孰重孰轻，读者自明。

　　还有人言之凿凿地考证出，胡适发表《决斗》是为赚稿费，而且"把笔资（稿费）的用场都做好了安排。笔资可以说是构成了胡适从事文学翻译的一个重要驱动力"。

　　作家创作，获取报酬，天经地义，无可厚非。人家怎样安排所得，纯属人家的自由。问题是，这与《决斗》的价值何关？鲁迅因稿酬与几位出版家闹翻，甚至诉诸法律，可是，鲁迅对自己创作的经济诉求与作品社会影响有何干系？

1916年4月5日，胡适发表《吾国历史上的文学革命》一文，提出"一部中国文学史，只是一部文字形式（工具）新陈代谢的历史，只是'活文学'随时起来代替'死文学'的历史。文学的生命全靠能用一个时代的活的工具来表现一个时代的感情与思想，工具僵化了，必须另换新的，活的，这就是'文学革命'"（引自《胡适文集》七卷"胡适简明年谱"）。

从《吾国历史上的文学革命》一文看，在哥伦比亚大学研究院学习的胡适，已经认真思考关于新文学革命的问题了。他不仅胸有成竹，而且态度坚决，由当时他填的一首气贯山河的词《沁园春·誓诗》可证，词中曰：

文学革命何疑！且准备搴旗作健儿。要前空千古，下开百世，收他臭腐，还我神奇。为大中华，造新文学。此业吾曹欲让谁？

接着，胡适又作一首著名白话论战诗《答梅觐庄——白话诗》（载《留美学生季报》夏季第二号）宣称"二十世纪的活字，胜了三千年的死字"！此诗比1916年《新青年》第二卷第一号发表所译《决斗》早两个月。

是年11月，作改变中国文学史乃至文化史的宏文《文学改良刍议》（载1917年1月《新青年》第二卷第五号）。该文提出了文学改良八事：

一曰须言之有物；二曰不摹（模）仿古人；三曰须讲求文法；四曰不作无病之呻吟；五曰务去烂调套语；六曰不用典；七曰不讲对仗；八曰不避俗字俗语。

说得清楚些，八事之核心，就是文学必须采用革命性文体之白话文，就是文学必须有情感、有思想。《文学改良刍议》可谓是新文化运动的第一声春雷，史家郑振铎称之为"文学革命发难的信号"。陈独秀称之为"今日中国文界之雷音"，并在下一期《新青年》上也发表与《文学改良刍议》同样重要的文章《文学革命论》，笔者视之为文界第二声雷音，有了这两声春雷，才炸出一个新文化天地。陈独秀在该文以其革命家睿智的眼光和先驱者的胆略指出：

> 文学革命之气运，酝酿已非一日。其首举义旗之急先锋则为吾友胡适。余甘冒全国学究之敌，高张"文学革命军"大旗，以为吾友之声援……愿拖四十二生的大炮，为之前躯。

两位新文化运动的前躯，胡适和陈独秀，呼应配合，共同拉开了"为大中华，造新文学"的大幕。

3. "民国大佬"吴稚晖与《新青年》

谈到《新青年》群体，陈独秀、胡适、钱玄同、刘半农、李大钊及周氏兄弟等都是世人所熟知的。但这些人背后的一些重要社会名流如蔡元培、章士钊、马君武、李石曾和吴稚晖诸人对《新青年》的特殊贡献，就常常被人忽略。比如曾为《新青年》的兴盛起到过出色作用的"民国大佬"吴稚晖，就鲜为人知。

民国初年，以激进和革命姿态登上新文化运动舞台的吴稚晖，以极高的变革热情为语言文字和教育变革做出了独特的贡献，在社会赢得很高的声誉。所以，陈独秀在创办《青年杂志》时，曾邀请这位名流吴稚晖参与策划。

吴稚晖曾有一段有趣的文字，回忆与陈独秀谋面的情状：

> 见独秀两个名词，尚以为是个绝世美男子。后我在《新青年》（应为《青年杂志——引者》发起时晤到，正如韩退之所状苍苍者动摇者的形貌，令我叫奇。（《吴稚晖全集》）

1916年10月，在《青年杂志》改为《新青年》后的第二卷上，陈独秀不独将吴稚晖撰写的《青年与工具》发表，还例外地特意在该文后面，亲自加写了长长的按语：

　　吴先生稚晖，笃行好学，老而愈挚，诚国民之模范，吾辈之师资。
此文竟于发热剧烈时力疾为之，以践本志之约，其诲不倦重然诺如此。
全文无一语非药石，我中国人头脑中得未曾有，望读者诸君珍重读之，
勿轻轻放过一行一句一字也。

　　自负的陈独秀，除对胡适外，很少有如此谦恭的文字。足见陈独秀对
吴稚晖的推崇和景慕。读过吴稚晖的《青年与工具》,《新青年》的同人也
无不宾服。

　　《青年与工具》一文，是介绍英国工业、科学和物质文明的，特别介
绍了英国青年除了学业，还在自修室准备刨床、钻台、锯床等生产工具。
他在文中为了证明中国人力车夫的生活多么简陋，还写了自己所过的舒服
优越的生活，两相比照，说明"物质文明"的重要性。文章发表后，青年
读者甚感兴趣，便来函询问英国青年自修室里所备生产工具的"形制"用
处等。于是陈独秀又请吴稚晖作答，遂有《再论工具》发表。"再论"，除
答疑之外，还介绍了德国家庭工厂的情况及其存在的意义。

　　吴稚晖在《新青年》发表的《论旅欧俭学之情形及移家就学之生活》
《机器促进大同说》等文章，多涉及科学、教育和文字变革与注音字母等
问题。不像别人动辄就写大科学家，纵谈高深的科学文明等大道理，吴稚
晖的文章谈科学，却深入浅出地从教育青年入手，比较中外科学及教育之
先进和落后的差异，指出我国在科学工业化方面的缺失，文章入情入理，
发人深省，激发青年奋起直追。

　　《论旅欧俭学之情形及移家就学之生活》一文，详细介绍了中国青年
到法国勤工俭学的情况，这对当时兴起的赴欧留学热，起到帮助指南作用。
此文是由钱玄同组来的稿件，发表时，钱玄同在这篇文章之前写了一段很
精彩的按语：

吴先生以六十老翁，而具二十世纪最新之脑子，十余年来所撰文字，虽庄谐杂陈，而从不说一句悲观消极的暴弃的话，从不说一句保存国粹的退化话，惟一提倡科学教育，力役教育为事，诚吾人极良好之师资也……吾愿青年读吴先生之文幡然醒悟，勉为"新青年"，勿作"陈死人"，此则鄙人选录此文之意也。

　　1918 年 11 月，《新青年》已成为如日中天的新文化运动的精神高地，还没有过多地倾向政治的时候，《新青年》仍致力于文化层面的变革，比如提倡文字改革和注音字母。从这年起，鲁迅和李大钊等参加了《新青年》的活动。鲁迅以文学形式揭露"礼教吃人的罪恶"的短篇小说《狂人日记》就刊在该年 5 月的《新青年》上。

　　自打《新青年》揭橥批孔大旗，对传统文化采取猛烈攻击的决绝态度，逐渐出现了片面性、矫枉过正的成分。极端的例子，是陈独秀、鲁迅、钱玄同等甚至主张废除汉字，用德语拼音代替汉字，以彻底堵塞"腐毒思想之洞窟"。

　　到 1918 年，关于文字改革和注音字母的话题，仍争论不休，钱玄同专门找到吴稚晖，遂有吴稚晖的《补救中国文字之方法若何》载于《新青年》第五卷第五号上。其观点，与废除汉字之极端态度针锋相对，甚至不屑与此论争议。钱玄同在该文后写的按语是：

　　玄同以为我们对于中国文字，应该讨论的很多，并且为了要革新文艺、振兴科学、普及教育起见，更非赶紧在旧文字上谋补救的方法不可。因此曾于十月里写给吴稚晖先生一封信中提出几个问题，请教吴先生。吴先生思想见解的超卓，知道的人很多，不用我再来赞扬。单是就改革中国文字方面说，吴先生于一九〇八年在《新世纪》上曾发表过很多议论。一九一三年读音统一会所制的"注音字母"，吴先生又把它传播给巴黎的华工；两年以来又替教育部编了一部注音字典——名叫"国音字典"。我知道吴先生对于补救中国文字的方法怀抱的精思伟识非常之多，所以写信去请教他，现在接到这篇文章说得详详细细，有一万四五千字光景；其中所言极有价值，因此录登《新青年》以资国人之讨论。

关于吴稚晖对语言文字上的贡献，连一直嘲笑讥讽吴稚晖的鲁迅，也不得不尊重事实。在其晚年，于1934年发表在《申报·自由谈》上的《门外文谈》一文中，就浊音字母和入声存废问题写道，"为了入声存废问题"，有人"曾和吴稚晖先生大战，战得吴先生肚子一凹，棉裤也落了下来。但结果总算几经斟酌，制成了一种东西，叫作注音字母"。语虽调侃，事实不得不承认。

不敢说，汉字没有被废弃，是胡适、李大钊等新文化先驱者努力的结果，但他们的智慧和理性，使汉字遵循着自身规律发展，这怕也是事实。钱玄同的按语中并没有就《补救中国文字之方法若何》一文，发表具体意见，但他对吴稚晖的景仰崇敬之情，溢于言表。笔者认为，钱氏这种态度，是对自己弃汉字说的一种否定。

细心的读者，会注意到吴稚晖在《新青年》上发了那么多文章，谈文学的却极为鲜见。这与吴稚晖重科学轻文学有关。而且他之轻文学，很离谱，比如他一次与记者谈到文学时，说道，"毕竟文学家放狗屁，臭味有余，实用不足"，"文学不死，大难不止"，"文学家，卖几文一斤喔"（《吴稚晖全集》第十四卷）。

生活中充满悖论。吴稚晖虽对文学如此卑视轻慢，却偏偏写出了一部长篇科学小说《上下古今谈》、一部长篇小说《风水先生》。

胡适在1916年归国途中，想"找一部轮船上火车上消遣的书，也找不出……寻来寻去，只寻得一部吴稚晖先生的《上下古今谈》，带到芜湖路上去看"。《风水先生》则表现吴稚晖写小说的才华。《"自成一种白话"：吴稚晖与五四新文学》(载于《文艺争鸣》2014年第六期)一文高度评价了《风水先生》，曰："人物环境的荒村设置，风水先生与工人群像的冲突对抗，以及文言白话的夸张离奇，无不透露着这一作品的现代气息。"

20世纪30年代，周作人在为《中国新文学大系·散文卷》写的"导言"中，还十分赞赏吴稚晖的散文创作，甚至认为吴稚晖是活着的散文家中第一人。其光芒遮盖了鲁迅等一干名家。周作人充满敬意和赞叹地说：

> (吴稚晖)实在是文学革命以前的人物，他在《新世纪》上发表的妙文，凡读过的人是谁也不会忘记的。他的这一种特别的说话法与作文法可惜至今竟无传人，真令人有广陵散之感。为表示尊重这奇文起见，特选录在民十以后所作几篇，只可惜有些在现今恐有违碍不能重印，所以只抄了短短的两篇小文。

周作人在文中提到的吴稚晖，经常"发表的妙文，凡读过的人是谁也不会忘记的"。报纸《新世纪》是晚清时在法国巴黎创办的，由张继和吴稚晖任主编。因其激进，抨击清廷，1908年2月，清廷电令驻法公使，要求法国外交部封禁在巴黎出版的《新世纪》，遭到断然拒绝。是年10月25日，清廷又下令严禁"语多悖逆，昌言革命"的《新世纪》在国内发行。但风雨飘摇的大清气数已尽，已无力阻碍革命的言论。《新世纪》在国内仍大量发行，其发表的政论、时评、科学等方面的文章，特别是讨论汉字改革时的言论，常被《新青年》屡屡提及引用，为《新青年》提供了重要的思想和科学的资源。

查钱玄同1907年以来的日记，多记有关于《新世纪》的文字，如当

年 9 月 18 日日记就记有这样的文字："购得《新世纪》三、四号。打破阶
级社会，破坏一切，固亦大有识见，惟终以学识太浅，而东方之学尤所未
悉，故总有不衷于事实之处。"从日记中，可以了解到钱玄同虽不完全赞
同其观点看法，但对其颇有好感。故钱玄同一直都关注《新世纪》。到了
1919 年以后，他对《新世纪》有了新的认识，叹曰：

> 九年前阅此，觉其议论过激，颇不谓然。现在重读，乃觉其甚为
> 和平。社会进步欤？抑我之知识进步欤？

而胡适，在为其《科学与人生观》写的序中，也给吴稚晖以高度评价：

> 我们十分诚恳地对吴稚晖先生表示敬意，因为他老先生在这个时
> 候很大胆地把他信仰的宇宙观和人生观提出来，很老实地宣布他的
> "漆黑一团"的宇宙观、"人欲横流"的人生观……
> 从此以后，科学和人生观的战线上的押阵老将吴老先生要倒转来
> 做先锋了！

从《新青年》的中坚力量、骨干编辑陈独秀、胡适、钱玄同，以及与《新
青年》走得很近的周氏兄弟对吴稚晖的评价上看，这一群体与这位老先生
的思想是息息相关的，我们可以视吴稚晖是他们的师长和军师。

4. 新闻和文学联手演绎袁世凯称帝黄粱美梦

1915 年岁尾，袁世凯称帝。次年初改中华民国为"中华帝国"，定年号"洪宪"，不久又宣布取消"洪宪"年号，到 6 月 6 日，众叛亲离的袁世凯一命呜呼，一枕黄粱成空。袁世凯之魑魅魍魉的种种丑行，真是罄竹难书。那时进步的新闻舆论界，用他们手中的几百种报刊，真实地记录下了袁氏的种种罪行；而有良知的作家，也以文学为武器，形象生动地再现了那段黑暗丑恶的历史。共同构成了一幅反对袁世凯倒行逆施、复辟称帝斗争的壮阔历史画卷。

1915 年 8 月 3 日，袁世凯授意其美国顾问古德诺，发表鼓吹帝制的《共和与君主论》，明眼人一看便知是为袁氏称帝大造舆论。八天之后，当时最具影响力的报纸《申报》，就登载了一篇《申报》主编陈景韩即冷血写的时评《不谈政体》，给予《共和与君主论》迎头痛击，文章短而精悍，如投枪匕首：

> 政体已成事实矣，何必多谈？
>
> 总统已明白宣誓矣，更何必多谈？
>
> 今日所谈者，宪法也，非政体也。
>
> 古德诺者，宪法顾问也，非政体顾问。
>
> 古德诺多事矣！
>
> 何则谈政体，非今日所急也。

辛亥革命后，建立共和政体已成事实，袁氏任总统时，已宣誓拥护共和制度。作为宪法顾问的古德诺却偏偏妄论"共和与君主论"，其别有用心，路人皆知。冷血之"不论政体"之论，针锋相对，一剑封喉。

果如人们所料，就在古德诺放出袁氏称帝信号之后第十一天，杨度等"洪宪六君子"便炮制了"筹安会"，一时间拥戴称帝之声，甚嚣尘上。

在这之前不久，上海《大中华》月刊发表梁启超的《异域所谓国体问题者》宏文，坚决反对帝制，得到各界支持。但"筹安会"的出现，又形成了一股复辟帝制的逆流。

"筹安会"成立第四天，又是冷血在《申报》发表时评《杨度杨度》，文章指出：

> 此筹安会，惜不倡于清帝逊位之前，杨度之救国论，惜不发表于革命未成之日。盖假令在其时，不论其会其事之当否，而杨度固不失为矫矫独立之士也；假令其说固正当诚实。我中国可以强，可以富，可以立宪，而我民并能不出再番更国体之代价也。虽然未革命之前，中国原非君主乎！何以国不富，国不强，预备悠久而立宪未成也？

冷血不愧为当时舆论界之魁首，其评老辣深刻，针针见血。杨度助袁氏称帝之嘴脸，其论之荒谬皆现笔端。

9 月 3 日，《申报》以显著位置刊出《本报启事》："秉良心以立论，始终如一。"之所以突有"启事"，是因为袁氏曾派人出高价收买《申报》同人，让他们放弃反对帝制立场。此"启事"表明冷血等决绝坚定地反对帝制的决心。

关于《申报》，做一说明。1908 年 3 月 29 日，《申报》刊出一则消息说，《申报》创始人美查在英国故土去世，并称英国人美查为《申报》"报馆开幕伟人"。次年 5 月 31 日，席子佩与英商美查有限公司签订转让合同，以银圆七万五千元接盘《申报》全部产业，从此《申报》成了中国人自办的报纸。冷血任主编之后，因其鲜明的反对帝制立场，《申报》发行量已达到一万四千份，成为当时中国发行量和影响巨大的报纸之一。后来，著名报人邵飘萍于 1916 年 7 月北上担任《申报》驻北京特派员，从 8 月 23 日起，他在《申报》发表《北京特别通讯》，受到读者喜爱，成为当时中国极负盛名的新闻记者。《民国清流 1：那些远去的大师们》有详细论述。

袁世凯称帝，原本就是一场令人不齿的丑剧，一帮酸腐的谋士和流氓走卒更把这一丑剧演成一出令人哭笑不得的闹剧。离奇丑案，旁门左道，轮番上阵。先是行伍出身的梁士诒，发动各地诸侯、军阀、官僚，成立"全国请愿联合会"，敲锣打鼓，"请愿"劝袁氏龙袍加身。接着，出现了各种各样花样翻新的"请愿团"，招摇过市，丑态百出。比如，一群小脚妇女打着"妇女请愿团"的旗号，迈着三寸金莲上了街；一帮衣衫破烂的乞丐，提着打狗棍，举着"乞丐请愿团"的旗号，嘻嘻哈哈、骂骂咧咧地在闹市穿行；一队人拉着黄包车，啃着窝窝头，自称是"人力车夫请愿团"，也上街凑热闹；更让人瞠目的是，几个花枝招展、浓妆艳抹的妓女，唱着小曲，卖弄风情地打出"花界请愿团"，与各种请愿团陆续会集"筹安会"门前，轮着呈上"请愿书"劝进，然后有人偷偷发给银圆，个个满意而归。

1915 年 9 月 29 日的《快活林》报，针对这一闹剧，发表了署名吴梅公的一篇《戏拟小百姓上筹安会书》，对"筹安会"极尽讽刺、挖苦、戏弄之能事，曰：

情态直无异于新嫁娘羞对人直言其夫婿也，乃转易一名词曰"他"……与其遮半面琵琶，不如落落大方，全现毕现，反令我小死心塌地，以崇奉此尊无二上之君主也……至于清议可惧，外人难服，似可不必计及，当今之世只宜图利，何容虑将来之害……诸公可放胆为之，小民当拭目以俟。

10 月 10 日在上海创刊的《中华新报》，张季鸾等执笔，以传达"真正民意"，"忠言报国"自期，表示"只求公理正义所在，不为金钱势力所倾"，反袁称帝自在意中。11 月 22 日，上海《爱国报》发表何海鸣的文章《失态之政府》，指责袁世凯政府欲复辟帝制，为"叛国之万恶政府"。《中华新报》被袁氏禁止在租界以外"出卖散布"，后又被查封。而《爱国报》则被查封，主笔王血痕被押送会审公廨"讯办"，所幸发行人简书等逃走。

1916 年，当袁世凯软禁章太炎时，包天笑主持的《时报》时评，发表了他写的《幽禁章太炎》一文：

　　章太炎一学者也……试问彼究有何罪而必欲幽禁之致于死？夫政府而果有力者，何不阻止蔡锷出京，亦既放虎归山矣，而拘一手无缚鸡之力之文人，以为解嘲之地，亦殊可笑人也。

袁氏幽禁章太炎于北京龙泉寺，是因章太炎坚决反对袁称帝。原本是秘密幽禁章太炎，并不为外界所知，此番由包天笑公布于世后，社会舆论大哗，纷纷谴责袁氏。蔡锷一直反对袁称帝，后被袁软禁北京。去年 11 月，蔡锷逃离北京，在云南高举讨袁义旗，这是袁氏最头疼之事。

包天笑（1876—1973），原名清柱，后改为公毅，江苏吴县人，年轻时科考考取秀才。欧风东渐之际，受西方新学影响，支持变法维新。后在苏州组织励学会，开书店，办《励学译编》月刊和《苏州白话报》月刊。介绍西学，启发民智。其以翻译小说走上文学道路，参与了社会文化与文学启蒙活动。"五四"以前，包天笑在促进小说繁荣，推动白话文方面，也功不可没。他主持的《时报》时评，在当时的教育界颇有影响。

袁世凯处心积虑，终于黄袍加身，后又匆匆在众叛亲离中撒手人寰，既是一场悲剧，又是一出闹剧，却为文学家提供了太多绝妙的创作素材。单以刻画人物为基本审美范畴的小说来说，写袁世凯者就数不胜数。

1915年9月，袁世凯宣布承认"二十一条"，引起举国愤慨。周瘦鹃创作了《亡国奴之日记》，该小说通过"我"之所见所感所历，揭露了袁世凯卖国招致侵略者残暴入侵的罪行，并怒斥了平日鱼肉百姓的官兵在敌人面前卑躬屈膝的无耻丑态。尤其值得称道的是，作品还热情地赞扬了人民自发的抗敌保国斗争，洋溢着爱国主义激情。周瘦鹃在《亡国奴之日记·跋》中说：

> 吾尝读越南、朝鲜、缅甸、印度、波兰、埃及亡国史矣，则觉吾国现象乃与彼六国亡时情状一一都肖，吾乃不得不佩吾国人摹（模）仿亡国何若是其工也……吾岂好为不祥之言哉！将以警吾醉生梦死之国人，力自振作，俾不应吾不祥之言陷入奴籍耳。

周瘦鹃与包天笑等都是当时《礼拜六》《半月》《紫罗兰》等畅销期刊的创办者，他们的爱国主义精神和民族气节贯穿其间，使这些期刊成为有影响的读物。

当时，不少长篇小说也都参与了讨袁复辟称帝的斗争。较为突出的是发表在包天笑主笔的《小说大观》上的《如此京华》。作者叶小凤即叶楚伧，很早就看穿袁世凯复辟帝制的阴谋，在袁氏犹抱琵琶半遮面时，他的《如此京华》就开始分卷在《小说大观》上发表，可谓与袁世凯的黄粱美梦同步进行。小说以"方将军"影射袁世凯，但聪明的读者自会心领神会。

另一部杨尘因创作的长篇《新华春梦记》，其人物则全用真实姓名，举凡当时活着的政坛政客、军界要员、社会贤达，皆纷纷登场亮相。他的小说多写其趣闻轶事，趣味不高，严重影响了小说的严肃性，而《新华春梦记》却值得称道。它摆脱了野史调侃恶搞的路数，是一部较为严肃，以真实的历史面目、真实的社会人物示人的作品。

小说是从 1915 年 8 月 14 日"筹安会"第一次活动写起。"洪宪六君子"粉墨登场，其会议氛围，其不同性格的人物，活灵活现，毕现笔端。且抄录一段：

刘师培道："但是这个团体，叫个什么名称呢？"

大众便低着头，想了半晌，还是杨度说道："现在中国人的心，只有一个安字，可以笼络得住，不如叫作筹安会罢。"

大众同拍手道："好极！好极！"

严复道："会既然通过了，我们也该选几个发起人，撰一篇宣言，订几条简章，设一个事务所，才好进行。"

三人年纪，刘师培最轻，杨度次之，严复最长，但袁氏更器重杨度，故小说安排刘师培提问题，杨度作答，严复补充。足见作者对人物尊卑的把握上极有分寸。刘师培早年出卖革命党人，声名狼藉，只配充当提问题、敲边鼓的角色。而杨度乃参政院参政，为国事共济会骨干，"筹安会"主要策划者，且筹谋多日，成竹在胸，由他取名，当仁不让。严复长杨度二十一岁，长刘师培三十一岁，已是过气儿的老人，也只有做补充的份儿。

小说对袁世凯丑陋心态的刻画，也入木三分，力透纸背。下面再抄录一段袁世凯得知他一手操办的"国民代表大会"全票通过君主立宪国体，自己当选为皇帝消息时的丑态：

> 他得了这个喜报，便呆呆向那神仙榻上一躺，半晌不曾作声，吓得报喜的人倒吃了一惊，也不知主子犯的什么毛病。静候片刻，见袁世凯仍是不发一言，吓得不敢作声，慢慢退出房去。这时，左右的侍官见他这般情状，也都吓得不敢近前。
>
> 袁世凯躺在那神仙榻上，呆了许久，猛然翻起身来，背着两只手，在房里打磨旋。自言自语道："咦，得了！咦，得了！"接连说了十多声，就向于夫人房中冲去。进了于夫人房门，也是这个样儿，吓得于夫人不知怎样才好。一时，各房太太都拥到袁世凯左右，谁也不敢插嘴去问他，各自闷在心里。袁世凯仍是背着两手，摇来摆去地冷笑道："咦，得了！咦，得了！"于夫人听得实在不耐烦，便仗着胆子问道："主子，您什么事得了呢？"
>
> 袁世凯仍自言自语道："这乃是民意所归，你们总不能再反对了。"于夫人听罢，知道他又中了皇帝身上的病，心坎里便安了一半，忙转脸来劝袁世凯道："我看您也要休息休息才好。白天也想登基，夜晚也想即位，没有一时一刻不在那龙袍龙帽上打主意。日常如此，恐怕您这条老命，还要送在皇帝两个字上咧！"

小说寥寥几笔，即写出了袁氏独特的行为方式，一个"熟识的陌生人"便也就站立在我们眼前。常人得到日思夜想的东西，多是喜形于色，异常兴奋，而袁氏则"半晌不曾作声"。其性格的复杂性，也在其大喜过望时的冷静中，特别他痴呆呆地叫出那几句"咦，得了"中，淋漓尽致地展现出来。"半晌不曾作声"，"咦，得了"两个细节，是完成"这一个"的神来之笔。何谓小说？从小处说起者也。判断小说之优劣，不在于谁会讲故事，而取决于塑造人物之主体鲜活，揭示人性的深度和广度。至今人们在回眸《新华春梦记》等小说时，皆视其为"政治小说""谴责小说"等，一言以蔽之，皆是通俗小说，此观念有中国绵延千年的鄙视小说遗风。《新华春梦记》全景式、近距离、富有新闻性地真实再现袁世凯称帝的历史和广阔的社会生活图景，更重要的是小说将袁世凯刻画成一个鲜活的"这一个"艺术形象，正具备了小说的现代性特质。我们不应轻视它们。

小说的结尾，写得也很精彩，堪可与当代小说媲美：

> 可也奇怪，在袁世凯死的那一天，正是端阳佳节，谭叫天忽然高兴登台，在文明园里演了一出多年不演的《打鼓骂曹》，城市上一班戏迷，争先恐后地去过瘾。直到戏散之后，忽听说善演曹操戏的黄润甫死了，于是都说死了一个活曹操。就有一般慧心的人，疑心是袁世凯死了，风风雨雨，布满京华，后来袁世凯死信传出去，果然是这一天。

小说这个民间化的结尾，在交代书中的主角袁世凯之死时，波澜不惊，极为平静，一代奸雄过世了，生活还一如既往地进行。很有哲学意味，又深有寓意。

以袁世凯称帝为题材的小说，一时甚为风行，但多演绎者。比如写其长子袁克定，就是一例。

为当"皇太子"，袁克定积极参与其父的称帝活动，是事实，但华北沦陷后，日本情报头子想拉拢已经家产败落、生活困难的袁克定加入伪政权，被他断然拒绝。他曾对表弟、大收藏家张伯驹说，出任伪职固然有了财源，但也不能因此去当汉奸，这表现出他的民族气节。而这一重要品格，却无人提及。历史，常常忘记这些细节，使一些人物变得过于单一或变得模模糊糊。

5. 已闻新文化运动雷声，孙中山赞书生梁启超等反帝制，表现了民族之正气

　　梁启超于 1912 年回国，组织进步党，先后在袁世凯政府和段祺瑞政府任司法总长、财政总长等职。彼时他的政治态度是"不争国体而争政体"。曾一厢情愿地尽力引导袁世凯走上宪法道路。但梁启超并不与国民党合作，这被老谋深算的袁世凯利用。一俟发现袁氏有复辟帝制之动机，始则善意规劝，进而反对，最后与袁决裂，参与了护国之役，笑看袁世凯在称帝的闹剧中一命呜呼。

　　1915 年元月，破败的北京古城有了些春节前的热闹。1 月 12 日，被聘为刚刚创刊的《大中华》杂志的主任撰述的梁启超，正在家里看章士钊在日本创办的《甲寅》月刊。寅年属虎，其封面上印有一虎，梁氏被其生生虎气吸引。这时侍者说，袁大公子袁克定派的汽车已到门外。梁启超披上大衣，出门上了汽车。春节前，袁克定奉老子之命，搞了一次颇为丰盛的酒席，专门宴请梁启超。作陪的是袁世凯的谋士杨度。酒席上，如唱双簧一般，袁克定和杨度历数共和制度的弊端，言语间流露出变更体制的企图，征求国之名流、社会影响甚大的梁启超的意思。梁早就从他们话语中，嗅出复辟帝制的打算，便力陈改变政体会造成国内和外交上的种种危险，并表明自己坚决反对复辟帝制的态度。那杨度有好口才，与梁启超针锋相对，酒席成了一场复辟和反复辟的唇枪舌剑。

　　杨度（1874—1931），湖南湘潭人，字皙子，大儒王闿运门生。曾留学

日本，1902 年与杨笃生创办《游学译编》。归国后任宪政编查馆提调，主编《中国新报》，宣传君主立宪主张。辛亥革命爆发后，受袁世凯重用，曾指使他与汪精卫组织国事共济会。1915 年，与孙毓筠、刘师培、严复等六人发起成立"筹安会"，任会长，为袁策划复辟帝制。

袁克定设的酒宴，成了一出逼梁氏就范的鸿门宴。梁启超本月将家搬到天津意租界，梁与杨度、袁克定辩论之后，他不得不考虑自身和家人的安全。于是天津意租界有了梁氏的"饮冰室"，那是一幢意式别墅，后来成了纪念梁启超这位文化巨将的纪念馆。

是年 4 月，拒当袁世凯政治顾问的梁启超，经上海回到春暖花开的广东新会家乡，为父亲祝七十大寿。不久，梁启超写了一封《上总统书》，老生常谈，劝袁世凯悬崖勒马，放弃称帝念头，其信中说：

> 国体问题已类骑虎，启超良不欲更为谏沮，益蹈愆嫌。惟静观大局，默察前途，愈思愈危，不寒而栗。友邦责言，党人构难，虽云纠葛，犹可维防，所最痛忧者我大总统四年来为国尽瘁之本怀，将永无以自白于天下。天下之信仰自此堕落，而国本即自此动摇……我大总统何苦以千金之躯，为众矢之鹄……启超诚愿我大总统以一身开中国之将来新英雄之纪元，不愿我大总统以一身作中国过去旧奸雄之结局；愿我大总统之荣誉与中国以俱长，不愿中国之历数随我大总统而斩。是用椎心泣血，进此最后之忠言。

梁氏对袁氏尚存幻想，才如此恳切，以杜鹃泣血之心予以规劝，敲响最后警钟。袁世凯已鬼迷心窍，仍一意孤行，辜负了梁氏的最后一片苦心。

6 月，梁启超由新会北返，经南京时，与冯国璋讨论袁世凯推行帝制诸事。月底，梁冯一起回京。在见袁世凯之前，二人做了一番协商。冯说："我的辩论能力，远远不如你，而我的政治实力却强于你。我们二人同去总统府，你可开导袁总统，我则暗示愿以实力做你的后盾，也许有机会力挽狂澜。"

梁启超赞同冯国璋建议，自己用了整整一个昼夜，草拟谏说纲要十条。

据《先师梁任公别录拾遗》载，梁、冯同到新华宫。袁见二人拜望，甚为高兴，设宴款待。筵席上，梁欲进谏，袁却摇摇手，笑曰："二位来新华宫之用意，无非是劝我不做皇帝而已。我且问二位，我袁某欲做皇帝者，究思做一代皇帝而绝种乎？抑思做万代皇帝而无穷乎？"

梁、冯听罢，甚是愕然，竟不知如何回答。

袁又笑曰："余非痴人，自然欲做万代天子。"

梁、冯闻袁氏称帝之意已决，又是一惊。

袁继尔叹道："我有豚犬二十余人，我将尽数呼出，站立于你们两人之前。任公，君最善知人，我即托任公代我选择一子，可以继立为皇帝者，可以不败我帝业，不致连累掘我祖坟者。任公，待君选出之后，我再决定称帝。如是者可称帝二代。"

梁、冯听罢能言善辩的袁氏之词，虽怀揣规劝万言书，竟一时不知如何说起。袁氏为表其无意称帝，还振振有词地补充说，如若百姓议员强把黄袍加身于他，他定远走英国，那里早已买好了房子。

梁、冯二位离开新华宫时，心情大好，甚至觉得有点错怪了这袁慰亭（袁世凯的字）。故后来，梁在《国体战争躬历谈》一文中，有袁世凯"矢誓不肯为帝，其言甚恳切"之语。

袁世凯在云谲波诡、腥风血雨的清廷和民初政坛闯荡多年，每遇艰险，皆能化险为夷，凭的就是他那过人的智谋和胆略。在他眼里，梁启超不过是一介自作聪明的书生，略施小计，即能将其玩弄于股掌之中。他那投向梁、冯背影的一瞥，充满了鄙夷之色。打发了梁、冯二位，他那黄袍加身的计划，继续进行。古德诺写《共和与君主论》，杨度等"洪宪六君子"办"筹安会"，都按部就班地进行。

"筹安会"发表宣言的第二日，8月15日，蔡锷从北京搭乘汽车到天津，见到梁启超后，拉着另一朋友，夜访汤觉顿寓所。四人商量了一夜，觉得若不把讨贼的责任背起来，恐怕中华民国从此就完了，因为那时旧国民党人（黄兴、孙中山等），都已逃亡海外，在国内的许多军人、文人都被袁氏收买。蔡锷说："眼看着不久便是盈千累万的人颂王莽功德，上劝进表，袁世凯便安然登其大宝，叫世界看着中国人是什么东西呢？国内怀着义愤的人虽然很多，但没有凭借，或者地位不宜，也难发手。我们明知力量有限，未必抗得过他，但为四万万人争人格起见，非拼着命去干这一回不可。"（梁启超《护国之役回顾谈》）

蔡、梁、汤三人认为，反袁斗争，只有靠蔡锷在云、贵的旧部了。但困难很多，而蔡、梁之反袁武器又不相同，蔡主张武力，梁则愿意笔伐。蔡乃梁之弟子，又不敢不遵从师命，合作亦难矣。到11月才有蔡锷后来南下香港，经越南河内前往云南，发动起义。12月，梁启超乘船到大连逃往上海，再从上海逃往香港，经越南入广西，促使陆荣远宣布广西的独立。

蔡锷秘密从天津南下香港之后，梁氏便患赤痢，住进了天津医院，至8月20日，突然从病床上跃起，不顾赤痢的折磨，提笔疾书，撰写反袁檄文《异哉所谓国体问题者》，在他做主任撰述的《大中华》月刊上发表，接着全国多家报纸转载，激起强烈反响。文章指出：

公等主张君主国体，其心目中之将来君主为谁氏？不能不求公等质言之，若欲求诸今大总统以外耶……若即欲求诸今大总统耶？今大总统即位宣誓之语，上以告皇天后土，下则中外含生之俦实共闻之……忽而满洲立宪，忽而五族共和；忽而临时总统，忽而正式总统；忽而制定约法，忽而修改约法；忽而召集国会，忽而解散国会；忽而内阁制，忽而总统制；忽而任期总统，忽而终身总统；忽而以约法暂代宪法，忽而催促制定宪法。大抵一制度之颁，行之平均不盈半年，旋即有反对之新制度起而推翻之，使全国国民彷徨迷惑，莫知适从，政府威信扫地以尽矣……仍行专制，吾恐天下人遂不复能为元首谅矣。夫外蒙立宪之名，而内行非立宪之实，此前清之所以崩颓也……兴妖作怪，徒淆民视听，而贻国家以无穷之戚也……此亦四万万人所宜共诛也……依大总统选举法，无论传贤传子，纯属前任大总统之自由也……

第二天，梁氏在给女儿思顺的信中，再次表达了他反复辟斗争的巨大决心：

　　吾不能忍（昨夜不寐，今八时矣），已作了一文（《异哉所谓国体问题者》）交荷丈带入京登报，其文论国体问题也。若同人不沮，则即告希哲，并译成英文登之。吾实不忍坐视此辈鬼蜮出没，除非天夺吾笔，使不复能属文耳。

梁氏在写《异哉所谓国体问题者》一文时，袁世凯的耳目已将信息报知主子，那袁氏深知梁氏那支笔了得，其文影响巨大，即派人连夜赶到天津意租界，将二十万银票交梁氏，云是给其老父的寿礼。实际是想以此换取梁启超不发此文。将自己声名看得比性命重要的梁任公，自然断然回绝。后来，他在《护国之役回顾谈》中，写了此事的来龙去脉。他说：

（袁世凯）太看人不起了，以为什么人都是拿臭铜钱买得来，我当时大怒，几乎当面就向来人发作。后来一想，我们还要做实事，只好忍着气，婉辞谢却……同时却把那篇作成未印的稿子给来人看，请他告诉袁世凯采纳我的忠告，那人便垂头丧气去了。

那"垂头丧气"的来人，回去向主子禀告后，袁氏大发雷霆之怒，又另派人去天津梁宅说项。此次，不再以金钱收买，而是施以威胁，梁氏在其《国体战争躬历谈》中记录此事。

来人一进门就说："你逃亡到国外，过着亡命的生活已有十多年了，此种艰苦的境况，你亦已尝够了，你又何必自找苦吃呢？"

梁早已听出弦外之音，笑道："我已是亡命的经验家了，我宁愿以这种艰苦为乐，不愿苟且偷生于这种浊恶的空气之中。"

听罢此话，来人已深感梁反袁的决心已定，气急败坏地回去复命主子。

《异哉所谓国体问题者》，最终还是如响雷炸响徘徊着复辟帝制幽灵的大中华。舆论支持，国人振奋。逃出袁世凯虎口的蔡锷，高度评价该文，其在《〈盾鼻集〉序》中说：

> 先生居虎口中，直道危言，大声疾呼。于是已死之人心，乃振荡而昭苏。先生所言全国人人所欲言，全国人人所不敢言。抑非先生言之，固不足以动天下也。

12月12日，袁世凯宣布称帝。25日，唐继尧将军宣布云南独立。其《致北京警告电》《致北京最后通牒电》及《云贵檄告全国文》皆出自梁启超之手。当时梁仍在上海，不时对西南的军事行动有所指导，他在给蔡锷的信中有"补充兵之训练编制，计当为滇政府目前第一大业"，"不能专注

重于练，而尤当注重于教。所教者，不能专重于技术，而尤当注意于精神"，
"团结军心，以爱国观念为根本"云云，其注重于爱国精神的培养，殊为
难得。

1916年1月1日，袁世凯登上皇帝宝座时，曾发布"上谕"，通令各
省"逮捕梁启超，就地正法"，并派"侦探暗杀密布寓侧"，妄图捕杀梁启超。
3月1日，日本驻上海武官青木中将到梁宅访问，梁将目前处境据实相告，
并请他帮忙前往广西，青木答应帮忙。于是才有4日乘日船"横滨丸"离
沪往香港之行。到港后，改乘日船"妙义山丸"，进入越南海防。

梁启超乘"横滨丸"离沪第二天，袁世凯通令两广各要塞，又通电香
港、越南缉拿"叛国要犯"梁启超。在各方面的帮助下，梁启超最终到了
广西。后来梁在《从军日记》上写道：

> 横滨丸为缛丽之地狱，此其朴僿之天堂矣。舟中日与溯初独对，
> 谭宴至乐。

其实，读《从军日记》方知，在"横滨丸"上发生太多的险境，几近
成为跌宕起伏的小说情节。此处不多费笔墨，省略了。

1916年4月4日，康有为突然在《上海周报》上，抛出了《为国家筹
安定策者》一文，主张扶持清逊帝溥仪重回大清皇位。彼时，那袁世凯在
全国一片声讨中，被迫下令撤销"洪宪"帝制。康氏之文，给原本就混乱
的政局，又撒上尘土，使局势更为诡异。

身在广西军中的康有为弟子梁启超读后，心情复杂。梁氏自十八岁始，
便拜康为老师。在万木草堂学习、戊戌变法运动以及后来流亡日本初期，
康南海一直是他仰慕、尊敬的师长。对老师的话，梁氏言听计从。师徒二
人密切合作，世皆以"康梁"并称。

康有为是一坚定的保皇派，他积极参与戊戌变法，与那拉氏斗法，其目的就是保光绪皇帝，复兴大清帝国。直到辛亥革命，他仍坚持要复辟。康氏顽固的保皇姿态，与顺应历史潮流"以今日之我，攻昨日之我"的梁氏间，必然会产生不可调和的矛盾。在捍卫共和与坚持复辟这一大是大非的分歧面前，梁氏超越了师生之情，以"吾爱吾师，吾尤爱真理"的理性精神，不得不与师长分道扬镳。早在1899年，前往加拿大的康有为，组织保皇会（即中国维新会）时，梁启超就曾联合十三人，执笔写了一封《上南海先生书》，劝其不要搞逆历史潮流的保皇活动了，还是自动退出历史舞台回家颐养天年为宜。信中曰：

吾师春秋已高，大可息影林泉，自娱晚景，启超等自当继往开来，以报恩师。

见眼下，沧海桑田十七年过去，康有为仍主张复辟清廷，梁启超也不客气，在军中写了《辟复辟论》，载5月5日《时事新报》上，狠批康氏的复辟言论。梁在文中说，上海有一二位旧时老人，有着扶持清帝复辟的论调，他们"仰首伸眉，论列是非，与众为仇，助贼张目。吾既惊其颜之厚，而转不测其居心之何等也"。梁氏对其师的态度，是可忍，孰不可忍了。

云南宣布独立后，护国战争并不是一帆风顺，此处不赘。到了1916年5月1日，以梁启超、岑春煊为首的两广都司令部在广东肇庆成立。5月8日又成立护国军军务院，用以取代袁氏的国务院，宣布袁世凯的叛国罪行。

袁世凯忧惧成疾，病情日重，终在四面楚歌的6月6日暴死。

孙中山对护国战争及梁启超，曾做过客观的高度评价。在谈到云南起义时，孙中山说：

与黄花岗之役、辛亥武昌之役，可谓先后辉映，毫无轩轾，充分表露中华民族之正气。

孙中山先生说过这话不久，新文化运动的雷声，已由远处轰轰滚来……